新时代法学教育与法学理论文库

认罪案件庭审证据调查方式的特殊性研究

On the Particularity Study of Court Evidence
Investigation Method in the Guilty Plea Cases

步洋洋　著

北京大学出版社
PEKING UNIVERSITY PRESS

图书在版编目(CIP)数据

认罪案件庭审证据调查方式的特殊性研究 / 步洋洋著. —— 北京:北京大学
出版社,2025.6. —— ISBN 978-7-301-36290-7

Ⅰ. D925.04

中国国家版本馆 CIP 数据核字第 2025E76J68 号

书 名	认罪案件庭审证据调查方式的特殊性研究	
	RENZUI ANJIAN TINGSHEN ZHENGJU DIAOCHA FANGSHI	
	DE TESHUXING YANJIU	
著作责任者	步洋洋 著	
责 任 编 辑	张 宁	
标 准 书 号	ISBN 978-7-301-36290-7	
出 版 发 行	北京大学出版社	
地 址	北京市海淀区成府路 205 号 100871	
网 址	http://www.pup.cn 新浪微博:@北京大学出版社	
电 子 邮 箱	编辑部 law@pup.cn 总编室 zpup@pup.cn	
电 话	邮购部 010-62752015 发行部 010-62750672	
	编辑部 010-62752027	
印 刷 者	北京鑫海金澳胶印有限公司	
经 销 者	新华书店	
	720 毫米 × 1020 毫米 16 开本 13.75 印张 258 千字	
	2025 年 6 月第 1 版 2025 年 6 月第 1 次印刷	
定 价	66.00 元	

本书系 2020 年度国家社会科学基金西部项目"认罪案件中庭审证据调查方式的特殊性研究"(项目编号:20XFX010)结项成果。

序

  作为本人博士毕业后出版的第二部学术专著,本书系本人主持的2020年国家社科基金西部项目"认罪案件中庭审证据调查方式的特殊性研究"(项目编号:20XFX010)的结项成果之一,受西北政法大学新时代法学教育与法学理论文库资助支持。

  宋代诗人苏轼在《题西林壁》一诗中曾言,"横看成岭侧成峰,远近高低各不同"。作为一项兼具时代内生与实践外化之双重需求的研究命题,认罪案件庭审证据调查方式的特殊性研究因关涉诉讼模式、诉讼程序、诉讼目的与诉讼证明,融贯实然省察与应然证成、域外智识与本土语义、认罪认罚从宽与审判中心的诉讼制度改革等多重因素。

  为有效证成认罪案件庭审证据调查方式的特殊性,强化认罪案件庭审证据调查方式的实证信度和效度,建言认罪案件庭审证据调查方式体系建构的配套机制,本书的内容涉及认罪案件中庭审证据调查的基础理论、方式方法、域外镜鉴、实践运行、体系建构及配套完善等多个方面。本书共七章,主要特色在于:

  第一,以诉讼模式论为视角研究认罪案件庭审证据调查方式的特殊性问题。认罪认罚从宽制度本身并非一种独立的诉讼制度,更非一种独立的诉讼程序类型,它是一套内嵌于我国传统诉讼模式之中的、整体性的、融贯性的制度安排。尽管认罪案件的刑事诉讼程序在很大程度上折射出协商式司法的范式特征,却依旧未能改变我国刑事司法长久以来形成的以真实查明为导向的职权模式特征。据此,本书将认罪案件庭审证据调查方式的特殊性研究置于我国传统的职权式诉讼模式与转型语义下协商式诉讼模式的双重语境之下,用以回归研判问题原点,赋予此一研究以现实针对性与时代契合性。

  第二,以诉讼程序论为视角研究认罪案件庭审证据调查方式的特殊性问题。认罪案件中,被追诉人的自愿供述实属认罪认罚的外在表现,其所带来的直接效果之一是程序推进方式的变化,由此导致审判程序呈现出不同梯度的简化,即分别适用速裁程序、简易程序或普通程序简化审。审理模式不同,相应的事实认定结构、证据规则、证据调查方式也必然产生分化和差异。据此,本书将庭审证据调查方式这一本属于证据学的问题与程序法下的简化审理程序联结起来,以跳出司法实践中一味压缩庭审时间的狭隘简化视野。

第三,以诉讼目的论为视角研究认罪案件庭审证据调查方式的特殊性问题。认罪案件庭审证据调查方式的特殊性研究所涵摄的未决问题其实很多。例如,认罪案件中,由于被追诉人已经作出认罪供述,控辩双方对于犯罪成立的基本事实已无实质争议,在确认认罪之自愿性、明知性、明智性和合法性的前提下,对于那些没有控辩争议的定罪事实是否还需证明?如果尚需证明,其特定方式如何等问题的答案似乎都根植于刑事证明的目的和价值,并最终取决于认罪案件审理程序的目的和价值。据此,本书将认罪案件庭审证据调查方式的特殊性研究与认罪审理程序的目的和价值研究统一起来,用以回应并解答诸如此类的前述问题,深挖可能涵摄的部分未尽事项。

第四,以系统论为视角研究认罪案件庭审证据调查方式的特殊性问题。基于认罪案件与不认罪案件的本源特性,本书将通过单向认知与双向认知两种不同认知理论之引入,"镜像式"符合论与"匹配式"符合论两种不同真实符合论之具体运用,在认罪与不认罪的两类案件之中建构出方式方法、适用逻辑及价值导向等差异化明显的两套不同的庭审证据调查方式体系,用以避免系统论视角缺失语义下研究所易于出现的动议搁浅、进路熔断,最大限度地实现认罪案件所属的认罪认罚从宽制度与审判中心诉讼制度改革之间的二元耦合式的良性互动。

步洋洋

2023 年 12 月 10 日

目　录

第一章　庭审证据调查方式的基本范畴

法国社会学家迪尔凯姆指出："任何一项科学研究，都有一群符合同一定义的现象。因此，科学研究人员的第一步工作应该是解说他所研究的事物，以使自己和他人知道他在研究什么。这是一切论证和检验最不可缺少的首要条件。实际上，一种理论只有在人们确认了它所应该解释的事实时才能对它检验。"[①]庭审证据调查方式项下的核心概念有三：一是庭审，二是证据调查，三是调查方式。作为理论研究的始点，基本概念的厘清不仅有助于框定研究的基本框架、基本范畴，而且有助于明晰研究的整体径路和微观方法。

第一节　刑事庭审的概念、功能

一、刑事庭审的概念与构成要素

刑事庭审，亦被表述为刑事庭审制度或刑事庭审程序。作为一种法律决定形成，并由此确定被告人是否承担刑事责任的方法和过程，刑事庭审本身包含着诸如庭审原则、庭审模式、庭审推进、庭审内容与庭审裁判结果等多元的环节和内容。而作为一种复合型的综合法律概念，对于刑事庭审之概念进行全面的抽象、概括和界定尚存难度，是故，我国学界少有对于刑事庭审的概念界定，刑事庭审的概念在很大程度上依从于刑事审判的概念。就概念而言，本书所述的刑事庭审，即法庭审理，是指事实审理者（通常是法官）在刑事法庭这一相对集中的场域内，通过一系列的调查和辩论活动，在各方诉讼主体的广泛参与，以及听取控辩双方对于案件事实及法律适用不同意见的基础上，于法定审理期限内形成对于被告人是否有罪以及应当给予何种处罚之心证判断的诉讼活动。当然，不同国家的刑事庭审在具体制度设计、程序推进方式、证明方法和证明程度方面可能存在着或多或少的差异。然而仔细分析却不难发现，任何一种刑事庭审制度都离不

---

① 〔法〕E. 迪尔凯姆：《社会学方法的准则》，狄玉明译，商务印书馆1995年版，第198页。

开举证、质证、认证等证据法规则，以及确定各诉讼主体之资格、权利义务分配与角色承担的程序规则，具有基本相同的主体要素、方式要素与时空要素。具体而言，刑事庭审概念项下的主体要素即为国家专门机关、当事人及诉讼参与人。方式要素则是指法官和其他庭审主体用以推进和完成刑事庭审所采取的行为、步骤和程序的总称。时空要素则是时间要素和空间要素的合称。其一，刑事庭审需要在相对集中的时间段内连续不断地进行。作为事物的存在形式，时间要素构成了刑事庭审得以运行的重要条件与关键度量。在任何一个国家的刑事审判中，法庭审理的时间都不可能也不应该被无限延长，而是必须在法定的审判期间内完成。我们之所以强调刑事庭审的时间要素，其原因是多种多样的：一方面，连续而不间断的庭审在节约司法资源、提高诉讼效率的同时，保证了刑罚的及时性，从而提高了刑罚的威慑力；另一方面，法庭审理的集中性避免了因实物证据灭失以及证人记忆模糊而产生的事实认定偏差，在保证案件实体真实的同时，减轻了诉讼各方，特别是刑事被告人因诉讼时间拖延而产生的诸多讼累，从而有利于实现对被追诉人权利的保护。有鉴于此，两大法系国家普遍将集中审理原则与遵循诉讼期间作为对于刑事庭审的要求加以规定，并将诉讼及时性作为庭审的价值目标之一。其二，刑事庭审需要在刑事法庭这一相对集中的场所内进行。作为具有法的范式和象征意义的空间，刑事法庭为刑事庭审的进行提供了物理场所。在这一有形的物理场所内，法律程序得以展开、控辩活动得以推进、法官心证得以形成、国家的刑罚权得以实现。刑事法庭这一特定空间的存在，在很大程度上为诉讼各方提供了交互空间，为更多的公众参与庭审活动提供了可能性前提。作为司法制度化的产物，法庭设置与空间布局具有极为重要的象征意义。诚如龙宗智教授所言，庭审设置带有明显的法院生态学安排，不仅深刻影响着庭审主体与庭审旁听者，而且发挥着彰显庭审严肃性、审判权威性等文化心理功能。[1] 从社会历史发展的角度分析，我国的刑事法庭布局一方面实现了由封建社会的"n"字型布局向当前以"伞"状结构为基础模式的转变[2]，另一方面则实现了司法运作的广场化向剧场化的转变。作为两种截然不同法律文化和价值的代表，司法剧场化与将庭审活动建立在广场或某些露天空间之上的"司法广场化"[3]不同，司法剧场化将庭审的运作建立在以"剧

---

[1]　龙宗智：《刑事庭审制度研究》，中国政法大学出版社2001年版，第9页。

[2]　关于我国刑事法庭布局的历史演变可参见李伟、许晟博：《我国刑事法庭布局的历史嬗变与革新路径》，载《辽宁师范大学学报（社会科学版）》2015年第5期。

[3]　诸如古代的"弃市""游街示众"，近现代社会的"批斗大会""公审大会"都属于典型的司法广场化。

场"为符号意象的间隔的、不透明的人造建筑空间之内,以剧场之墙体有效地分割出"庭审之内"和"庭审之外"两部分,从而阻隔了法庭内和法庭外的交流,避免了"嘈杂声音"可能形成的对于法庭审理的干扰。[①] 还需指出的是,尽管随着互联网和高科技的不断发展,诸如异地网络远程审判、微信开庭,特别是在线诉讼等新兴的庭审形式不断出现,然而作为传统的庭审形式,诉讼各方主体聚集在同一特定的、与外界隔离的密闭空间进行的线下庭审活动依然是主流。

二、刑事庭审的功能

作为司法行为链中的最终一环,刑事庭审一方面需要对起诉和辩护行为的有效性作出结论性评判,并以此为基础决定诉讼的最终命运;另一方面则需要以适当的方式正确地决定国家刑罚权于特定刑事案件中的大小及有无,进而维护法律秩序。更为重要的是,通过刑事庭审这一特定的方式和途径,国家的法律意识形态得以向法庭之外的社会公众传播,在树立法律权威性的同时,发挥着震慑和教育的法律功能。然而,能否实现这些宏观层面的功能和任务,却完全有赖于刑事庭审在微观层面的具体功能的发挥。在笔者看来,刑事庭审的具体功能主要包括如下两个方面:

第一,争端解决及其正当化功能。法学家贝勒斯(Michael D. Bayles)曾说:"法律程序的内在目的即在于查明真相与解决争端。假使法庭审理的用意并不在此,而仅仅是向当事人的一方表示声援,那么此一诉讼程序就变得根本没有必要。"[②]在刑事庭审当中,争端解决集中体现为适当处置那些以特定刑事案件为存在形式的社会冲突,即通过法庭调查和法庭辩论,在查明案件事实的基础之上,确定国家刑罚权于具体刑事案件中的有无和大小,进而恢复那些为犯罪行为所破坏的社会关系,在维护法律秩序的同时,保障公民的合法权益。[③] 为此,刑事庭审不仅需要对审前阶段形成的各类证据进行审查和判断,亦需要对起诉和辩护的有效性作出评判,从而独立地形成心证,在准确认定案件事实、正确适用法律的前提之下对被告人是否有罪以及如何量刑作出终局裁断。而这不仅是刑事庭审制度确立的意义,更是国家赋予刑事庭审的重要功能之一。

更为重要的是,与其他争端解决的方式相比,刑事庭审还具有使国家

---

① 关于司法广场化和司法剧场化的详细论述,可参见舒国滢:《从司法的广场化到司法的剧场化——一个符号学的视角》,载《政法论坛》1999 年第 3 期。

② 〔美〕迈克尔·D. 贝勒斯:《法律的原则——一个规范的分析》,张文显等译,中国大百科全书出版社 1996 年版,第 37 页。

③ 龙宗智:《刑事庭审制度研究》,中国政法大学出版社 2001 年版,第 22 页。

对于此种争端的处置得以正当化的功能。首先,刑事庭审通过公开审判的方式,将法庭审理的裁判进程与事实审理者的心证形成过程置于广泛的主体参与和社会监督之下,在减少由庭下、庭后审查研究所带来的"暗箱操作"诟病外,提高了刑事庭审的程序正当性,形成了司法的权威效应。其次,刑事庭审遵循三方组合的诉讼构造,强调控辩双方的互动参与、平等对抗以及裁判者的中立、兼听,保证了控辩双方得以从各自的角度进行叙事和论证,形成了更为准确的事实认定机制。再次,刑事庭审更为严格地贯彻和遵循诸如回避、指定管辖等审判制度,从而防止利益冲突,保证了裁判者的利益无涉。最后,刑事庭审强调"以理服人",对于法庭审理的最终结果,司法机关和司法工作人员不仅应当从事实认定、证据采信、法律适用、定罪量刑等多个方面说明理由,而且应当严格遵循裁判文书的公开制度,除法律明确规定的例外情形外,应当主动将裁判文书的内容向当事人和社会公众公开。只有这样,才能有效促使当事人双方服判息诉,才能提升裁判结果的社会认同感与社会接受性,才能实现看得见的司法公正。

第二,案件事实的查验功能。查明案件事实,作为刑事庭审最为重要的任务之一,为事实审理者准确地定罪和量刑提供了基本前提。众所周知,刑事案件的犯罪事实发生在过去,对于案件事实的查验本身属于一种回溯性的认识过程,在这一回溯性的认识过程中,刑事证据无疑扮演着极为重要的媒介和桥梁作用。在刑事法庭审判这一特定的时空条件下,建立在刑事证据基础上的案件事实查验功能主要通过两种方法和手段得以实现:一是证据调查,二是证据核验。

刑事庭审中的证据调查亦被称为事实调查,其核心在于通过证据出示、说明等方法还原、认知案件事实。在刑事庭审中,证据调查主要由事实审理者或控辩双方通过讯问被告人,询问证人、鉴定人,以及出示、调取原始物证、书证等实物证据的方式加以实现。刑事证据调查历来强调证据的原始性和调查的直接性,原则上要求言词证据的作出者亲自到庭陈述,在不受审前程序所作陈述约束的基础上,如实地接受控辩双方的质疑和询问;而实物证据则一般应当出示原物、原件,不得假借证据的代用品代替原始证据。只有这样,才能有效保证证据核验方法的展开与实现。

而证据核验,从概念上是指人民法院就刑事证据的证据能力以及证明力大小和有无进行的审核和检验。从内容上来讲,证据核验通常围绕控辩双方提出之证据的客观性、关联性和合法性等方面展开。作为认定案件事实的基本手段之一,证据核验在各类刑事庭审模式中普遍存在,并成为庭审调查与审前调查,特别是刑事侦查的重要区别。与民事诉讼和行政诉讼下诉讼即审判的特性不同,作为一项旨在实现国家刑罚权的活动,刑事诉讼因其本身所具有的案件情况相对复杂、诉讼任务相对特殊等特点,需由法律规定的专门机关在审前阶段进行特定的证据收集、固定和审查工作,以将其作为刑事指控的前提和依据。为此,近现代国家的刑事诉讼普遍建立了由国家专门机关进行审前证据调查(刑事侦查)的相关机制。然而,审前证据调查(刑事侦查)所形成的各类证据毕竟不同于经过刑事庭审核验的证据,其对法庭审理并不存在预决效力。一方面,作为控诉机关,侦诉机关往往具有强烈的追诉倾向,在实体真实价值观念以及各种以"数""率"为基础的绩效考评机制的综合作用下,侦诉机关于审前阶段的证据调查将更为关注那些对犯罪嫌疑人不利的事实材料,从而难以保证证据的客观性;另一方面,在刑事司法实践中,由于侦诉机关的部分办案人员对以审判为中心的诉讼制度改革重视不够,未能形成审前阶段当以司法审判标准为中心的基本观念判断,因而时常会出现应当收集的重要证据没有收集或者没有被依法收集、进入庭审的案件就刑事证据而言尚未达到法定的证明标准等问题,严重影响和制约证据的证明力。有鉴于此,为使法庭裁判建立在庭审查明、认定的事实的基础上,发挥庭审在事实查明和证据认定方面的决定性作用,刑事庭审理应在有效切断审前证据与庭审证据之联系的同时,加强对于审前调查所形成并作为起诉依据的各类证据的核验,从而确保审前证据调查(刑事侦查)所形成的各类证据能够经得起法庭上质证、认证的检验,经得起各类证据规则的检验。

尽管在不同的庭审模式下,法庭审判对于证据调查和证据核验的侧重各有不同,然而作为事实查验的两种基本方法和手段,证据调查和证据核验主要通过法庭之上的举证和质证得以实现。即在刑事证据提出后,对立的控辩双方各自从自己的立场和角度出发,针对证据展开一系列的质疑、说明和辩驳,以揭露证据瑕疵,影响事实审理者之心证形成。

第二节　庭审证据调查的基本方式

由于法庭审理的整个过程围绕着对于被告人定罪和量刑的核心议题展开,建立在通过刑事证据这一载体认定案件事实的基础之上,因此在刑事庭审的研究进程中,对于证据调查方式的研究和完善不仅构成了整个刑事庭审制度变革的核心和关键,更是刑事庭审进程和内容研究范畴下不可或缺的一环。我国刑事庭审证据调查和证据核验的制度规范大体经历了1979 年《刑事诉讼法》的"法官强权调查"模式到 1996 年《刑事诉讼法》的

"法官主导调查"模式,再到现行《刑事诉讼法》的以"法官主持,控辩双方参与调查"为样态的中国特色控辩式调查模式。诚如左卫民教授所言:"一方面,当下中国刑事诉讼模式乃是一种过渡式、转型式的诉讼形态。另一方面,当下中国刑事诉讼模式乃是一种国家本位主义的诉讼模式。"①作为过渡式的诉讼模式,其既包括职权主义的一些成分,也包括当事人主义的点滴因素,还包括传统诉讼制度的一些因素,不能理解为职权主义与当事人主义的简单相加,该模式有待向现代型诉讼模式转型。②为保证证据调查的充分性、全面性与客观性,刑事庭审进程中的证据调查应当确立必要的规则并采取适当的方法。就证据调查的对象而言,证据调查大致可以划分为实物证据调查和人证调查两类,两类证据各有其特定的调查规则与调查方法。

一、实物证据的庭审调查方式

在我国当下的司法实践中,物证、书证等实物证据多以静态的方式展现,控辩双方,特别是公诉方通过宣读扣押笔录、提取笔录、搜查笔录、被告人辨认笔录以及直接出示物证等方式将实物证据与案件事实联系起来。具体而言,物证之调查以出示的方式进行;书证之调查以宣读的方式进行;而视听资料之调查则以当庭出示或播放的方式进行。在调查步骤的具体安排上,实物证据在出示、宣读或播放之前,应当首先由请求调查一方从来源、特征及内容等方面对该实物证据作出简要说明,以便法庭能够及时、有效地把握证据信息;然后由请求调查并持有该证据一方出示、宣读或播放该证据,法官依职权调查之证据则由法官直接出示、宣读或播放;最后由另一方进行辨认并发表意见,控辩双方可以在此基础上进行适当的辩论和质问。例如,《人民检察院刑事诉讼规则》(以下简称《检察院刑诉规则》)第409条第3款规定:"公诉人向法庭出示物证、书证,应当对该物证、书证所要证明的内容、获取情况作出说明,并向当事人、证人等问明物证的主要特征,让其辨认。对该物证、书证进行鉴定的,应当宣读鉴定意见。"在笔者看来,此种将物证、书证等实物证据提交到法庭之上的静态调查方式在被告人认罪的案件审理之中似乎并没有太多的问题,但是在那些被告人不认罪案件的庭审之中,特别是在控辩双方对于物证、书证等实物证据的来源和真实性存在争议之时,传统的以笔录、清单、照片等为载体的静态展示不仅无益于诉讼双方的质辩,同时由于真假难辨,往往影响法官对案件事实进

---

① 左卫民:《中国刑事诉讼模式的本土构建》,载《法学研究》2009 年第 2 期。
② 参见熊秋红:《刑事庭审实质化与审判方式改革》,载《比较法研究》2016 年第 5 期。

行准确、客观、公正的判断。更为重要的是,此种静态调查方式将书面证据,特别是笔录作为法庭调查的直接对象,即公诉方往往通过有选择地或摘要式地宣读或合并概括式介绍案卷笔录等论证其主张的真实性与合理性,法官对于刑事证据的审查判断相应地演变为对各种笔录的审查判断。

就证据属性而言,笔录这一证据形式本身即属于一种"传闻"。作为取证人员对于直接人证提供情况的一种固定和转述,案卷笔录本身具有明显的片面性特征。由于取证目的的指控性、证据记录和侦查组卷的选择性,侦查案卷笔录记载的信息和内容十分有限,取证人员往往只是把那些与案件基本事实相关的陈述以宏观、概括性的方式加以记录,而过滤掉那些能够判断言词陈述真实性等因素的内容,因而不仅无法有效帮助事实审理者判断言词陈述作出者的感知能力以及记忆能力,而且不可避免地会打上笔录制作者的主观标签。为此,传闻证据规则下的"笔录"原则上不具有证据资格,因而是不可采的。我国的情况则有所不同,不仅言词证据可能以书面的形式进入庭审,而且物证、书证、勘验笔录等实物证据作为独立的证据种类,也可以通过笔录这一书面形式实现相关证据材料与案件的衔接。① 在此种调查方式的影响之下,我国的刑事审判呈现出近似于科层式的行政权力组织体制的特征,书面笔录构成了整个程序的神经中枢,整合着各个层次的最终决策。"如果某个案件从一个步骤转向下一个步骤的过程中发生了信息阻断或丢失的情况,导致主持后续步骤之官员无法读取前述步骤之书面记录,整个科层式程序就会失去方向。"②案卷笔录的长驱直入不仅仅是第一审程序的问题,甚至延伸到第二审以及再审和复核审等救济程序当中,背离了法庭审理所欲实现的价值、功能、目标,因难以对证据之客观性、关联性、合法性进行全面审查而难以保证裁决结果建立在"案件事实清楚,证据确实、充分"的标准之上③,消解了审判中心所要求的刑事庭审对于诉权保障的决定作用。

二、人证的庭审调查方式

相较于实物证据这类客观证据,人证这类主观证据更为复杂和多变,因而需要相对较多的规则和方式予以规制和查明。从两大法系国家的

① 龙宗智:《我国刑事庭审中人证调查的几个问题——以"交叉询问"问题为中心》,载《政法论坛》2008年第5期。
② 〔美〕米尔伊安·R.达玛什卡:《司法和国家权力的多种面孔——比较视野中的法律程序》,郑戈译,中国政法大学出版社2004年版,第85—86页。
③ 王文华:《规律·规则·规制:论"以审判为中心"的制度建设》,载《东方法学》2016年第1期。

刑事立法来看,人证导出通常有会话式和问答式两种方式,前者以言词证据作出者连贯陈述为形式,为大陆法系国家和地区刑事庭审中证言作出的主要范式,突出表现在法官职权询问之中;后者则以一问一答为形式,为英美法系国家和地区刑事庭审中证言作出的主要范式,突出表现在交叉询问制度之中。我国刑事诉讼素来重视发现客观真实,并重视人证表达的自然性、语义的连贯性和完整性,因而采用会话式与问答式相结合的人证导出方法,兼有交叉询问和职权询问的人证调查方式。立足于立法本身的抽象规范性内容,以及司法实践中的具体运作样态,我国刑事庭审中的人证调查方法可以被归纳为交叉询问、职权询问以及对质询问三种。①

第一,交叉询问的人证调查方式。交叉询问用以指代对抗制审判中控辩双方以盘诘方式向一般证人,包括被害人和已经放弃沉默权的被告人以及专家证人进行证据调查的特定方法和手段。作为人证质证方法的集中体现与人证调查最为常用的方法,交叉询问不仅被视为对抗式审判的核心与发现真实的最有力的武器,而且构成了检察官和辩护律师主导法庭审判程序的关键环节和具体手段。在司法实践中,交叉询问一般按照主询问、反询问、再询问和再反询问的顺序并以问答的方式进行。此种按照顺序进行的交叉询问依据案件的特定情况和需要可以进行若干次,直到双方不再提出新的问题为止。现代法治国家,特别是英美法系国家对于证人、鉴定人出庭作证都适用交叉询问的法庭调查规则。从宏观层面来讲,交叉询问方式的优点主要在于以下几个方面:首先,该项调查规则逻辑性较强,在反对使用书面证言等可靠性较低的传闻证据的同时,确立了以询问证人(包括被害人、被告人、鉴定人等)为主线,根据调查需要和时机配合出示物证、书证的方法,从而形成了极为清晰的论证路径和论证逻辑;其次,询问证人的内容和次序安排均由控辩双方决定和设计,不仅层次分明,而且对于案件事实的还原、探索能力极强;最后,交叉询问规则下的法庭的调查方法将对于事实的调查和辩论融为一体,避免了把两者分开进行所带来的辩论中常常需要恢复法庭调查的麻烦。②

反观我国现行立法规定,最高人民法院《关于适用〈中华人民共和国刑事诉讼法〉的解释》(以下简称《刑诉法解释》)第 259 条和第 260 条对证人、鉴定人的询问顺序作出了明晰规定,即第 259 条第 1 款规定:"证人出庭后,一般先向法庭陈述证言;其后,经审判长许可,由申请通知证人出庭的一方发问,发问完毕后,对方也可以发问。"第 260 条规定:"鉴定人、有专

---

① 步洋洋:《审判中心下刑事庭审证据调查方式的优化》,载《社会科学》2019 年第 10 期。
② 刘计划:《中国控辩式庭审方式研究》,中国方正出版社 2005 年版,第 232 页。

门知识的人、调查人员、侦查人员或者其他人员出庭的,参照适用前两条规定。"从这些立法规定出发,部分学者得出我国刑事庭审已在人证调查程序中确立了广义上的交叉询问制度的结论判断。然而,在笔者看来,虽然我国现行刑事立法初步确立了由控辩双方通过举证、质证推进庭审调查的人证调查方式,但我们并不能据此认为我国刑事司法已经确立了交叉询问的人证调查方式,而只能说是构建了带有交叉询问的某些外部特征和技术方法性特征的交叉询问的基本制度框架。这只是我国传统的控辩询问方式与这些外部特征和技术性方法的"混合"而已。一方面,我国现行刑事立法下的庭审证据调查具有明显的分段式特征,基本遵循着"先人证后物证"的将人证与实物证据分立开来的法庭调查顺序,与典型的交叉询问方式所呈现出的以人证调查方式一以贯之的调查范式明显不同;另一方面,在我国当下的庭审人证调查过程中,法官职权运用广泛,补充性调查询问以及依职权严格限制控辩询问次数与时间一定程度上突破了典型交叉询问的运行格局。①

第二,职权询问的人证调查方式。与大陆法系国家的职权式庭审模式相适应,大陆法系国家在刑事庭审中广泛使用职权询问的人证调查方式。与交叉询问方式不同,职权询问方式强调由法官指挥和主导整个人证调查过程。法官依照审判职权通知证人出庭,主动对言词证据的作出者进行询问而不受控辩双方的限制;同时,控辩双方对于言词证据作出者的询问则必须在征得法官同意的前提下按照其指示进行。尽管随着两大法系国家刑事庭审模式的不断融合,大陆法系国家的职权询问方式在一定程度上吸收、借鉴了交叉询问制度的某些技术性规则,然而此种吸收和借鉴却并未改变职权询问方式下"实体真实原则"与"职权调查原则"的基础理念,法官依然掌握诉讼控制权,当事人的询问权依然受到法官的严格控制,并未形成交叉询问制度下控辩双方主导人证主体询问的格局。② 从大陆法系国家的刑事立法和司法现实来看,职权询问的人证调查方式通常按照会话式方式的基本步骤进行:首先,出庭的言词证据作出者向法庭作出连续、不间断的主动陈述;其次,言词证据作出者陈述完毕后,庭审法官就陈述中不够明晰或尚存疑惑之处进行发问;最后,经庭审法官的批准或同意,诉讼双方之代理律师可以自行或经由法官向言词证据作出者发问。

依据诉讼之基本构造,刑事诉讼的证据制度得以构筑。从这个意义上

---

① 龙宗智:《我国刑事庭审中人证调查的几个问题——以"交叉询问"问题为中心》,载《政法论坛》2008 年第 5 期。

② 贺振华:《刑事庭审中的人证调查程序研究》,西南政法大学 2007 年博士学位论文。

来说,诉讼构造实乃法庭调查程序与法庭调查规则建立和运行的基础。在职权主义诉讼模式与实体真实主义的影响下,我国刑事庭审历来重视发挥庭审法官的积极能动性,强调通过审判职权的运用查明案件事实。因此,现行刑事立法下的人证调查带有明显的职权询问特征,不仅控辩双方对于言词证据提出者之询问应当征得审判长的许可,而且审判人员可以依职权询问证人、鉴定人,讯问被告人。审判人员始终保有向人证进行发问的权力,且此种职权式询问可以随时插入控辩双方的询问过程之中。例如,《刑诉法解释》第 245 条就规定:"必要时,审判人员可以讯问被告人,也可以向被害人、附带民事诉讼当事人发问。"第 263 条亦规定:"审判人员认为必要时,可以询问证人、鉴定人、有专门知识的人⋯⋯"

第三,对质询问的人证调查方式。对质询问亦被表述为对质诘问,其英文表述为"the right of confrontation",有"面对面进行质疑和询问"的基本含义,其萌芽可以追溯到 12 世纪中叶纠问式诉讼模式时期。对于对质询问这种人证调查方式的基本内涵,学界的认识和观点并不完全一致。在英美法系国家,对质询问特指被告人在刑事庭审之中,要求对己不利之证人出庭作证,并对其进行询问的诉讼权利。在笔者看来,作为法庭审理之中人证调查的基本方法之一,对质询问可以被理解界定为:当两个或两个以上的证人之间、证人和当事人之间就同一事实之陈述存在矛盾时,事实审理者组织陈述有矛盾之二人或多人同时到场,通过轮流交替的当面对质诘问,以及相互之间的辩明和解释,审查判断陈述可靠性的一种询问方法。如果将前述的交叉询问方式与职权询问方式划作一般性的询问,那么对质询问即属于一种特殊类型的询问,此种询问方式不仅强调一般方式下的共性询问,而且着重强调对质,即面对面地进行质询。① 对质询问方式之运用,一般当以法庭询问为基础,对于同一事实之人证内容存有矛盾,进而需以对质辨明为必要。其功能与前述的交叉询问方式大体相同,普遍被视为刑事被告人所享有的基本庭审权利之一,旨在实现真实查明与公平正义的诉讼目标。

我国现行《刑事诉讼法》本身并未规定对质询问制度,但《刑诉法解释》以及《检察院刑诉规则》以司法解释的形式对其作出了原则性规定。《高法解释》第 269 条规定:"审理过程中,法庭认为有必要的,可以传唤同案被告人、分案审理的共同犯罪或者关联犯罪案件的被告人等到庭对质。"《检察院刑诉规则》第 402 条第 4 款规定:"被告人、证人、被害人对同一事

---

① 龙宗智:《刑事庭审中的人证调查(上)——刑事诉讼当事人调查》,载《中国律师》2018 年第 6 期。

实的陈述存在矛盾的,公诉人可以建议法庭传唤有关被告人、通知有关证人同时到庭对质,必要时可以建议法庭询问被害人。"《人民法院办理刑事案件第一审普通程序法庭调查规程(试行)》(以下简称《法庭调查规程》)在其第 8 条、第 24 条中亦对此种方法就对质主体、对质阶段等内容作出了规范重申,即"被告人供述之间存在实质性差异的,法庭可以传唤有关被告人到庭对质。审判长可以分别讯问被告人,就供述的实质性差异进行调查核实。经审判长准许,控辩双方可以向被告人讯问、发问。审判长认为有必要的,可以准许被告人之间相互发问"。"证人证言之间存在实质性差异的,法庭可以传唤有关证人到庭对质。审判长可以分别询问证人,就证言的实质性差异进行调查核实。经审判长准许,控辩双方可以向证人发问。审判长认为有必要的,可以准许证人之间相互发问。"

需要明确的是,证据调查方式与方式之间并非非此即彼的独立适用关系,而常常是基于一定的内在逻辑或曰价值考量而外化呈现出的并用关系,所不同的只是各种证据调查方式之适用主次逻辑及适用场域的深度、广度而已,而这一点在不认罪案件与认罪案件的"二分式"法庭审理程序中体现得最为明显。

第三节　认罪案件庭审证据调查方式的特殊性因由

证据调查方式于认罪案件和不认罪案件的法庭审理之中实然有别。两类案件的庭审证据调查不仅在方式、内容的选择建构上存有区别,而且在供证之间的主次逻辑上差异明显。在笔者看来,认罪案件庭审证据调查方式的特殊性研究兼具时代内生与实践外化的双重需求。此命题因关涉诉讼模式、诉讼程序、诉讼目的与诉讼证明,系属实然省察与应然证成、域外智识与本土语义,融贯认罪认罚从宽与审判中心的诉讼制度改革等多重因素,呈现出或隐或显的复杂性与复合型特征。相较于不认罪案件的庭审证据调查方式,认罪案件的庭审证据调查方式之所以会呈现较为明显的特殊性或曰差异性,其原因具有多重性。其中既有我国传统的职权式诉讼模式与转型时期协商性模式竞合的深层因由,亦有简化审理程序之确认式庭审样态的外化呈现需要,以及对于以"共识性正义"为内容具有未来面向诉讼目的的建构观的观照。

一、职权式诉讼模式与协商性诉讼模式的竞合

诉讼模式作为探讨刑事诉讼制度之实际运行、刑事司法之价值取向以

及人们思考、研判刑事司法之方式的评价性话语体系,实乃法庭调查程序与法庭调查规则确立和运行的基础。作为一种高度概括总结事物原型之本质特征的研究方法,"模式论"历来为法学学者所青睐。"模式论"不仅有助于揭示制度内部诸要素之间的相互作用,形成一种具有高度解释信度和效度的分析体系,而且可助力回应或解决特定制度于规范和实践层面的争点与疑义,具有方法论层面的实用功能。从这个意义上说,以刑事诉讼模式理论为视角论述认罪案件庭审证据调查的特殊性,既是庭审证据调查在制度属性方面的本质回归,亦是此制度之具体内容在研究方法或曰研究进路方面的原点式回归。

自认罪案件所属的认罪认罚从宽制度创设以来,此制度的模式归属便常存争议。作为刑事诉讼的一项基本原则之一,控辩平等对抗强调控辩双方在诉讼中享有平等的法律地位和诉讼能力上的平等有效武装。这既是正当程序价值的基本要素,也是被告人公正审判权的题中之义。① 而在部分学者看来,认罪认罚从宽制度不仅在学理层面会对"控辩平等对抗,法官居中裁判"的三角形诉讼构造形成冲击,更被视作超越以职权式诉讼模式和对抗式诉讼模式为内容的刑事诉讼"第三范式",迈向刑事诉讼"第四范式"的重要标志。② 认罪协商制度,或曰认罪协商程序,因强调当事人之间的平等对话,追求公正与效率、法律效果与社会效果的衡平而有别于传统的单方面施加刑罚的"加强型司法",此程序或曰制度所代表的是一种合意引导下的协商逻辑或曰协商性司法特征。一方面,认罪案件之中,"被追诉人通过口供而加入制造司法事实的仪式"③。被追诉人以认罪口供的特定方式对案件所涉之基本犯罪事实予以承认,控辩双方的关系即由不认罪案件中的单纯对抗转为适度合作,司法机关调查、审理案件事实的单向性活动即转变为司法机关与被追诉人对于案件事实认知的互动活动,被追诉人对于司法机关所进行的调查和审理亦相应地由被动承受变为主动乃至自愿地接受。④ 另一方面,作为认罪认罚从宽制度的基础与转承,认罪认罚具结书虽在形式上属于"单方声明",但此文本之形成过程基本遵循着从要约邀请到要约,再由要约至承诺作出的合意达成逻辑,不仅符合契约成立的各项要件,而且承载着实现双方预期利益与信赖利益的价值功

---

① 王贞会:《审判阶段补充侦查制度反思与改革》,载《浙江工商大学学报》2022 年第 1 期。
② 熊秋红:《比较法视野下的认罪认罚从宽制度——兼论刑事诉讼"第四范式"》,载《比较法研究》2019 年第 5 期。
③ 步洋洋:《论认罪案件法庭审理中的自由证明》,载《中国刑警学院学报》2024 年第 2 期。
④ 步洋洋:《认罪案件中口供适用的逻辑与限度》,载《社会科学》2021 年第 7 期。

用。① 质言之，一旦控辩双方在审前程序中达成并签署认罪认罚具结书，法院便可以将法庭审理的重点聚焦于犯罪嫌疑人、被告人认罪认罚之自愿性、合法性与真实性的审查之上，并以裁决的方式对符合自愿、明知、明智与合法标准的认罪认罚具结书中所达成的量刑合意予以确认、采纳。

尽管如此，本书认为，认罪认罚从宽制度其实并未超脱职权式诉讼模式的基本范畴，未能改变我国刑事司法长久以来形成的以事实查明为导向的职权主义模式特征。认罪案件所属之认罪认罚从宽制度因"坦白从宽"等实体法基础而具有来源上的本土性，因承继权力确信的诉讼理念而具有文化上的同源性，因保有单向性的权力（权利）配置而具有结构上的职权性。此制度本身并非一种独立的诉讼制度，更非一种独立的诉讼程序类型，其本身系一套内嵌于我国传统诉讼模式之中的、整体性的、融贯性的制度安排，制度项下的协商逻辑或曰协商性司法特征仅为助力制度推行的有益因素而已。映射在庭审证据调查制度的规范之下，我国当下的庭审证据调查方式即呈现出较为明显的复合式特征，立法者似乎想要通过整合职权询问、交叉询问与对质询问的不同调查方式发挥法庭审理在事实查验方面的正向功用。一方面，在职权式诉讼模式与实体真实观念的影响下，认罪案件之法庭审理依然重视发挥庭审法官的积极能动性，强调通过审判职权的运用查明案件的事实，这也是在认罪案件的刑事司法实践之中，审判阶段对于认罪认罚之自愿性审查应然且实然地通过职权讯问和阅卷的两种方式进行的原因之一。② 另一方面，认罪案件庭审证据调查方式体系下的交叉询问与对质询问方式带有典型的"技术方法型"，而非"权利方法型"特征，庭审法官可以基于真实发现之客观需要而主观评定有无适用此两种方式进行证据调查的必要。质言之，依照审判职权或控辩双方的申请传唤笔录制作者、见证人、讯（询）问者与被讯（询）问者等出庭作证，亲历庭审接受控辩双方的质辩和询问仅在控辩双方存有实质争议，特别是认罪被告人翻供的情形下适用。在多数情况下，犯罪嫌疑人、被告人认罪的自愿性、明知性和合法性审查系通过检察机关出示、宣读认罪认罚具结书的内容，庭审法官审核案卷材料、讯问认罪被告人、依职权进行证据调查，以及社会调查报告制度等多种方式，在认罪事实清楚、量刑建议适当、认罪程序运作规范的基础上实现的。从这个意义上说，我国传统职权式诉讼模式与转型时期协商性诉讼模式的竞合，当为认罪案件庭审证据调查方式之特

---

① 步洋洋：《因应与转型：时代语义下的量刑建议精准化》，载《学习与实践》2020 年第 2 期。
② 参见夏菲：《辩诉交易强迫认罪问题对认罪认罚从宽制度的警示》，载《东方法学》2021 年第 4 期。

殊性形成的因由之一。

二、简化审理程序所系属的确认式庭审样态的外化呈现

依我国传统法律观念视之,认罪认罚从宽本为一种实体法概念,其在实体法上的规定较多,如坦白、自首、缓刑、假释等,而程序法上的认罪认罚从宽则相对较少。然而,作为一项旨在通过特定的实体或程序利益之"交换",促使被追诉人自愿认罪的有机制度与程序整体,认罪认罚从宽制度当具有集合性、一体性的综合特征①,其概念项下的"从宽"语义不仅包括传统意义上的"实体从宽",而且涵摄诉讼意蕴下的"程序从宽"。具体到审判阶段,相较于具有程序完整性和复杂性,严格遵循法定原则、法定规则及运行规范的普通程序,现行刑事立法下的简易程序和速裁程序即属于程序"从宽"的典型样态。认罪案件之下,被追诉人的自愿供述实属认罪认罚的外在表现,其所带来的直接效果之一即程序推进方式的变化,由此导致审判程序呈现出不同梯度的简化,即分别适用速裁程序、简易程序或普通程序简化审。由于我国当下各种简化审理程序均以案件事实清楚、被告人自愿认罪为前提,其在理论研究层面亦相应地被统称为认罪案件的审理程序。应当说,以刑事简易程序和速裁程序为具体内容的简化审理程序已然成为以"认罪""从宽"为制度要义的认罪认罚从宽项下的主体程序内容之一。

依据现行《刑事诉讼法》及《刑诉法解释》的相关规定,对于适用简易程序审理的认罪案件,法庭审理和法庭调查环节可以被高度简化。② 人民法院既可以单纯就控辩双方无异议的证据名称及待证事项作出说明,亦可以在确认控辩双方对与定罪量刑有关之事实、证据没有异议的前提下,直接围绕罪名确定和量刑问题展开法庭审理。适用速裁程序审理的案件,一般不进行法庭调查和法庭辩论,相较于刑事简易程序的"简化式",速裁程序下的法庭调查和法庭辩论则可以被全然省略,具有明显的"省略式"特征。立足于刑事速裁程序已然省略法庭调查和法庭辩论环节的规范语境下,或许有人会问:"适用刑事速裁程序审理认罪认罚案件,人民法院是否还需对案件事实进行调查? 如果不需要,本书所论述的庭审证据调查的特殊方式是否还有其适用的特定场域和空间?"刑事速裁程序对于法庭审

---

① 顾永忠:《关于"完善认罪认罚从宽制度"的几个理论问题》,载《当代法学》2016 年第6 期。

② 参见王恩海:《认罪认罚从宽制度之反思——兼论〈刑事诉讼法修正案(草案)〉相关条款》,载《东方法学》2018 年第 5 期。

理程序的缺省与克减,主要是对法庭调查程序的大幅简化以及对法庭辩论程序的克减,其本身并不意味着完全无须调查犯罪事实。尽管在简化审理程序之下,刑事庭审的功能已然发生适度转变,即由通过控辩双方之间的举证、质证和辩论实现事实审理者对案件事实的准确认定,转变为通过审查认罪认罚的自愿性、明知性与合法性当庭完成有罪确证。[①] 但是,从认罪案件法庭审理的实践运行来看,简化审理程序所内生的以适用条件实体化、审查对象特定化、裁判结论耦合化为内容的形塑机理依然要求人民法院在确证犯罪嫌疑人、被告人认罪认罚的自愿性、明知性,以及认罪认罚具结书之合法性的前提下进入量刑问题。换言之,认罪案件的法庭审理之中,尽管效率价值在一定程度上得到凸显,但这并不意味着其与公正价值之间发生了替代性的价值位次调整。[②] 即使是在刑事速裁程序之中,人民法院也需围绕案件事实展开调查,只不过无须严格适用不认罪案件法庭审理中的证据调查方式,而是可以通过直接讯问认罪被告人、听取检察机关意见、审核、查验各类案卷材料等方式、方法从犯罪嫌疑人、被告人是否自愿、精神状态是否正常、是否理解认罪认罚性质与法律后果,值班律师或辩护人是否同人民检察院进行沟通并提供有效法律帮助或辩护,以及认罪认罚具结书的签署形成是否满足三方在场的基本要求等多个方面展开审查,用以综合认定案件事实,奠定裁判形成之事实基础。是故,刑事速裁程序并非不调查案件事实,只是对程序项下之事实调查程序与调查方式、方法予以简化罢了。[③]

"对不同类型的案件采取不同的审理及证据调查方式,实乃刑事审判的基本原理。"[④]不同于实质化法庭审理所秉持的实质真实观,关注每一项证据的形成过程及表现形式,强调司法工作人员从每一项证据证明的内容出发,深入到每一项证据形成的过程,分析各种因素对证据真实性可能产生的影响,其本身建立在对于案卷笔录的怀疑或曰不确信的理念基础上。[⑤] 我国当下以简易程序和速裁程序为代表的认罪案件审理程序已然带有较为明显的"确认性"特征。确认式庭审样态之下,庭审的功能已经

① 参见李奋飞:《论"确认式庭审"——以认罪认罚从宽制度的入法为契机》,载《国家检察官学院学报》2020 年第 3 期。

② 参见宁佳、卢乐云:《重罪认罪认罚中被害人权利的有限扩张》,载《西南民族大学学报（人文社会科学版)》2021 年第 8 期。

③ 参见万毅:《认罪认罚从宽程序解释和适用中的若干问题》,载《中国刑事法杂志》2019 年第 3 期。

④ 龙宗智:《诉讼证据论》,法律出版社 2021 年版,第 270 页。

⑤ 参见马静华:《庭审实质化:一种证据调查方式的逻辑转变——以成都地区改革试点为样本的经验总结》,载《中国刑事法杂志》2017 年第 5 期。

不再是抑或说主要不是通过控辩双方举证、质证和辩论实现对案件事实的准确认定,并在此基础上正确适用法律,而基本是通过审查认罪认罚的自愿性和认罪认罚具结书内容的真实性、合法性当庭完成司法裁判活动。此种确认式庭审样态的形塑机理,既在于适用条件的实体化,即刑事被告人自愿认罪认罚、同意适用简化审理程序,并满足事实清楚证据确实、充分的证明要求,也在于审查对象的特定化,即审查认罪认罚的自愿性和认罪认罚具结书内容的真实性、合法性,更在于裁判结论的耦合化,即现行《刑事诉讼法》第 201 条所规定的人民法院"一般应当采纳人民检察院指控的罪名和量刑建议"的规范要义。① 从这个意义上说,认罪案件之法庭审理所需适用的简化审理程序,特别是此种审理程序所具有的确认式庭审样态当为认罪案件庭审证据调查方式之特殊性形成的因由之二。

三、建构以"共识性正义"为内容具有未来面向的诉讼目的

面对刑事追诉,犯罪嫌疑人、被告人之所以会选择主动认罪认罚,从根本上来讲,是基于其自身对于从宽处遇的内心期待,或实体或程序。只要犯罪嫌疑人、被告人获得了认罪认罚本身所对应的处遇"对价",刑事庭审于争端解决及其正当化方面的功能即得以实现,裁判的可接受性便在相当程度上得到保障。相较于实质化要求下的法庭审理,认罪案件之法庭审理弱化甚至取消了以直接言词原则为核心的证据调查,动摇了传统证据调查方式体系对于实质真实原则、罪刑法定原则以及无罪推定原则的坚守。② 证据调查方式变化的背后,是价值判断逻辑的转变。笔者认为,不同于传统诉讼目的论下的"实质正义"观念,认罪案件之法庭审理所欲追求的当为由控辩双方所普遍认同的"共识性正义"。认罪案件庭审之下,"真实符合论"让位于"真实共识论",司法证明的过程亦由单纯的回溯转为一种面向未来的积极建构。

一方面,认罪案件所属之认罪认罚从宽制度聚焦于权力与权利之间、国家与被追诉人之间的关系调整,旨在通过选择、讨论、让步等交互行为的引入,赋予犯罪嫌疑人、被告人讨论诉讼解决方案的特定权利,实现控辩双方内心期许的共识性预期利益,或曰"共识性正义"。正义与其说是一种观念或理想,不如说是一种活动和传统———一种做事方式,而不是一个最

---

① 参见李奋飞:《论"确认式庭审"———以认罪认罚从宽制度的入法为契机》,载《国家检察官学院学报》2020 年第 3 期。

② 参见马静华:《庭审实质化:一种证据调查方式的逻辑转变———以成都地区改革试点为样本的经验总结》,载《中国刑事法杂志》2017 年第 5 期。

终状态。作为一种思维活动,正义的活动和判断本身就包含着论述和询问的道德。① 正义需要反映共识,而共识则生成于平等主体之间的交涉和沟通。"只有在平等主体间的交涉和沟通之中,对于权利和义务的相互遵守,通过交往所获得的意见一致才能成为可能。"②"而一种通过交往所获得的意见一致,归根结底是以交往参与者根据他们能否按照适当的情况论证自己的宣称来进行衡量的。"③审判作为一场公众参与其中并从中吸取行为信息的戏剧,应当给出能够最大化实现该共识性目标的有效方式。作为一种"求真认识论"的社会实践,事实与价值、描述与评价,在事实查验中往往交织在一起。然而,作为社会性建构的一种,审判视域下的事实、真相或者说正义则是基于某种特定的主观认知而建构的。认罪案件法庭审理所欲追求和实现的"共识性正义"既非僵死的"规则之治",亦非由现行法律所推演出来的"规范正义",或权力主体所表达出来的"独白式正义",此种正义理念所强调的是以自主、平等的主体间性结构为基础的交往理性,追求的是通过一系列反复进行的甄别、过滤、选择、论证和确认活动,逐步找到既适切于控辩期许,又适切于司法裁决的共识认知或曰共识结论,以"程序主义范式"增强法治秩序的回应反思性,在取代以主体—客体结构为指向的工具理性和技术理性的同时,消解立场冲突带来的控辩异见,实现诉讼利益的契合与共赢。④

另一方面,作为一种新兴的刑事诉讼制度,认罪案件所属之认罪认罚从宽制度所欲追求的是社会冲突的及时化解与社会关系的有效修复,从而在协调公正与效率价值,避免或减缓两者矛盾与冲突的同时,建构出一种面向未来的司法过程。诉讼作为一种过渡仪式,本为通过适当的程序转换社会事实,从而确定司法过程中的身份和边界,建构法律意指的意义与秩序,使判决能够合法、正当地塑造法律文化、法律信仰和法律象征的过程。此种由制度、程序所确定的特定仪式,于法庭审理环节表现为由一系列证据程式所构成的互动链结构——从证据交换到举证、质证、认证,再到最终的事实认定过程。此过程之中,证据借由在控诉、

---

① 〔新加坡〕何福来:《证据法哲学——在探究真相的过程中实现正义》,樊传明等译,中国人民大学出版社 2021 年版,第 109 页。

② 〔德〕尤尔根·哈贝马斯:《民主的三种规范模式》,逄飞译,载《文化研究》第 2 辑,天津社会科学院出版社 2001 年版。转引自马长山:《哈贝马斯的交往理性法律观及其启示》,载《江苏社会科学》2002 年第 4 期。

③ 〔德〕哈贝马斯:《交往行动理论(第一卷)——行动的合理性和社会合理化》,洪佩郁、蔺青译,重庆出版社 1994 年版,第 34 页。

④ 马靖云:《智慧时代商谈式刑事辩护的情境构建与司法功效》,载《安徽大学学报(哲学社会科学版)》2019 年第 4 期。

辩护、审判三方之间的来回流动、展演与交换的仪式,完成了从符合之物到诉讼之物的转变,获得了以后定和后赋为基本内容的法律意义。① 然而,事实认定并非一个封闭静止的存在状态,而是一个动态发展的存续状态,随着法庭审理的进行和法官认知的深化而不断地生成、解构与重构。事实认定所依靠的特定证据调查方式本身即包含评价与建构性解释,其将法律和价值判断融合在事实判断之中。以建构论的观点视之便可发现,司法证明、事实认定以及证据展示的过程都并非单纯的对于过去事实的回溯过程,更是一个面向未来的积极建构或曰重构过程。质言之,控辩双方的举证、质证,法官的审查、判断与形成裁判结论的过程,其本身系出于特定的诉讼目的和诉讼立场。运用职权询问、核查庭前笔录、交叉询问抑或对质询问的方式、方法从多元的证据材料中抽取出证据事实的内核,将原本分散的、片面的证据事实组合成一个既符合一般情理,又符合科学规律和法律逻辑,更符合认罪案件之下控辩期许的案件事实图景的过程虽在内容上是面向过去的,但在效果和意义层面上却是面向未来的。②

---

① 参见易军:《诉讼仪式的文化解释——物、空间与意义生产》,载《法律和社会科学》2019年第2期。
② 高家伟:《证据法基本范畴研究》,中国人民公安大学出版社2018年版,第55页。

第二章　认罪案件庭审证据调查方式的实然省察

证据调查方式于认罪案件和不认罪案件的法庭审理之中实然有别。这不仅体现在域外法治国家和地区的刑事立法与刑事司法实践中,更为我国当下不认罪案件之实质化的法庭审理要求同认罪案件之建立在认罪认罚具结书之上的职权式认罪审查与以量刑议题为核心的法庭审理内容所直接映射。长期以来,我国不认罪案件的法庭审理一贯以追求庭审实质化为具体目标。所谓庭审实质化,就概念而言,用以指代应当通过庭审的方式认定案件事实并在此基础上决定被告人的定罪量刑。其基本要求有二:其一,在由侦查、审查起诉、审判等阶段组成的纵向诉讼结构中,应当将审判作为整个诉讼的中心阶段,被告人的刑事责任应在审判阶段而不是在侦查、审查起诉或其他环节解决,即我们所说的"审判中心"或曰"以审判为中心"的刑事诉讼制度改革。[1] 其二,在审判阶段的多元诉讼活动中,庭审是决定被告人命运的中心环节,庭审对于庭前、庭后活动具有统领作用,即"审判案件应当以庭审为中心,事实证据调查在法庭、定罪量刑辩论在法庭、裁判结果形成于法庭"[2],"保证庭审在查明事实、认定证据、保护诉权、公正裁判中发挥决定性作用"[3],即我们常说的"庭审中心",或曰"庭审中心主义"。认罪案件的法庭审理则与之不同,此类案件之法庭审理不仅将认罪要义审查建立在认罪认罚具结书的笔录之上,而且以认罪口供为基础搭建庭审证据调查的核验机制,并将量刑问题作为整个法庭审理核心议题而展开证据调查。

---

[1]　需要说明的是,本书所讨论的"庭审实质化"的案件范围,并不包含侦查、审查起诉阶段"合法"分流的案件,以及依简易程序和轻微案件速决程序审理的案件。

[2]　《关于建立健全防范刑事冤假错案工作机制的意见》第11条。

[3]　《中共中央关于全面推进依法治国若干重大问题的决定》明确提出:"全面贯彻证据裁判规则,严格依法收集、固定、保存、审查、运用证据,完善证人、鉴定人出庭制度,保证庭审在查明事实、认定证据、保护诉权、公正裁判中发挥决定性作用。"

第一节　建立在认罪认罚具结书之上的认罪要义审查

尽管两大法系国家之刑事法律规范在犯罪嫌疑人、被告人认罪审查方式和审查标准的建构方面不尽相同,但普遍将其视作认罪案件,特别是认罪案件审理程序的正当化基础。认罪案件之下,因被追诉人认罪而带来的程序简化处理,不仅冲击了以无罪推定为核心的权利保障体系,而且使得认罪案件本身在内容、重点、样态等多个层面呈现出不同于不认罪案件的程序特征。为避免认罪认罚从宽制度演变为一种"为认罪而认罪""为简易而简易"的机械化司法现象,此一制度之立法规范始终将犯罪嫌疑人、被告人的认罪自愿性审查作为制度推行的前提或曰重心。认罪自愿性审查之目的在于探知犯罪嫌疑人、被告人的认罪行为是不是在主观表意自由条件下作出的,此一审查对象的主观性预设了审查主体需借助经验评价进行求证。由此,认罪自愿性之审查结果内含了因审查主体不同而呈现差异性的潜在风险,审查结论存在高度不确定性。为消解自愿性审查作为认罪案件审理前提的关键地位与其审查结论高度不确定之间的逻辑悖反,认罪自愿性审查当在经验评价之外适时引入客观审查依据,结合行为人外在客观行为推断其认罪表意自由。在当前的刑事司法实践中,审判阶段对于认罪认罚自愿性之审查主要存在讯问和阅卷两种方式。就前者而言,法官借由差异化发问方式,结合被告人的直接言语这一外在表现进行分析,探知其是否出于自愿而承认所指控的犯罪事实、签署认罪认罚具结书及进行程序选择。就后者而言,人民法院通过记载被告人认罪表意形成过程的审前讯问笔录、认罪认罚具结书等书面材料,就侦控机关是否非法取证,犯罪嫌疑人于审前环节之认罪认罚是否自愿、明知、明智和合法等问题进行审查、核验。①而在这一系列由讯问笔录、体检笔录等书面材料所组成的复合型案卷之中,认罪认罚具结书无疑是此种以职权性、书面性为特征的阅卷审查方式的最主要载体。

作为认罪认罚从宽制度的基础核心问题之一,认罪认罚具结书并非单纯的"静态"的文书设计,而是"动态"的制度整合。此一文本不仅在性质层面深刻影响认罪认罚同从宽之间的法律关系,直接决定着案件的实体法律与程序适用,而且划定出制度适用的具体范围与控辩双方的基本行为规范,发挥着收束审前程序、归纳审前结论、引导审判程序之承上

---

① 参见闫召华:《论认罪认罚自愿性及其保障》,载《人大法律评论》2018 年第 1 期。

启下的重要作用。然而,颇为遗憾的是,相较于认罪认罚具结书所具有的核心基础功用,无论是学术界还是实务界,对于此一在规范性文件中高频出现之文书的论理研究均相对薄弱。① 以"认罪认罚具结书"为关键词在中国知网进行检索即可发现,现有学术研究大体围绕认罪认罚具结书的基本范畴在如下四个方面进行论证:其一,认罪认罚具结书的形成模式。在部分学者看来,认罪认罚从宽制度之下,由于认罪认罚具结书已然实现从单方承诺自认到双方契约合意的性质转变,认罪认罚具结书与讯问笔录的形成过程应有所不同,刑事司法实践中继续沿用讯问模式,对犯罪嫌疑人科以先行认罪悔罪之前置义务的具结逻辑在可行性与合理性方面值得商榷。② 其二,认罪认罚具结书的内容。相较于域外国家和地区的类似法律文书,认罪认罚具结书的内容较为简单。此一文书一般只包含犯罪嫌疑人所认之罪、所认之罚及所应适用的程序类型,并不涉及犯罪嫌疑人权利放弃声明等"权利(力)义务"内容,一定程度上为认罪被告人之上诉反悔现象的发生埋下了隐患。其三,认罪认罚具结书的功能目标。认罪认罚具结书的功能目标主要聚焦于实体、程序和证明三重维度。此一文书不仅可以证明被追诉人于审查起诉阶段曾经认罪认罚,以为审判阶段之从宽量刑与程序适用提供证据支持,还可以敦促检察机关量刑建议权之客观公正行使,并为认罪嫌疑人之后续程序进程与实体处理划定出相对稳定的心理预期。③ 其四,认罪认罚具结书的效力。对于认罪认罚具结书的控辩效力问题,学界的观点趋于一致,普遍认为"具结书一经签署即对控辩双方产生一定的约束力,除发生足以影响案件公正处理的情形外,控方应当按照犯罪嫌疑人同意的意见处理,辩方亦应当按照具结的意见接受处理"④。而对于此一文书对法院产生了何种效力,学界基于不同的论理依据形成了差异化明显的观点论争。

在笔者看来,尽管现有的学术研究已然围绕认罪认罚具结书的形成模式、内容、功能目标及效力等基本范畴作出论证分析,但却在一定程度上有意无意地忽视了对于此一文书之研究始点——"认罪认罚具结书性质为何"的探讨与省思。认罪认罚具结书的性质为何?此一文书在诉讼之中当

---

① 参见刘少军:《性质、内容及效力:完善认罪认罚从宽具结书的三个维度》,载《政法论坛》2020年第5期。

② 参见刘原:《认罪认罚具结书的内涵、效力及控辩应对》,载《法律科学》2019年第4期。

③ 韩旭、李松杰:《认罪认罚具结书的效力及其完善——从余金平交通肇事案二审加刑谈起》,载《南都学坛》2020年第4期。

④ 朱孝清:《检察机关在认罪认罚从宽制度中的地位和作用》,载《检察日报》2019年5月13日,第3版。

以何种自洽于简化审理程序之范式语义的特定方式、方法进行审查？实践中普遍存在的建立在认罪认罚具结书之上的认罪要义审查同我国刑事司法实践中固有的"以案卷笔录为中心"的审理模式又有怎样的关系……诸如此类的立法留白问题仍有很多，一定程度上掣肘认罪认罚从宽制度的落地推行。有鉴于此，本书拟就认罪认罚具结书的笔录性质作以证成，廓清此一笔录之证据审查同"案卷笔录中心"的联系和区别，并以此为基础明晰认罪认罚具结书在认罪案件审理之中的适用空间与适用限度，以期在纵深学术论理的同时，助力认罪案件之刑事司法实践。

一、认罪认罚具结书之笔录性质证成

（一）认罪认罚具结书的证据性质之辩

对于认罪认罚具结书的法律性质，学术界在其所具有的契约属性上观点趋于一致，普遍将其视作一种经由控辩双方协商互动形成，并需由法院裁断的"刑事司法契约"。而在此一司法文本所具有的证据性质判断上，学术界的观点则不尽相同。一种观点认为，依据最高人民检察院制发的《认罪认罚从宽制度告知书》第 7 条①的规定内容，认罪认罚具结书应当被看作犯罪嫌疑人、被告人的有罪供述，可以作为本案或他案的证据使用。② 另一种观点则认为，认罪认罚具结书仅仅是被追诉人所作之声明……不符合证据所具有的还原案件事实的功能和要求，因而不具有证明犯罪嫌疑人、被告人有罪的证据资格。③ 在笔者看来，前述两种关于认罪认罚具结书证据性质判断的学术观点确有一定的合理性，但均需进一步论理商榷。

一方面，将认罪认罚具结书视为被追诉人所作声明的学术观点本身溯源于"具结"④的词源语义，因而具有一定的法文化传统层面的合理性。然

---

① 《认罪认罚从宽制度告知书》第 7 条规定，被追诉人撤回认罪认罚具结书后，具结书不能作为其认罪认罚的依据，但仍可能作为其曾作有罪供述的证据提交至法院。但《人民检察院刑事诉讼法律文书格式样本（2020 版）》中的《认罪认罚从宽制度告知书》删去了此一内容。

② 胡云腾主编：《认罪认罚从宽制度的理解与适用》，人民法院出版社 2018 年版，第 126 页。

③ 万毅：《认罪认罚从宽程序解释和适用中的若干问题》，载《中国刑事法杂志》2019 年第 3 期。

④ 从词源意义上进行考察，"具结"一词早已有之。清代时期即有由证人、犯人等出具保证证言真实或息讼服判的正式具结的制度。此一时期的具结承担着保证功能，可以被视作当事人一方对官方的保证声明。参见《老残残记》卷十八回："白公说：'王辅庭叫他具结回去罢。'""具结"系指旧时对官署提出表示负责的文字。参见中国社会科学院语言研究所词典编辑室：《现代汉语词典》（第 7 版），商务印书馆 2016 年版，第 707 页。

而,法律的演进并非以其内在特性和外在环境为条件的无意识生长,而是为解决特定的社会问题而作出的有意识努力。① 诉讼视域下需以证据证明的案件事实本就具有多重性,既包括实体性事实,也包括程序性事实。不同于能够直接证明案件实体性事实的各类实物证据或言词证据,认罪认罚具结书的确不能直接作为证明犯罪嫌疑人、被告人有罪的实体证据使用,但此一司法文书却可以被用于证明犯罪嫌疑人、被告人的认罪认罚意思表示,特别是认罪供述作出过程的自愿性、明智性和合法性,因满足"可以用于证明案件事实的材料"特征而具有证据资格。是故,两大法系国家的刑事立法例均认可犯罪嫌疑人、被告人所作有罪答辩或曰有罪供述的证据性质和证据能力。

以美国的辩诉交易制度为例。为鼓励控辩双方达成辩诉协议,保证被告人于协商过程中的坦诚陈述,美国《联邦证据规则》第 410 条规定,被告人撤回的有罪答辩,或者在与控方进行答辩讨论过程中作出的没有达成有罪答辩或者达成有罪答辩后撤回的陈述一般不具有可采性。然而,从刑事司法实践的现实来看,检察官通常会将被告人放弃 410 条规则之保护作为辩诉协议达成的基本条件。借由被告人主动放弃权利的方式,实现将辩诉协议项下之有罪答辩作为本案或他案证据使用的特定目的。② 在同为当事人主义诉讼模式的英国,有罪答辩制度极为发达。被告人之有罪答辩不仅具有应然的证据性质,其功能亦等同于民事诉讼中当事人的承认,发挥着终止诉讼程序的实然效用。有罪答辩一经作出,即意味着被告人对于指控的犯罪事实予以承认并自愿放弃对抗式的审理程序,刑事审判亦因此而直接进入刑罚的宣判程序。③ 而在奉行职权主义诉讼模式的大陆法系德国,自白协商制度亦允许检察官、法官与被告人就指控罪名或量刑事项进行协商。所不同的是,德国自白协商制度下的自白仅具有证据性质,即使被告人的自白能够得到其他证据的补强、印证,是否足以证明有罪仍需由法院综合判定。自白协商制度之司法适用既不能免除法官依职权调查事实的义务,也不能降低法官作出有罪判决所必需的心证门槛。在出现新的事实或证据,致使检察官的指控和被告人的罪行不相适应时,认罪协商协议中的自白便不得作为本案的诉讼证据使用。当然,需要指出的是,基于两大法系国家的不同诉讼模式,英美法系国家之有罪答辩与大陆法系国家

---

① 〔英〕保罗·维诺格拉多夫:《历史法学导论》,徐震宇译,中国政法大学出版社 2012 年版,第 150 页。

② 郝万爽:《论被告人撤回有罪供述的证据能力构建——美国 410 规则对我国的启迪》,载《证据科学》2021 年第 2 期。

③ 参见冯科臻:《认罪认罚案件的证据审查模式》,载《证据科学》2020 年第 6 期。

之自白尽管同为有罪证据,但两者所带来的程序效果实然不同,前者无须审判,后者缩短审判。

　　另一方面,将认罪认罚具结书视作被追诉人有罪供述的学术观点单纯聚焦于认罪认罚具结书内容项下的"认罪"要义,有意无意地割裂了此一司法文书所涵盖的权利知悉、程序适用等内容。从相关试点规范和最高人民法院提供的认罪认罚具结书模板来看,有罪供述仅仅系属认罪认罚具结书内容项下的"认罪"要义,其本身并不涉及以接受检察机关之量刑建议为具体内容的"认罚"要义,更不涉及控辩双方主体身份、控辩双方于具结书下的权力(利)义务分配,以及认罪认罚具结书法律效力等更为综合的文书内容。更为重要的是,认罪认罚具结书所涵摄的"认罪"要义内容,其证明对象仅为被追诉人认罪行为的自愿性与认罪作出过程的合法性,此一文书不仅不能直接作为证明犯罪嫌疑人、被告人有罪的证据使用,也不应被用于补强犯罪嫌疑人、被告人所作之有罪供述。从这个意义上讲,认罪认罚具结书在证明内容和证明指向上应然且实然地区别于犯罪嫌疑人、被告人所作之有罪供述,两者不能亦不应被全然等同。

　　(二)认罪认罚具结书的证据性质之证

　　作为一种能够把握事物共性并辨识事物特性的逻辑手段,分类法被广泛应用于社会学科的各个维度。分类不仅使人的认识达致条理化,更能实现处置上的目的性与有效性。① 我国现行《刑事诉讼法》延续了 1979 年《刑事诉讼法》所确立的立法范式对证据的类型作出界分。依据现行《刑事诉讼法》第 50 条的规定,刑事诉讼中的证据被依法界分为八种类型:物证,书证,证人证言,被害人陈述,犯罪嫌疑人、被告人供述和辩解,鉴定意见,勘验、检查、辨认、侦查实验等笔录,以及视听资料、电子数据。八种不同类型之证据各有其特定的外化形式与待证内容,除笔录类证据以"等"字作以开放式建构外,其余七种证据均具有封闭式分类方法下的确定性特征。在明确了前述认罪认罚具结书属于可以被用于证明案件事实的材料,即具有证据资格后,我们便不得不进一步思考这样的一个问题,认罪认罚具结书究竟属于刑事诉讼法下的何种证据类型? 其实,诚如龙宗智教授所言:"研究证据分类问题,就是要研究对证据进行分类的理由与依据,研究类型界定是否准确,是否便于使用;对证据体系进行划分是否合乎逻辑,是否具有包容性即囊括性,是否符合运用证据认定事实的需要。"② 从

――――――――――

　　① 龙宗智:《证据法的理念、制度与方法》,法律出版社 2008 年版,第 50 页。
　　② 同上书,第 52 页。

认罪认罚具结书本身的特征、内容和功能角度作以研判,笔者认为,认罪认罚具结书可以被归入现行《刑事诉讼法》第 50 条所规定的笔录类证据。

一方面,认罪认罚具结书与笔录类证据特征相同。作为我国刑事诉讼法所规定的法定证据类型之一,笔录类证据既包括现行《刑事诉讼法》第 50 条第 2 款第 7 项所规定的勘验、检查、辨认、侦查实验等笔录,也包括与此四类笔录相近似的公安司法机关在诉讼过程中制作并以书面形式呈现的部分记录材料。考察我国刑事司法实践中笔录类证据的形成过程可知,笔录类证据具有制作主体特定、记录形式书面,以及形成过程同步的基本特征。具体而言,笔录类证据的制作主体系特定的公安司法机关的工作人员,其他机关和个人无权制作;笔录类证据的表现形式呈现书面性,公安司法机关在刑事诉讼过程中所制作的各种笔录证据主要表现为文字性的书面记录;笔录类证据形成于诉讼过程之中,不同于物证、书证、人证往往产生于刑事诉讼启动之前的证据特征,其与诉讼行为同步产生。① 具体到认罪认罚具结书的特征语义之下,作为认罪认罚从宽制度的基础、核心,认罪认罚具结书实属检察机关单方制作的格式化文书,此一文书之具体条款和表述方式均由检察机关制作,由犯罪嫌疑人签署,用以表明犯罪嫌疑人深刻认识所犯行为之危害性,并自愿接受刑事处罚的认罪悔罪态度。② 同时,认罪认罚具结书模板中的权利知悉、检察机关指控的犯罪事实和量刑建议、审判程序适用类型、犯罪嫌疑人自愿签署声明并由其辩护人或值班律师见证证明等具结内容亦均以文字性书面记录的方式加以呈现,符合现代刑事司法的"书面司法"特征,即左卫民教授所说的,"文字与档案为现代各国刑事司法的重要载体。人类的日常活动尤其是司法活动,是一个从口头方式走向文字方式,从简单运用文字走向精细化运用文字的过程"③。不仅如此,从认罪认罚具结书的形成进程来看,此一文书形成于诉讼启动后的控辩交互、商谈阶段,其签署过程系在检察机关的讯问模式下同步进行④,实然符合笔录类证据所具有的诉中同步性特征,既有别于书证、人证往往于诉前形成的证据特征,又在客观上表现出认罪认罚具结书所具有的"过程性"证据的展示特性。

另一方面,认罪认罚具结书同笔录类证据功能相似。我国刑事诉讼法

---

① 参见宋维彬:《刑事笔录证据研究》,中国法制出版社 2020 年版,第 22 页。
② 参见马静华、李科:《新刑事诉讼法背景下认罪认罚从宽的程序模式》,载《四川大学学报(哲学社会科学版)》2019 年第 2 期。
③ 左卫民:《实证研究:中国法学的范式转型》,法律出版社 2019 年版,第 192 页。
④ 参见杜磊:《认罪认罚从宽制度适用中的职权性逻辑和协商性逻辑》,载《中国法学》2020 年第 4 期。

将笔录类证据作为一种独立的证据类型,其原因不能简单归结为照搬俄罗斯《刑事诉讼法典》的结果,而是有着较为充分的现实考量。① 作为一种较为典型的"过程证据",笔录类证据兼具证明取证行为合法性和实质证据真实性或相关性的辅助功能②,此类证据不仅能够反映某种证据形成或收集的过程与结果,证明作为案件实体的事实情况与诉讼程序的正当与否,而且能够印证其他证据的证明力,校验某些实体证据或程序证据所含证据信息之真实性,勾勒出两个或两个以上证据间的相互验证关系。具体到认罪认罚具结书的功能范畴,不同于能够直接证明犯罪构成要件事实的各种实物证据和言词证据,认罪认罚具结书实属一种能够证明认罪认罚过程事实的"程序证据"或曰"过程证据",此一证据虽然独立于结果证据,但却可以印证结果证据的真实性和合法性,并对量刑事实和过程事实施以直接的证明作用。③ 借由认罪认罚具结书这一特定的笔录形式,检察机关指控之犯罪事实、所提之量刑建议、犯罪嫌疑人自愿签署声明并由其辩护人或值班律师见证证明的具结过程,以及由权利知悉、程序选择适用所昭示的认罪认罚行为的自愿性、合法性等内容一一呈现。笔者认为,就实现证明犯罪事实是否成立的主要功能而言,证明认罪认罚合法性和陈述自愿性的内容属于辅助功能,证明犯罪事实的陈述内容属于实质证据,只是此处适时出现了两类证据信息共用一种证据载体——认罪认罚具结书的巧合。就这点而言,认罪认罚具结书可辅助证明认罪认罚作出的合法性、口头陈述的自愿性和陈述内容的真实性,同时作为言词证据的一种载体,此一证据虽然不能直接作为证明犯罪嫌疑人、被告人有罪的证据使用,亦不应被用于补强犯罪嫌疑人、被告人所作之有罪供述,但却在客观上具有证明案件事实的实证性功能,只是其可靠性的大小、证明力的强弱,需要由事实审理者基于其自身的经验、理性和良心自由判断罢了。④

二、认罪认罚具结书之庭审审查省思

笔录类证据在本质上系一种书面传闻,此一证据是公安司法机关的工作人员在法庭之外对诉讼活动所作的书面记录,其本身是对事实陈述的再加工,而非原始陈述的全面、客观再现,属于典型的言词证据之传闻形式,具有明显的传闻证据特征。由于取证目的的指控性、证据记录和案卷

---

① 参见马明亮:《笔尖上的真相——解读刑事诉讼法新增笔录类证据》,载《政法论坛》2014年第2期。
② 王景龙:《论笔录证据的功能》,载《法学家》2018年第2期。
③ 陈瑞华:《论刑事诉讼中的过程证据》,载《法商研究》2015年第1期。
④ 王景龙:《论笔录证据的功能》,载《法学家》2018年第2期。

组卷的选择性,笔录类证据所记载的信息和内容不可避免地会被打上笔录制作者本人的主观标签,因而存在着失真的可能性。认罪案件的法庭审理之中,人民法院单纯借由审前形成的各种书面材料,特别是认罪认罚具结书这一笔录类传闻证据,就犯罪嫌疑人于审前环节之认罪认罚是否自愿、明知、明智、合法等问题作以庭审审查的方式,同我国刑事司法实践长久以来形成的建立在案卷笔录之上的审理模式,即理论上所说的"案卷笔录中心主义"呈现出或隐或显、或大或小的相似性或曰趋同性,引发了学界对于"实践中普遍存在的建立在认罪认罚具结书之上的认罪要义审查同我国刑事司法实践中固有的'以案卷笔录为中心'的审理模式有着怎样的联系和区别"的思考与争鸣。

(一)案卷笔录中心主义之概念回溯

党的十八届四中全会明确提出:"推进以审判为中心的诉讼制度改革,确保侦查、审查起诉的案件事实证据经得起法律的检验。"将刑事审判置于刑事诉讼的中心地位与中心环节,强调发挥审判程序,特别是法庭审理对于侦查、起诉等审前活动的制约和引导作用。然而,受制于一系列的主客观因素,我国的刑事审判中实际存在着这样的一种司法惯性:"刑事法官的庭前准备活动普遍建立在对于公诉机关庭前移送的各种案卷材料的阅读基础上;法庭审理中对于证人证言、被告人供述等言词证据之调查,则普遍以宣读审前笔录的方式进行;个别情形下,某些法院甚至在裁判文书中直接援引审前案卷笔录的相关内容,以其作为裁判的依据和基础。"①理论上将其称为"案卷笔录中心主义"。

案卷笔录中心主义的实质即在于,法庭对于公诉方的案卷笔录保持开放的态度,将案卷笔录等证据视为天然地具有证据能力而不作任何明确的限制。尽管它们均属于形成于法庭之外的传闻证据,但具有证据的准入资格,可以直接成为法庭调查的对象。而在证人不出庭的情况下,这些笔录证据经过检察官的简单出示、辩护方的形式质证后,即可以直接转化为定案的根据。② 这一过程体现了案卷笔录中心主义在司法实践中的应用逻辑及其对传统证据规则的灵活处理,但也呈现出一大弊端,即致使刑事判决多以案卷笔录,而非庭审中的证人证言等当庭提供的证据为依据。法院的裁判结论来源于庭前形成的案卷笔录,而非庭审中的举证、质证活动,导

---

① 陈瑞华:《刑事诉讼的中国模式》,法律出版社 2010 年版,第 161 页。
② 刘译矾:《论对公诉方案卷笔录的法律限制——审判中心主义改革视野下的考察》,载《政法论坛》2017 年第 6 期。

致结果层面的庭审实质化难以实现。①

"任何一种制度,无论复杂与简单,大体上均依一定的规律运作,其生死存亡,发展变化均有迹可循。"②从历史发展的角度作以审视,案卷笔录中心主义肇始于我国 1979 年《刑事诉讼法》。该法规定,人民检察院提起公诉时须向人民法院移送全案案卷材料,人民法院对提起公诉的案件进行实质审查,只有达到"犯罪事实清楚,证据充分"标准才能开庭审判。同时,主持庭前实质审查的法官一般就是庭审法官。由于"审判员在开庭前已对案件形成较为固定的认识,对如何判决也多有了初步决定,并请示庭长、院长;对一些重大疑难案件,则往往在开庭前已经审判委员会讨论甚至请示过上级法院。案件还未开庭审理,审判员对案件的定罪、量刑已成定论。开庭成了走过场,被告人、辩护人提出的相反意见很难受到重视"。③ 1996 年《刑事诉讼法》修正时,为防止法官庭前预断,立法上取消了 1979 年《刑事诉讼法》下的全案卷宗移送制度,确立了"主要证据复印件"移送制度;改庭前实质审查为形式审查,取消法官庭前调查,并将开庭审判的条件修改为"起诉书中有明确的指控犯罪事实并且附有证据目录、证人名单和主要证据复印件或者照片"。客观来讲,前述改革如果能够得到切实实施,庭前预断、庭审虚化等问题或许可以解决。然而,颇为遗憾的是,刑事司法实践表明,1996 年《刑事诉讼法》作出的立法努力不仅未能消除案卷笔录中心主义之现象,反而产生了诸如庭后案件移送、客观上限缩辩护人阅卷权等一连串的新问题。2012 年《刑事诉讼法》再修正时,立法者试图以组合拳式的立法范式④消除案卷笔录中心主义弊窦,强化直接言词审理。然而,受我国当下粗线条勾勒式立法模式的深刻影响,我国刑事庭审进程的法庭操作规程依然未能达到法治国家和地区刑事司法的技术化和精密化,加之直接言词原则的立法阙如,案卷笔录充斥法庭审理的司法现实实难改观。

在部分学者看来,此种将法院的裁判建立在带有传闻性质的卷宗、笔录之上的案卷笔录中心的审理方式,虽在一定程度上提高了司法裁判的效率,却违背了司法所应具有的直接、亲历、对抗和判定属性,在虚化法庭审理、增加误判可能的同时,加剧了本就根深蒂固的侦查中心主义。⑤ 侦查

---

① 褚福民:《案卷笔录与庭审实质化改革》,载《法学论坛》2020 年第 4 期。
② 参见於兴中:《法治东西》,法律出版社 2015 年版,第 36 页。
③ 王尚新:《刑事诉讼法修改的若干问题》,载《法学研究》1994 年第 5 期。
④ 例如,2012 年《刑事诉讼法》修改时恢复了庭前案卷材料的全案移送制度,确立了证人的强制出庭制度,确立了庭前会议制度等。
⑤ 参见陈瑞华:《论侦查中心主义》,载《政法论坛》2017 年第 2 期。

程序得以通过审前卷宗、笔录对审判程序施以绝对影响,法庭审理在一定程度上演变为对于侦查和起诉结论的二次确认,法庭审理在查明事实、认定证据、保护诉权、公正裁判中的决定性作用已然不复存在。诚然,基于认罪案件本身所带有的协商性司法特征,认罪案件之简化审理所追求的效率价值等多重因由,认罪案件中的庭审证据调查应在方式方法、适用逻辑等方面区别于不认罪案件中的庭审证据调查。然而,需要进一步思考和明确的是:认罪案件庭审之中建立在以认罪认罚具结书为核心的笔录之上的认罪要义审查是否具有论理上的该当性,此种对于被追诉人之认罪认罚自愿性进行审查的方式同前述的案卷笔录中心主义关系何如,两者内生和外化出的区别和联系又有哪些……这些问题似乎皆需我们重新审视实践中普遍存在的建立在以认罪认罚具结书为核心的笔录之上的认罪要义审查,用以揭开问题面纱,廓清实践迷思。

(二)建立在认罪认罚具结书之上的认罪要义审查再审视

诚如博登海默所言,"在评价领域中,一种理性论证或判断,从其广义来看,是建立在事实和价值的两个方面上的"[①]。作为社会学研究视域下对特定问题作以论证或判断的基本方法,事实分析与价值分析的二分方法既可以通过对特定程序或制度本身的合理性分析,证成社会客观需求对制度设立的影响和要求,用以达到对其正当性的证明;又可以通过对社会主观评价及制度目的实现路径的分析,达到对其合目的性的证明。笔者认为,作为认罪认罚从宽制度进一步推行、完善所不得不正视的理论问题之一,认罪案件庭审之中建立在以认罪认罚具结书为核心的笔录之上的认罪要义审查的再审视问题同样可以从事实分析和价值分析的两重维度展开。

第一,建立在认罪认罚具结书之上的认罪要义审查同书面司法传统的契合语义。"在中国,无论是公安机关,还是检察院、法院,其内部组织结构均以科层制为基本模式,刑事程序的流转及司法决策的作出皆以各种证据和文书材料构成的案卷为主要载体……职能相近的警、检机关之间、不同审级审判机关之间传递和使用先前案卷或笔录的习惯做法为两大法系与中国所共有。"[②]从某种意义上来看,现代刑事司法实为"书面司法",官僚制(科层制)的重要特征即在于运用文字记录事务、通过存档实现信息控

---

① 〔美〕E·博登海默:《法理学:法律哲学与法律方法》,邓正来译,中国政法大学出版社1999年版,第260页。

② 左卫民:《中国刑事案卷制度研究——以证据案卷为重心》,载《法学研究》2007年第6期。

制,文字与档案已然成为现代各国刑事司法的重要载体,刑事司法活动亦相应地成为一个从口头方式走向文字方式,从简单运用文字走向精细化运用文字的过程,此即现代司法的书面相似性。

具体到刑事司法实践之中,不仅侦查、公诉机关借由各种笔录固定证据,各级人民法院亦普遍采用上述固定证据的笔录材料裁量案件。例如,承办法官借助相互印证、形式完整的案卷笔录、审理报告和裁判文书,向庭长、审委会等报告案件审理情况;下级法院则借助相关案卷笔录材料向上级法院展示案件初审的公正性……笔录证据所具有的固定简便且相对稳定特征同法院行政化层级制度间的内在契合性,一定程度上催生了刑事审判环节笔录类证据的普遍采用。① 作为现代刑事证据体系中的"无冕之王",不论有无证据种类之名分,笔录类证据凭借其数量优势,对我国刑事诉讼的事实认定方面产生了重大影响,以至于法治社会所要求的司法裁判以法律真实为基础大有演变为以"笔录真实"为基础,同时暗含复兴古代纠问式诉讼"不是书面的就是不存在的"的发展趋向。②

根植于我国刑事司法长久以来形成的以真实查明为导向的诉讼目的论及诉讼认识论,受制于权力分工的现代化因素同权力行使的一体化因素并存融合的本土现实,现代刑事司法所具有的书面化要义在我国当下的司法实践中已然呈现出明显不同于两大法系国家的范式特征。一方面,从案卷笔录的完备性程度来看,我国的刑事案卷笔录在证据信息的书面化方面最为完整。不仅笔录类证据的形式多种多样,其功能亦具有多重性,涵摄展示型、确认型和行为型多重样态。另一方面,就案卷笔录所能适用的时空伸展性而言,我国的刑事案卷笔录具有明显的阶段全程性和主体广泛性,案卷笔录不仅可以为全部诉讼阶段和全部诉讼机关所运用,而且不同诉讼阶段形成的各类案卷笔录可以借由侦查、起诉、审判机关之间的"相互配合"关系与流水线作业式的诉讼构造层递、贯通推进,对审判结果的形成与作出施以决定性的影响。更为重要的是,相较于域外法治国家和地区对于各种案卷笔录并不十分确信的司法立场,我国的刑事法官在主观层面对于公诉机关提供的笔录类证据的真实性与合法性较为认可,笔录类证据的证明力也更加普遍地被刑事法官优先考虑。

诚如左卫民教授所言,"经由刑事诉讼法的不断修改与完善,虽然我国的刑事诉讼构造可能逐步从侦查中心转向审判中心,但从我国当下可能发展出的审判中心构造来看,其极有可能发展出与大陆法系国家的审判中心

---

① 参见于书生:《笔录证据运用的过量与适量》,载《上海政法学院学报》2011 年第 2 期。
② 马明亮:《诉讼对抗与笔录类证据的运用》,载《证据科学》2013 年第 1 期。

较为类似的制度。在这样的一种制度下,尽管审判阶段的重要性被加强,但由事实审理者主持所进行的各项诉讼活动,实际上最终都须以侦控机关获得的案卷笔录材料为基础,没有审前形成的各种案卷笔录材料,所谓的直接原则几乎无法适用,因为法官讯问和询问的内容,法官自主调查的问题意识,在很大程度上均建立在经由阅读案卷笔录而对案情作以把握的基础上"①。就这点而言,笔者认为,在我国当下的认罪案件庭审之中,建立在以认罪认罚具结书为核心的笔录之上的认罪要义审查实则兼具现代刑事司法与中国本土现实的两重合理性依据。

第二,建立在认罪认罚具结书之上的认罪要义审查与确认式庭审的因应关系。现代刑事司法的发展趋势之一即在于诉讼制度与诉讼程序由单一化走向多元化、灵活化和权力分散化,用以满足多元的主体需求与价值需要。② 具体到刑事诉讼,面对刑事指控,犯罪嫌疑人、被告人既有权要求以庭审实质化的标准进行法庭审理,亦有权选择以简洁高效的简化审理程序替代纷繁耗时的普通审理程序,用以实现制度规范内的自身期许。伴随着认罪认罚从宽制度由试点实行到立法确立,不认罪案件与认罪案件的"鼎立"式刑事审判机制在我国肇始形成,刑事庭审于司法实践中日益呈现出两种互为补充的功能样态,即"实质化庭审"和"确认式庭审"。

实质化庭审建立在实质真实的证据观念之上,秉持对案卷笔录的审慎怀疑态度,其注重考究证据形成过程以及表现形式,要求司法工作人员深入剖析证据内容,追溯证据生成路径,并全面评估多元化因素对证据真实性的影响,进而实现对案件事实的准确认定,完成定罪量刑。与之相异,确认式庭审不再围绕控辩双方的举证、质证活动展开,其庭审功能已转为重点审查认罪认罚的自愿性以及认罪认罚具结书的真实性与合法性。我国以简化审理程序为代表的认罪案件审理程序已然呈现出"确认性"特征。具言之,简易程序全面简化法庭审理和法庭调查,法庭审理主要围绕罪名确定和量刑问题展开;速裁程序则通常省略法庭调查和法庭辩论环节。此种基于底线公正与效率价值的双重考量构建的确认式庭审,既需满足案件事实清楚、证据确实充分,以及被告人同意简化程序之适用的实体性要求;也需聚焦审查对象的特定性,即认罪认罚的自愿性与具结书的真实性、合法性;更考虑裁判结论的耦合化,即遵循《刑事诉讼法》第 201 条之规定。

相较于实质化的庭审样态,确认式庭审建立在形式真实的证据观念之

---

① 左卫民:《实证研究:中国法学的范式转型》,法律出版社 2019 年版,第 192 页。
② 参见〔日〕田口守一:《刑事诉讼法(第七版)》,张凌、于秀峰译,法律出版社 2019 年版,第 13 页。

上,此种庭审样态在证据审查和事实认定等方面较为注重控辩证据体系的一致性和协调性,其本身并不聚焦于个别证据的证明力大小和有无。更为重要的是,统摄于罪刑法定原则的基本要义,定罪问题实乃量刑问题的先决问题,定罪问题构成被追诉人不认罪,即实质化庭审样态审理的核心与根本。而在犯罪嫌疑人、被告人自愿认罪的刑事案件中,确认式庭审样态本身所欲解决的其实是在确证认罪自愿、真实、合法基础上的量刑问题。从认罪案件刑事司法实践的现实来看,审判阶段对于认罪认罚之自愿性、真实性与合法性的审查主要借由讯问和阅卷两种方式进行。而就各种笔录组成的"复合型"自愿性确证案卷材料的构成内容来看,认罪认罚具结书已然在应然和实然两个层面成为此种阅卷式、书面式审查方式的主要载体之一,因与确认式庭审样态在庭审目标、庭审内容等方面联结而具有存续运行的正当性依据。

三、认罪认罚具结书之司法适用面向

诚如前文所述,一方面,囿于我国"案卷笔录中心主义"的司法惯性,当前认罪要义之审查主要建立在以认罪认罚具结书为核心的案卷材料基础之上;另一方面,认罪认罚案件之法庭审理紧密围绕量刑问题展开,呈现"确认式"庭审样态。认罪认罚具结书作为"合意的结晶",会传达给控方与被追诉人相当多的实体与程序信息,直接决定案件的实体法律与程序适用,无论是公安司法机关的办案人员,还是犯罪嫌疑人、被告人及其辩护人均应高度重视认罪认罚具结书本身。[1]质言之,认罪认罚具结书作为记录犯罪嫌疑人、被告人认罪认罚意思表示形成过程的客观载体,具有确证认罪认罚自愿性之正向功用,理应成为此类案件审理的重要关注对象。

然而,在笔者看来,认罪认罚案件审理与普通案件审理并不能全然等同,若将围绕认罪认罚具结书所开展的认罪案件庭审调查完全置于普通案件审理程序框架之内,则会忽视此类案件的特异性,偏离庭审的正确方向。一方面,囿于我国当下证据裁判原则带有浓厚客观主义色彩的现实语境,刑事司法仅注重证明的"外部性"而不注重"内省性"[2],以实现证据之间的相互"印证"为终极目标。就认罪认罚程序而言,有别于庭审阶段信息的全面性,侦控机关移送的案卷笔录通常呈现出"片段化"特征,案卷笔

---

① 参见刘少军:《性质、内容及效力:完善认罪认罚从宽具结书的三个维度》,载《政法论坛》2020年第5期。

② 参见龙宗智:《印证与自由心证——我国刑事诉讼证明模式》,载《法学研究》2004年第2期。

录所内含的犯罪嫌疑人、被告人认罪信息存在不完整之虞。单纯依托包含认罪认罚具结书在内的案卷笔录材料尚不足以对犯罪嫌疑人、被告人认罪认罚之自愿性、真实性和合法性，以及其所依据之事实基础进行深入剖析与判定。此外，实务中绝大多数认罪认罚案件均倾向于适用简化审理程序，法庭调查环节在不同程度上被压缩甚至阙如。相较于普通程序，法官借以形成心证的外在依据被大大缩减。若仍坚持追求证据之间的"印证"将不可避免地陷入"疑案"困境。具言之，不认罪案件中意在追求控辩平等对抗、预防庭审形式化的证据规定在认罪认罚案件中已有所弱化。①另一方面，以认罪认罚从宽制度的生成逻辑观之，尽管其主要目标在于优化司法资源配置，进行繁简分流以提升诉讼效率，但在确认式庭审场域下，效率价值难免被异化为案件的"唯一"追求目标，认罪认罚具结书的自愿性、真实性和合法性的判断亦被虚置旁落，为后续被告人悔罪悔罚留下隐患。立足于现有制度规范及实践难题，笔者认为，刑事立法与刑事司法至少应当在如下三个方面明晰认罪认罚具结书之具体的司法适用面向：

第一，打破传统单一证明模式，于认罪案件法庭审理中适时引入自由证明方法。一方面，事实认定主要是一个运用经验知识（empirical knowledge）或常识（common knowledge）进行的推论过程。②裁判结论之形成无法全然依赖客观的书面材料，必得借由事实裁判者的主观推论方能形成，这便为主观化证明于法庭审理之适用预留了生存空间。另一方面，在我国刑事犯罪呈现轻罪化的时代背景下，严格证明所昭示出的公正价值固然需要坚守，但与其相伴而生的诉讼资源与效率缺陷却难以招架轻罪洪流，正如学者所言，诉讼一旦成为向一般民众提供的一种服务，把诉讼成本置之度外的制度运行就变得不可能了。③在认罪案件场域内，先有事实认定合意，而后进行事实确证程序的事实认定模式，从根本上颠覆了人们对法律认知及其合法性理论的传统性认识，瓦解了严格证明项下对于法定证据调查程序严格且规范之要求。质言之，认罪认罚案件的"合意性"放宽了证明的"严格性"，"真理共识论"已然逐步替代证据裁判主义下严格证明所竭力捍卫的实质真实观。④具体而言，认罪认罚具结书等笔录类证据的审查判断应同时兼顾形式审查与实质审查。其一，对于控辩双方均不存在争

---

① 参见步洋洋：《论认罪案件法庭审理中的自由证明》，载《中国刑警学院学报》2024 年第 2 期。

② 张保生主编：《证据法学》（第 4 版），中国政法大学出版社 2023 年版，第 39 页。

③ 〔日〕棚濑孝雄：《纠纷的解决与审判制度》，中国政法大学出版社 1994 年版，第 134 页。

④ 参见步洋洋：《论认罪案件法庭审理中的自由证明》，载《中国刑警学院学报》2024 年第 2 期。

议的笔录类证据,在双方已然形成诉讼合意的前提下,司法活动的终极目标无须再执着于对原始案件事实的重现,而是转由尊重控辩双方诉讼合意基础之上的程序内"共识"。此时,法庭调查也可不再采取严格证明之方法,对于笔录类证据,法官可以通过简单的出示、宣读,听取控辩双方的确认性质证意见即将其作为定案依据。借由此种自由证明方法,法官在进行案件审理时一定程度上能够摆脱法定证明程序及证明标准的桎梏,仅通过形式审查即将控辩双方无争议的各种笔录材料直接转化为庭审证据。其二,对于控辩双方存有实质争议的证据,在回归严格证明模式的基础上,应适当兼顾合作性司法所内含的"事实共建"目标。庭审实质化作为以审判为中心诉讼制度改革的基本要求,不仅涵摄将审判阶段作为整个刑事诉讼流程中心的语义,亦囊括"案件事实查明在法庭、诉讼证据质证在法庭、辩诉意见发表在法庭、裁判理由形成在法庭"之意涵。换言之,直接言词原则与传闻证据规则构成了庭审的核心内容。基于此,对于控辩双方存在争议的笔录类证据,其质证程序应走向言词化,并构建必要笔录制作人、见证人出庭作证制度和相应配套措施,通过亲历庭审还原案件事实真相。①

第二,完善认罪认罚具结书内在生成机制,多维度保障认罪认罚意思表示的自愿性。证据的"生产程序"和"审查程序"是保障证据质量的重要手段,从国家的角度来看,从"证据生产程序"到"证据审查程序"是证据不断被优化的诉讼过程。②若认为在笔录类证据的法庭审理活动中引入自由证明方法是从证明模式的维度对认罪认罚具结书的外部载体进行审查判断,那么对于此一笔录类证据内部载体的审查则可通过其生产过程中的程序性设计来达成。以认罪认罚具结书的生成逻辑观之,控辩双方就量刑问题进行交互协商,并最终达成量刑合意,此种合意形成过程之客观记载即构成认罪认罚具结书的主要内容。换言之,控辩协商过程所内含的交互理性,外化为认罪认罚具结书此一笔录证据,借由此种证据,法官实现控辩双方量刑协商活动的情景再现,并通过解读协商活动中的语言、行为探知被告人认罪认罚意思表示的自愿性与合法性。由此可见,认罪认罚具结书蕴含丰富的动态图景,因而被称作"过程性证据"。量刑协商合意的公正性有赖于合意形成过程的程序保障机制,认罪认罚具结书作为一种外在载体亦如是。具言之,认罪认罚具结书形成过程的程序保障机制建构当以再现控辩量刑协商过程为导向,为法庭审理阶段裁判者形成回溯性认识提供支

---

① 参见蔡元培:《论笔录类证据的法定化与言词化》,载《北京社会科学》2016年第7期。

② 参见李松杰:《论认罪认罚具结书的证据属性及其司法适用》,载《证据科学》2022年第3期。

撑材料。如现行《刑事诉讼法》对于各类笔录证据之生成均明确了见证人签字、盖章的程序性要件,此一规则旨在引入诉讼外主体对笔录证据的形成作以观察、监督和证明。基于此种立法逻辑,回归当下认罪认罚具结书形成过程中见证人权利保障缺失、程序后果阙如的现实语境,刑事立法可借鉴域外相关规定,从见证人阅卷笔录权、提出意见权、拒绝签字权等方面为其实质性参与提供规范支持。此外,在规范层面赋能见证人实质性参与的同时,兼顾录音录像制度之完善,借由此种技术性支持为法官心证的形成提供更为直观全面的材料。

第三,强化法官庭前阅卷职责,融贯认罪案件公正与效率的价值目标。国家借由刑事庭审的方式和途径,向社会公众输送法律意识形态,在树立法律权威性的同时,发挥震慑和教育功能。为实现此种宏观层面的任务和功能,刑事庭审本身在制度设计上不仅需要兼备案件事实查验与争端解决功能,助益事实审理者准确地定罪和量刑,还需实现公正、效率的价值目标。①长久以来,公正与效率均被视为蕴含着内在张力的价值目标,其中任一目标的达成必然以另一目标在某种程度上的适度减损为先决条件。但在笔者看来,在认罪案件审理程序中,公正与效率两种价值目标之实现并行不悖。在认罪认罚案件确认式庭审样态之下,法庭调查或法庭辩论基本被简化或者省略,法官被责以尽可能当庭宣判。"明案速判"的前提在于案件被归为"明案",也即达到法定证明标准,在认罪认罚案件合意式诉讼模式的图景下,"明案"之意涵进一步延伸,包括案件事实不存在争议。毫无疑问,不论是严格证明项下"案件事实清楚,证据确实、充分"的实质标准,还是自由证明项下对于法定证明标准的应然松动,为确保认罪认罚案件的审理质量,二者均要求适度前移审判程序中对案件事实和证据材料的审查判断时间节点。因应此种要求,需进一步强化法官的庭前阅卷职责,借由此一方式实现法官于庭前预先了解案件事实,更为高效地设计、引导、指挥庭审进程,以规避庭审流于形式或实质功能弱化。

四、结 语

作为一种社会化的产物,法律制度因应社会变迁而不断变革。我国当下正处于社会转型时期,转型社会所带来的后果之一即为制度的急剧变迁。此一过程中,对于刑事诉讼而言,最大的变化或许莫过于诉讼模式的时代转型。② 当诉讼模式逐渐由对抗式向协商式转变,当确认式庭审日益

---

① 参见步洋洋:《刑事庭审实质化路径研究》,法律出版社 2018 年版,第 11—18 页。
② 参见张保生等:《证据科学论纲》,经济科学出版社 2019 年版,第 106 页。

成为实质化庭审的补充样态,诉讼模式、诉讼程序与诉讼目的差异引发的事实认定结构、证据规则及证据调查方式的分化问题即成为学术研判所不可回避的核心议题。认罪认罚具结书之笔录属性的证成以及建立在此一前提之下的司法适用研究即属于转型时代语境下的内生命题与司法实践催生的需求产物。此一命题之分析研判不仅将程序法学与证据法学这两个本就休戚与共的学科联结开来,同时将"应然"的论理分析同"实然"的考辨研究结合在一起,兼具拓宽学术研判视角、避免"只见树木,不见森林"之分立研究的方法论意义,以及助力认罪案件之司法实践,保证认罪认罚从宽制度自洽圆融及其同其他多维制度改革间良性互动的实践功用。

第二节 围绕认罪口供展开的庭审证据核验

从历史的角度观察,受司法官的非专业性、断狱程限的严格性以及审讯中的"直觉崇拜"等一系列主客观因素的影响,我国古代即有重视言词证据,特别是当事人本人供词的司法传统。"据供定罪"或曰"片言折狱"不仅是古代法官断案的惯常方法,更成为古代法官决狱的理想状态和更高追求。"赃证俱在,供招明白",口供在我国古代的司法认定过程中始终处于决定性的中心地位,成为事实上的"证据之王"①,并深刻影响我国当下的刑事立法与刑事司法实践,一定程度上为现代刑事司法之"口供中心主义"的形成和发展提供了坚实的文化支撑。考察既有的关于犯罪嫌疑人、被告人口供的学术研究即可发现,部分学者对于重视口供抑或依赖口供似乎存在着一种天然的警觉与误读倾向,将重视、依赖口供与口供中心主义全然地等同开来,似乎只要公安司法机关将口供获取与口供查验作为侦查、起诉和审判的重点就必然会带来口供之不当获取与口供之过度评价,消解物证、书证、视听资料等客观性较强的外部证据的收集、审查,甚至为以刑讯逼供为代表的非法取证提供便利和借口②,催生冤假错案的形成。

诚然,过度追求口供容易滋生司法乱象,但不可否认的是,要实现认罪认罚从宽制度改革以效率为导向的目标追求,最大化地利用具有"证据之王"之称的口供是不可避免的选择。③尤其在我国现阶段的侦查水平下,口

---

① 闫召华:《口供何以中心——"罪从供定"传统及其文化解读》,载《法制与社会发展》2011年第5期。
② 参见樊崇义:《刑事诉讼法实施问题与对策研究》,中国人民大学出版社2001年版,第343页。
③ 参见秦宗文、叶巍:《认罪认罚案件口供补强问题研究》,载《江苏行政学院学报》2019年第2期。

供在诉讼中仍占据重要地位,侦查路径总体上呈现出"由供到证"的模式,即侦查人员通过现场勘查和外围调查,以一定的证据确定了犯罪嫌疑人后,即时对其讯问以获取口供,待口供突破后,再循着口供去收集物证、书证及其他证据。此一侦查模式有侦查资源较为节省、侦查效率较高的优势。①

为全面认知进而客观评判认罪案件中的口供适用,本书拟从认罪口供的正向功用入手,基于认罪口供与认罪认罚具结书的联结语义、认罪案件本源的模式特征同功能目标等多重视角,证成认罪案件中口供何以适用的内生逻辑,并以此为基础框定出认罪案件中口供适用的必要限度,回应学界对于如何防止"口供中心主义"之传统积弊在认罪案件中的"回溯"与"复燃"的观念隐忧,弥散现行刑事立法规范体系内部的潜在张力,消解口供证据之应然定位同口供中心之办案方式间的实践冲突。

一、认罪案件中口供适用的逻辑证成

司法的历史绝非单纯的人类理性进化史与知识发展史,更是权力逻辑与法律文化传统的衍生产物。② 自夏商至明清,口供"证据之王"的地位之所以从未被撼动,并深刻影响我国当下的刑事立法与刑事司法,既有非对抗的诉讼模式、反逻辑的自由心证、一贯强调伦理秩序思想等传统法律文化的综合影响,又有着基于诉讼认识论、诉讼目的论和口供自身证据属性等多重因素考量的损益权衡与价值取舍判断。口供于认罪案件中的不可或缺,不仅是对此一证据之正向功用的一种价值判断,更是在认罪认罚从宽制度的时代语境下对此一证据之正向功用的一种事实判断。

(一)认罪口供与认罪认罚具结书的内在联结

现代汉语中的"具结"主要包含"旧时对官署提出的表示负责的文件"和"以文字的形式作出保证"两种不同意见。③ 我国现行法律规范中亦广泛存在着"具结悔过""自述书"等格式化法律文书,但其在内容、性质及法律效力等多个方面却实然区别于作为认罪认罚从宽制度基础的认罪认罚具结书。作为承载控辩协商合意、固化公诉机关认定的犯罪事实与量刑情

---

① 参见朱孝清:《侦查阶段是否可以适用认罪认罚从宽制度》,载《中国刑事法杂志》2018 年第 1 期。

② 陈瑞华:《案卷笔录中心主义——对中国刑事审判方式的重新考察》,载《法学研究》2006 年第 4 期。

③ 中国社会科学院语言研究所词典编辑室:《现代汉语词典》(第 7 版),商务印书馆 2016 年版,第 707 页。

节、强化犯罪嫌疑人认罪悔罪态度,并为起诉指控与从宽处遇提供正当性依据的书面文本,认罪认罚具结书同认罪口供在如下两个方面呈现出一定的联结属性:

第一,认罪口供与认罪认罚具结书的内容联结。从相关试点规范和最高人民法院提供的认罪认罚具结书模板来看,认罪认罚具结书主要包含如下四个方面的内容:其一,犯罪嫌疑人身份信息与权利知悉;其二,检察机关指控的犯罪事实和量刑建议;其三,审判程序适用类型;其四,犯罪嫌疑人自愿签署声明以及其辩护人或值班律师的见证证明。① 尽管控辩双方之主体权力(利)义务划定、认罪认罚具结书之效力明确等方面存有留白,却以前述的四项模板内容将认罪认罚从宽制度项下的"认罪""认罚"要义予以框定。其中,如实供述罪行、承认检察机关指控的犯罪事实系属"认罪",接受检察机关的量刑建议系属"认罚",而认罪的表现形式即体现为供述的自愿作出。从这个意义上来讲,认罪口供不仅构成认罪认罚具结书的核心内容之一,而且构成认罪认罚从宽制度得以适用的前提和基础。

第二,认罪口供与认罪认罚具结书的性质联结。将认罪认罚具结书定性为"刑事司法契约"已逐渐成为学界共识。当前的焦点主要聚焦于此一司法文本的证据属性判断。一种观点认为,认罪认罚具结书可以被作为被告人"有罪供述的证据",具有证据属性。② 尽管此种观点下的部分学者主张,基于认罪认罚具结书所具有的特殊性,不能将其直接归入既有的证据类型或量刑情节之中,却依然认同认罪认罚具结书的证明效力可以参照犯罪嫌疑人、被告人的供述。③ 第二种观点与之不同,此一观点否定认罪认罚具结书证明被追诉人有罪的证据资格。他们认为具结书仅仅是被追诉人所作的一种声明,不符合证据所具有的还原案件事实的功能和要求。④ 笔者认为,证据确需具有还原案件事实的功能或能满足这一要求。但诉讼视域下的案件事实本就具有多重性,不仅包括实体事实,还包括程序事实。不同于能够直接证明案件实体事实的各类实物或言词证据,认罪认罚具结书不能直接作为证明被追诉人有罪的实体证据使用,但此一文书本身却可以被用作证明被追诉人认罪认罚的意思表示,特别是认罪供述作出的自愿性、合法性,在学理上全然可以被归为以笔录形式呈现的"过程

---

① 丰怡凯:《认罪认罚具结书研究》,载《研究生法学》2019 年第 4 期。
② 胡云腾主编:《认罪认罚从宽制度的理解与适用》,人民法院出版社 2018 年版,第 97 页。
③ 参见毋郁东、刘方权:《认罪认罚从宽案件中的"具结"问题研究》,载《海峡法学》2017 年第 3 期。
④ 万毅:《认罪认罚从宽程序解释和适用中的若干问题》,载《中国刑事法杂志》2019 年第 3 期。

性"证据。在笔者看来,作为认罪认罚从宽制度的基础与转承,认罪认罚具结书不仅以其本源的"契约"属性昭示出被追诉人本人的认罪认罚态度、划定出控辩双方的基本行为规范,而且借由其自身的过程性证据属性为口供形成过程中的各种内外部因素审查创设媒介,引导控辩双方之庭审辩论、值班律师出庭等后续活动,进而与确保口供自愿性、合法性及真实性为前提的认罪案件的口供适用在性质层面形成联结。

(二)认罪口供同协商性诉讼模式的契合语义

在大多数犯罪嫌疑人、被告人于侦查阶段作出有罪供述,并在法庭上放弃无罪辩护的刑事案件之中,控辩双方完全可以放弃对抗,摆脱现有诉讼模式下的对立诉讼地位,转为寻求部分合作。我们将此种情况,即程序主体在考虑自身利益诉求合理性的基础上,在其可接受的范围内,与其他主体协商、合作,进而达成共识的新型诉讼模式称作"合作性诉讼模式"或曰"协商性诉讼模式"。作为一种新兴模式,协商性诉讼模式所欲追求的是社会冲突的及时化解与社会关系的有效修复,从而在提高诉讼效率的同时,实现一种基于合作的司法正义,以及实体正义和程序正义之外的第三种法律价值——"社会和谐"。在协商性诉讼模式中,犯罪嫌疑人、被告人进行有罪答辩是其运作的前提条件,通过自愿认罪、真诚悔过、主动道歉、赔偿损失等一系列的诉讼行为,犯罪嫌疑人、被告人以牺牲一定诉讼利益的方式换取对方当事人的合作、协商或妥协。英美法系国家的辩诉交易制度,我国大陆地区的刑事和解制度、认罪认罚从宽制度以及台湾地区的认罪协商制度都从不同的侧面印证了协商性诉讼模式的现实存在。

如前文所述,认罪认罚从宽制度项下的认罪认罚具结书带有明显的契约属性,此一文本不仅符合契约成立的各项要件,而且承载着实现双方预期利益与信赖利益的价值功用。一方面,在认罪认罚从宽制度的运行实践中,被追诉人以自愿作出认罪口供的方式提出认罪认罚的意思表示,检察机关提出相应的处理方案,被追诉人同意后出具认罪认罚具结书,此一过程实与民事实体法中有关合同的订立及成立有异曲同工之妙,基本遵循着从要约邀请到要约,再由要约至承诺作出的合意达成逻辑。

另一方面,合作性诉讼模式建立在一种以互惠共赢为基础的"利益兼得"机制的基础上,诉讼双方于此一模式的具体制度下需要让渡己方的部分诉讼权益,用以作为磋商、合作的基本"对价"。具体到认罪案件之中,被追诉人以自愿作出有罪供述的方式昭示出认罪悔罪的基本态度,在减轻侦控机关之查证负担,助力刑事司法活动迅速、有效推进或适时分流的同时,将有限的司法资源从认罪案件中适度抽离开来,助推以审判为中心的诉讼制度改革,最大程度地实现"繁者有其繁,重者有其重"。① 而就被追诉人本人而言,其之所以会选择自愿作出有罪供述并签署认罪认罚具结书,让渡出以无罪推定和程序正义观念为核心的传统刑事诉讼权利,让渡出那些建立在控辩双方对立立场之的证据规则,从根本上来说是基于其内心深处对于实体从宽处遇和程序从宽处遇的某种利益期许,以及对于检察机关所应具有的客观性、中立性以及由此引申出的契约必守的信赖。

综上,认罪案件之中,被追诉人通过其自愿认罪认罚的行为与态度获得了案件处理之实体从宽或程序从宽的法律处遇,从而在完整廓清认罪认罚从宽制度项下的"认罪""认罚"与"从宽"的三重要义,将协商、交涉过程中的"信赖"和"期许"付诸实践的基础上,有效避免了以控辩对抗为基本特征的传统诉讼模式下"要么全部,要么没有"的情况,借由认罪口供将协商性诉讼模式下的协商合作、轻缓处理及互利共赢变成现实。

(三)认罪口供和简化审理程序的因应关系

诉讼主体对于诉讼结果的预期并非单一、孤立的,而是蕴含着主体自身对于程序运作过程的差异化需求。多样化程序的创设不仅回应了诉讼主体自身的多元需求,而且实现了正义在法律层面的平衡和再分配。面对刑事指控,被追诉人既有权要求以庭审实质化标准下的完整化、规范化方式进行审判,又有权根据自己的需求和判断,选择以简洁高效的简化审理程序代替纷繁耗时的普通审理程序,并在合理的制度范围内实现自身期许。认罪案件中,被追诉人的自愿供述实属认罪认罚的外在表现,其所带来的直接效果之一即程序推进方式的变化,由此带来审判程序呈现出不同梯度的简化,即分别适用速裁程序、简易程序或普通程序简化审。在理论研究层面,由于我国当下的各种简化审理程序均以案件事实清楚、被追诉人认罪为适用前提,某些学者亦将其统称为认罪案件的审理程序。当然,鉴于两大法系国家的刑事诉讼模式有所不同,简化审理程序之规范设计在适用范围、简化程度以及程序审查的内容方面都存在着或多或少的差别。

在英美法系国家,认罪协商的典型样态即美国的辩诉交易制度。此一制度下,假使被告人作出有罪答辩,法庭一般不再质证,而是以告知、询问以及阅卷等方式在保证被告人之有罪答辩具有事实基础的条件下直接

---

① 参见顾永忠:《一场未完成的讨论:关于"以审判为中心"的几个问题》,载《法治研究》2020 年第 1 期。

进入量刑程序。对抗式诉讼模式所一贯强调的交叉询问方式在认罪案件的审理程序之中极少适用,"牛顿听审"这一带有典型交叉询问特征的英式调查程序仅在独立的量刑程序中围绕控辩双方在指控犯罪事实上的实质争议展开。而在大陆法系国家,同我国认罪认罚从宽制度最为相近的实属德国的自白协商制度。在此一制度下,因奉行职权主义诉讼模式所要求的法官真实查明义务及职权调查原则,法官有义务在审判程序中直接对控辩双方的证据材料作以严格审查,用以保证自白的真实性,防止借"协商"之名行规避"审判"之实。自白协商制度之司法适用既不能免除法官依职权调查事实的义务,也不能降低法官作出有罪判决所必需的心证门槛,为了调查事实真相,法官仍应依职权将证据调查延伸到所有对裁判具有意义的事实和证据上。其制度确立的目的仅仅是简化庭审中的言词辩论程序以快速结案。

作为一套内嵌于我国传统诉讼模式之中的整体性和融贯性的制度安排,认罪认罚从宽制度本身并非一种独立的诉讼制度,更非一种独立的诉讼程序类型。尽管认罪案件的诉讼程序在很大程度上折射出协商性司法的范式特征,却依旧未能改变我国刑事司法长久以来形成的以真实查明为导向的职权模式特征。是故,在认罪案件所适用的简化审理程序之中,法官不能径直将被告人的有罪供述作为确定其有罪的根据,而应采取有效的方式、方法强化简化审理程序中的认罪审查,确保被追诉人认罪的自愿性、明知性与合法性,避免出现"为认罪而认罪""为简易而简易"的机械化司法现象。

除引起审判程序适时简化之程序效果外,认罪案件中的口供适用亦相应地引起了法庭审理于事实认定结构、证据规则,以及证据调查方式等方面的分化和差异。一方面,量刑作为认罪认罚从宽制度中最主要的协商和裁判对象,承担着促成合意与彰显公正的双重责任。在认罪案件的审理程序中,量刑实乃公诉权与辩护权互动之结果,具有连结、协调、评判控诉、辩护、审判基本职能的重要作用,不仅构成被追诉人自愿认罪认罚的基本对价,而且奠定了被告人息讼服判的前提基础,直接关系到量刑激励作用能否实现、在何种程度上实现,以及认罪认罚从宽制度的实践效果等一系列深层问题。另一方面,尽管认罪案件的法庭审理仍需适用一定的证据规则,但相较于不认罪案件所适用的普通审理程序,认罪案件的法庭审理体现出较大程度的灵活性和从简性。质言之,在认罪案件所适用的简化审理程序中,因此程序之事实证据基础、程序效率动因、底线公正保障等多重因素,对于被告人有罪的司法证明完全可以从严格证明转为自由证明。不仅无须遵循一物一证、一物一质的证据调查方法,而且无须恪守普通程序下全面且严格的直接言词原则,被害人或控方证人等言词证据作出者并非必须出庭接受询问,法庭可以在讯问被告人后,结合案卷材料及其他证据作出裁判。①

二、认罪案件中口供适用的应然限度

以有罪供述为核心建立证据体系的优势和风险并存,理论界和实务界对于口供在认罪案件中的地位和作用应当理性看待。一方面,刑事立法与刑事司法应当积极走出口供研判的传统误区,避免以既往实践中口供中心主义的可能弊害为论据来否定认罪案件中口供适用的不可或缺性与逻辑正当性;另一方面,应当基于认罪口供所具有的正向功用及内生适用逻辑,围绕口供取得与口供采信两个维度,以多元并举的方式有效保证认罪口供的自愿性、真实性与合法性,划定出认罪案件中口供适用的底线限度基准。

(一)强化值班律师在认罪协商过程中的实质参与

在现行认罪认罚从宽制度的规范设计上,刑事立法和刑事司法主要借由值班律师制度实现对于认罪认罚案件中被追诉人的律师帮助。而作为认罪认罚案件当事人的诉权保障者与释明者,认罪认罚从宽制度适用的监督者和参与者,值班律师的功能或职责主要被限定在为犯罪嫌疑人、被告人提供法律咨询、程序选择建议、申请变更强制措施、对案件处理提出意见等法律帮助方面,呈现出较为明显的"应急性"和"形式性"。一方面,从现行刑事立法的规范内容来看,值班律师的工作主要限于诉讼程序伊始,其所提供的帮助亦是基于平等武装的现实需要,具有在被追诉人无法及时获得辩护人的情况下而人为创设的形式意义。另一方面,从认罪认罚从宽的制度实践来看,值班律师的有限功能虚化。值班律师并未实质性地参与控辩协商,其在整个认罪认罚协商过程中的参与较为被动,"见证人化"或"辅助者化"倾向突出。② 在认罪认罚从宽制度之中,值班律师制度的引入初衷是保障犯罪嫌疑人、被告人的合法权益,在确保其认罪认罚的自愿性、真实性与合法性的基础上,使其能够摆脱恐惧、对抗心理,理性作出是否认罪认罚的选择。然而,在确保被追诉人认罪认罚自愿、真实、合法的关键场

---

① 步洋洋:《简化审理程序的意蕴与重构:基于认罪认罚从宽的应然向度》,载《暨南学报(哲学社会科学版)》2018 年第 6 期。

② 陈光中、魏伊慧:《论我国法律援助辩护之完善》,载《浙江工商大学学报》2020 年第 1 期。

合,如犯罪嫌疑人的讯问程序中,不仅值班律师,即便是辩护律师,在目前的法律框架下也不享有在场权。① 值班律师距离其本源的该当功能预设实然存在着一定的现实差距。

　　诚如熊秋红教授所言:"认罪认罚案件中为犯罪嫌疑人提供帮助的律师,其角色仍然为辩护人,而非见证人,只是与非认罪认罚案件相比,其辩护的侧重点发生了变化。"②为消解值班律师"名与实""大作用与少权利""职责与收益/风险"的三重背离③,切实发挥其补足辩方协商能力、实现协商实质化之正向功能,笔者认为,刑事立法与刑事司法当借由刑事诉讼职能之论理分析,证成值班律师权利保障者的角色定位,复归其在认罪案件中所应然具备的辩护人身份。与此同时,囿于现行《刑事诉讼法》对"辩护"与"法律帮助"概念作出明确界分,值班律师"辩护人化"之改革实难一蹴而就。是故,就现阶段而言,赋予值班律师各项诉讼权利不失为一种渐进式实现值班律师"辩护人化"改造目标的有效路径。囿于篇幅,笔者在此以证据开示制度为例,证成值班律师实质参与协商应被赋予的诉讼权利。当前,我国证据开示制度体系性阙如,例如职权开示与申请开示、全面开示与部分开示等具体问题尚存在可选择的空间,故检察机关极有可能基于追诉犯罪的目的而隐匿无罪或罪轻证据,造成事实认定准确性的下降,产生不公正的审判结果。④ 这在一定程度上将掣肘控辩协商中程序公开原则之实现,使值班律师在仅掌握部分案件事实、证据信息十分有限的条件下提出最有利于犯罪嫌疑人的意见和建议。对此,笔者认为,为畅通值班律师法律帮助信息供给渠道,可以考虑将原本的庭前证据开示提前至认罪认罚具结书形成之前的审前阶段,并进一步对证据开示的适用范围、参与主体、启动时间、启动方式予以明确规定。⑤具体而言,首先,在证据开示的范围方面,为契合认罪认罚案件以量刑问题为法庭审理核心的特征,证据开示应当围绕量刑证据展开。其次,从参与主体的角度来看,当前实践中值班律师一般很难被纳入证据开示活动之列,囿于所获知的信息,其无法完全掌握案件事实和证据,所提出的各种意见及建议亦有所偏颇。因此,应当将值班律师明确为证据开示的参与主体之一。再次,就证据开示的时间而言,笔者认为不应一概而论,应当视犯罪嫌疑人认罪认罚

①　魏晓娜:《结构视角下的认罪认罚从宽制度》,载《法学家》2019 年第 2 期。
②　熊秋红:《"两种刑事诉讼程序"中的有效辩护》,载《法律适用》2018 年第 3 期。
③　参见汪海燕:《三重悖离:认罪认罚从宽程序中值班律师制度的困境》,载《法学杂志》2019 年第 12 期。
④　步洋洋:《论认罪案件法庭审理中的自由证明》,载《中国刑警学院学报》2024 年第 2 期。
⑤　同上。

的阶段而定。如果犯罪嫌疑人在侦查阶段认罪认罚,则侦查阶段可进行证据开示,但此时为保证侦查机关的"信息优势"应当对开示的内容有所限定。如果犯罪嫌疑人在审查起诉阶段认罪认罚,证据开示则应在审查起诉阶段展开,但审查起诉阶段的证据开示范围不同于侦查阶段,此一阶段内只要是与量刑相关的事实、信息都可开示。理由在于,侦查乃刑事诉讼之"形塑"阶段,因侦查终结的标准为"犯罪事实清楚,证据确实、充分",至审查起诉阶段时,事实和证据均已基本定型,相较之下对所谓的"信息优势"要求没有那么强硬。复次,从启动的方式来看,笔者认为,认罪认罚程序审前证据开示应由辩方依申请启动。理由在于,从实践状况来看,控方相较于辩方拥有更加充足的资源去获取相关事实、信息,证据收集能力较强,通常情况下对于辩方所掌握的证据都已知悉,为保证己方的"信息优势",控方一般没有主动启动证据开示的需求。最后,从证据开示的规范目的来看,该规范是为了实现控辩双方的信息对等而存在,主要目的在于弥补辩方信息收集能力的缺陷,故应以辩方申请启动证据开示。因而,为弥补值班律师在案件事实信息方面的欠缺,可以考虑赋予值班律师申请启动证据开示的权利。

（二）完善现行立法下的激励型自愿供述机制

在我国当下的认罪认罚从宽制度适用中,职权性逻辑与协商性逻辑交织共存。此一制度尽管在一定程度上折射出协商性诉讼模式的协商、合作要义,却始终未能改变我国刑事司法长久以来基于诉讼模式来源、法律文化传统以及权力(权利)配置而形成的职权主义特征。部分司法机关仍以职权行使为逻辑始点,将认罪认罚作为一项"权力"看待,控辩协商语义下激励型自愿供述机制所需要的自愿、平等及利益确定在现行刑事立法的规范体系内部存在着潜在张力。

其一,激励型自愿供述机制在"自愿层面"形似而实不至。从认罪认罚从宽程序的启动来看,在绝大多数情况下,除了《刑事诉讼法》的原则和相关规定之外,案件的证据情况、犯罪嫌疑人的配合程度及其反悔的可能性,甚至一段时间内承办检察官的工作量,都会成为检察机关是否启动量刑协商程序的考量因素。[1]在量刑协商的过程中,被追诉人的意见往往取决于检察官在讯问过程中的发问,量刑协商过程有时表现为检察官用事先制定的量刑建议来讯问被追诉人是否同意,被追诉人只需在较短时间内作

---

[1] 李奋飞:《量刑协商的检察主导评析》,载《苏州大学学报(哲学社会科学版)》2020 年第 3 期。

出对该种处理建议同意与否的意思表示即可。质言之,我国的量刑协商程序实属"检察主导型"而非"控辩平等型"。所谓的协商也只能被看作检察官主导下的,由犯罪嫌疑人对检察官提出的量刑建议表达认同或不认同的单向过程,而缺乏双方平等地进行交流的活动,协商更像是"检察官就约定给予被告人一定恩典"①。

其二,激励型自愿供述机制在"激励层面"的利益期许具有不确定性。依据现行《刑事诉讼法》的相关规定,专门机关对于自愿认罪认罚的被追诉人,是"可以"而非"应当"依法从宽处理。"可以"意味着被追诉人的认罪认罚情况(包括听取的各方意见)仅仅系专门机关作出是否从宽处理决定的考量因素之一,而非唯一的决定因素。《刑事诉讼法》下的"从宽"处理更像是为了规范专门机关的权力行使,而非保障被追诉人的利益期许而设定。② 不仅如此,为彰显审判机关对于控辩双方审前合意的司法尊重,现行《刑事诉讼法》第 201 条作以人民法院"一般应当采纳"检察机关之量刑建议的范式规定。"一般应当"意味着在某些特定情形之下,人民法院可以基于定罪量刑的专属性而不采纳检察机关所提出的量刑建议。亦即认罪认罚的"协商"结果与法院的审判结果可能有所不同,犯罪嫌疑人期许通过自愿认罪认罚换取的从宽处遇可能因量刑规则不完善,或检察机关之量刑经验,特别是精准化量刑经验有限等因素而无法实现。

"表面上看起来,刑事诉讼是一个发现真实的过程,而实际上,刑事诉讼则是一个剧场,是一场戏剧,公众通过参与其中而吸收应当如何行为的信息……尽管促进裁判准确性的程序或制度通常也会促进裁判的可接受性,但是事情却并不总是这样……有些程序或制度或许应当这样来理解:它们的目的不是为了获得裁判的准确性,而是为了获得裁判的可接受性。"③控辩协商语义下的激励型自愿供述机制或许就是这样一种程序或曰制度。在激励型自愿供述机制之下,控辩双方的关系由不认罪案件中的单纯对抗转为适度合作,被追诉人对于司法程序亦由单向性地被动承受转为双向性地互动和接受。为弥散既有激励型自愿供述机制的内部规范张力,笔者认为,一方面,刑事立法和刑事司法当基于供述自愿层面的考量,赋予认罪被追诉人沉默权,用以将认罪被追诉人从先行认罪悔罪的前

---

① 〔日〕田口守一:《刑事诉讼法(第七版)》,张凌、于秀峰译,法律出版社 2019 年版,第 212 页。
② 闫召华:《听取意见式司法的理性建构——以认罪认罚从宽制度为中心》,载《法制与社会发展》2019 年第 4 期。
③ Charles Nesson,"The Evidence or the Event? On Judicial Proof and the Acceptability of Verdicts",98 *Harvard Law Review* 1357 (1985).

置性义务和强制性供述义务的束缚中解放出来,并以此为基础通过诉前证据开示制度的配套确立换取犯罪嫌疑人的主动、积极供述,实现认罪案件之下有罪供述之承诺自认到契约合意的性质转变。另一方面,刑事立法和刑事司法当基于供述激励层面的考量,最大限度地消除检法机关在量刑建议方面可能存在的认知偏差,提升量刑建议的科学性和稳定性。可以考虑的一种进路是,在最高人民法院、最高人民检察院《关于常见犯罪的量刑指导意见(试行)》(以下简称"两高"《量刑指导意见》)的基础上,从认罪认罚情节的特殊性切入,深入分析认罪认罚可能带来的"从宽"处遇的不同层级和不同范围,以"点面并存"的方式初步建构从宽处遇幅度的基本轮廓,并适时借助大数据分析的有益手段,实现量刑建议之因素评价由一次性、间断性向过程性、伴随性转变,以为量刑建议的形成、校准与作出提供更为可信的依据及最优化参考。

(三)规范法庭审理中对于认罪口供的实质印证

认罪认罚具结书中的合意内容对于人民法院仅具有相对的预决效力。此一文书所承载的控辩协商承诺能否实现以及在何种程度上实现,仍由人民法院最终判定。作为认罪案件的最后一道防线,认罪案件的法庭审理既要防止某些证据不足的案件借由认罪认罚消化处理,又要防止某些无辜之人屈从认罪或遭遇错误定罪、量刑不公。① 相应地,在认罪案件的审理程序之中,法庭审理的对象重点和功能定位亦相应变化、调整。人民法院应当在全面、实质、有效审查犯罪嫌疑人、被告人认罪认罚的自愿性及认罪认罚具结书的真实性、合法性的基础上,对检察机关所提之量刑建议作出是否采纳的裁判。立足于现行《刑事诉讼法》第 201 条所作出的人民法院一般应当采纳检察机关量刑建议的立法规范,量刑问题尽管系认罪案件法庭审理的"牛鼻子",但却并非法庭审理的难点之所在。认罪案件法庭审理的真正难点其实是如何全面、实质、有效审查犯罪嫌疑人、被告人认罪认罚的自愿、真实性与合法性。

从刑事司法实践的现实来看,当下认罪案件的法庭审理对于认罪认罚之愿性、真实性与合法性的审查较为简单、粗疏。在审查方式上,存在着仅仅在口头上直接讯问被告人是否自愿认罪认罚,认罪认罚具结书的内容是否真实、合法,或在此一基础上将讯问问题部分细化,如讯问被告人认罪认罚是否受到威胁、利诱、欺骗,签署具结书时是否有辩护人或值班律师在

---

① 胡云腾主编:《认罪认罚从宽制度的理解与适用》,人民法院出版社 2018 年版,第 111 页。

场等直接依据口供定案的补强缺位问题。诚然，基于案件的不同审理模式，认罪案件与不认罪案件中的补强证据规则在是否能够独立证明案件事实，或曰必须能够满足犯罪实体佐证的质性要求方面有差异，但这并不意味着认罪案件的法庭审理可以仅确证认罪被告人于法庭之上的口供即完成认罪自愿性、真实性与合法性的实质审查任务。庭审之中，法院仍需以倾向于证明陈述自愿、真实、合法的独立证据实质性地对审前形成的认罪口供作以补强印证。

　　一方面，认罪案件中对于口供进行补强印证的证据应具有独立的证据来源。司法实践中，认罪被告人于法庭之上所作的确证的认罪自愿性、真实性与合法性的意思表示，虽然能够与固化于认罪认罚具结书中的有罪供述在内容上相互印证，但由于证据来源同一，因此属于典型的"孤证"，自然不能据其确证认罪的自愿性、真实性与合法性。另一方面，认罪案件中对于口供的补强印证应当具有实质性。实质性的补强印证意味着，认罪案件的法庭审理之中，其他证据对于口供的补强印证不再单纯囿于数量与外观上满足部分信息相符的"形式印证"要求，不再以单个证据与认罪口供作以简单对比，而是在逐一审查单个证据的证据能力、明确单一证据对口供的具体印证内容、查验单一证据与单一证据之间是否相互印证的基础上，综合全案单一证据，形成一定程度的内心确信，再与认罪口供进行比照印证，进而判断认罪口供的自愿性、真实性与合法性。①

　　为规范法庭审理中对于认罪口供的实质印证，切实保障被追诉人认罪认罚的自愿性、真实性与合法性，刑事立法和刑事司法不仅需要遵循实质性补强印证方法的核心要旨，在证据调查方法、证据调查顺序等方面作以不同于不认罪案件法庭审理的程序安排，而且需要适时强化认罪案件中对于审前控辩协商过程的同步录音录像制度，以及认罪被告人"翻供"情形下值班律师、侦查人员、检察人员的出庭作证制度，借由职权询问、交叉询问与对质询问的混合式人证调查安排实现程序与证据间的融贯互动、公正与效率间的动态平衡。

第三节　以量刑为核心的法庭审理之义

　　认罪认罚案件中量刑的合理性取决于量刑建议是否科学，关乎控、辩、审、被害四方的实质性利益能否得以充分保障。对于控方而言，量刑建议

---

① 纵博：《论认罪案件的证明模式》，载《四川师范大学学报（社会科学版）》2013 年第 3 期。

是其追求法律效果的关键因素;辩方则将换取较轻量刑建议视为其认罪认罚的主要动力;事实审理者决定是否采纳控方提出的量刑建议,在量刑建议中扮演着确保司法公正与效率的角色;而对被害方而言,量刑建议则直接关联到其权益的满足和心理的慰藉,合理的量刑建议能够体现对被害方权益的重视和对损害的适当补偿。是故,量刑建议的制定必须兼顾各方利益,以确保法律的公平性和效率性。只要法庭的量刑结果确有令人信服的事实基础,又能兼顾控辩双方的诉讼请求和协商合意,法庭对被告人的有罪判决就是没有任何问题的。①

在域外国家的简化审理程序中,对于被追诉人自愿认罪所能获得的量刑优惠一般都在法律上作出较为明确的规定,或在刑事司法实践中形成某种惯例而得到普遍遵循。例如,意大利的刑事立法规定,在依当事人的要求适用刑罚的程序中,对于自愿认罪的被告人应当减刑 1/3;若适用处罚令程序,公诉人则可以要求适用减至法定刑一半的刑罚。② 在英国,基于量刑指南等文件内容,自愿作出有罪答辩的被告则可以根据认罪答辩的时间获得 1/10 至 1/3 不等的减轻幅度奖励。③ 具体而言,在"第一合理机会"作出有罪答辩,减少基本刑罚的 1/3;在审理时间确定后作出有罪答辩,减少基本刑罚的 1/4;在开庭审理后作出有罪答辩,减少基本刑罚的 1/10。与之形成鲜明对比的是,我国当下对于自愿认罪之被告人可以给予的从宽幅度尚不明确,并未形成固定化、层次化、制度化的量刑激励体制。

为鼓励被追诉人尽早认罪,"两高"《量刑指导意见》曾明确指出,对于坦白的从宽幅度,应当综合考虑如实供述罪行的阶段、程度、罪行轻重以及悔罪程度等情况,其中,当庭自愿认罪的从宽幅度明显低于审前阶段认罪。为避免从宽标准模糊带来的认罪悔罪激励性不足或个案中的量刑失衡,2019 年 10 月,最高人民法院、最高人民检察院、公安部、国家安全部、司法部《关于适用认罪认罚从宽制度的指导意见》(以下简称"两高三部"《认罪认罚指导意见》) 第 33 条第 2 款规定,"办理认罪认罚案件,人民检察院一般应当提出确定刑量刑建议。对新类型、不常见犯罪案件,量刑情节复杂的重罪案件等,也可以提出幅度刑量刑建议……" 明确将以确定刑为内容的精准化量刑建议作为认罪认罚案件中量刑建议的基本样态,进而引发了理论界和实务界对量刑建议精准化之实然与应然、缘何与该当等诸多问题的争论与思辨。

---

① 陈瑞华:《量刑程序中的理论问题》,北京大学出版社 2011 年版,第 113 页。
② 《意大利刑事诉讼法典》,黄风译,中国政法大学出版社 1994 年版,第 165 页。
③ 孙瑜:《认罪案件审判程序研究》,对外经济贸易大学出版社 2012 年版,第 194 页。

一、量刑建议精准化与认罪认罚从宽的因应关系

在我国当下的刑事司法实践中,检察机关多以两种方式提出量刑建议,一种是"概括式的量刑建议",一种是"精准化的量刑建议"。前者是指检察官概括性、模糊性地向裁判者表明自己所主张的量刑请求和量刑观点;后者则是指检察官科学地、严谨地、具体地向裁判者提出其量刑请求与量刑观点。[①] 根据检察机关所建议判处刑罚的明确程度,量刑建议又可以被划分为概括的量刑建议、相对确定的量刑建议和绝对确定的量刑建议三种类型。在精准化量刑建议之概念为何、是否包括相对确定的幅度刑量刑建议等基本范畴问题上,理论界和实务界长期未能达成一致。[②]

以文义解释的方法分析,"精准化"量刑建议概念项下之"精准"可以从"精"和"准"的两个角度阐释。其中,"精"即精细,系相对于"粗",即模糊、大概而言;"准"即准确,系相对于偏差、错误而言。精准化的量刑建议首先排斥概括式的量刑建议,要求建议裁量明确,刑种、刑期、执行方式等刑罚内容相对具体;而作为刑罚的基本议题之一,精准化的量刑建议亦要求检察机关所提之量刑建议建立在对于涉案事实、案情性质、各类法定与酌定量刑情节之全面评判、考量的基础上,意在将法律真实和客观真实的理念相结合,在最大限度地符合案件实际情况的同时,将量刑建议统摄于罪刑法定、罪责刑相适应等刑法基本原则之下。而基于认罪认罚从宽制度改革的时代语义,从认罪认罚从宽制度本身的功能、价值、属性,以及此一改革所实然呈现出的渐进性特征出发,笔者认为应当将"精准化的量刑建议"界定为"以绝对确定的量刑建议为标准形式,以较小幅度之相对确定的幅度刑量刑建议为补充"的建议提出范式。具体而言,刑事立法和刑事司法当以审判组织的不同组成形式为基点,对独任制审理的刑事案件与合议庭审理的刑事案件作以不同的规范要求。鉴于独任审判案件所具有的事实清楚、证据确实充分的简单特征,检察机关在此类案件中应当提出绝对确定的量刑建议;而在合议审判的案件中,检察机关则可以提出相对确定的幅度刑量刑建议,只是应当尽量限缩幅度范围,以在契合此类案件

---

① 陈瑞华:《量刑程序中的理论问题》,北京大学出版社 2011 年版,第 2-3 页。

② 例如,在苗明生看来,"量刑建议的'精准'是指提出确定刑建议,也即对刑种、刑期、刑罚执行方式等提出明确、确定的建议"。苗生明:《认罪认罚量刑建议精准化的理解与把握》,载《检察日报》2019 年 7 月 29 日,第 3 版。而在张云鹏看来,"确定刑量刑建议与区间刑量刑建议同为精准化的表现形式,各有其适用的条件和空间,相互不可取代"。张云鹏:《论认罪认罚案件量刑建议的精准化》,"中国刑事司法的问题"研讨会论文,2019 年 9 月 21 日于西安。

所普遍具有的事实不清、情节交织、不易权衡之案件本质的同时,昭示司法机关对于量刑议题之审慎,并为合议庭提供规范化的可裁量的量刑参考。正如胡云腾大法官所说的:"实践中的案件情况千差万别,在有些刑事案件中,各种量刑情节都有,从重和从轻情节交织。一个合议庭合议量刑有时尚颇费思量。若强求一个集批捕、起诉权于一人的独办检察官在起诉时就提出精准化的量刑建议,不仅勉为其难,而且权力过大,容易出现问题。"①

通常说来,法院的审判对象可以被分为三类:一是定罪问题;二是量刑问题;三是程序性争议问题。与之相对应,司法裁判亦被划分成三种不同的形态,即定罪裁判、量刑裁判和程序性裁判。定罪问题基本解决或无争议,诉讼各方更多关注的是量刑问题,即被追诉方关心其认罪认罚后是否获得实质性的从宽优惠;检察机关关心其提出的量刑建议能否被采纳;审判机关则重点审查量刑建议是否属于"明显不当",量刑问题成为案件的核心争议焦点。在此基础上,控辩双方的关系也并非不认罪案件中的单纯对抗关系,而是由对抗转为适度合作协商,带有明显的协商性司法的特征。

作为一项已然有别于单纯的刑事政策或诉讼程序,而成为独立于其他体现认罪从宽制度(如坦白、自首、刑事和解、刑事简易程序等)的全新法律制度,认罪认罚从宽制度是集实体规范与程序规则于一体的综合法律制度。②在这一制度下,被追诉人通过其认罪认罚的行为与态度,获得了程序从宽和实体从宽的法律后果。其中,程序从宽是相较于普通诉讼程序而言,对认罪认罚的被追诉人所采取的"轻缓型诉讼措施和宽松型诉讼程序"③,意图以从简的诉讼程序起到快速处理案件、帮助被追诉人减少诉讼负担的作用,而实体从宽的核心就在于量刑。量刑问题既关乎认罪认罚之前提能否促成,又影响从宽承诺之结果能否兑现,是认罪认罚从宽制度有效实施的关键环节。量刑建议作为控诉、辩护、审判、被害四方角力的对象,是程序启动、判决生效和诉讼终结的桥梁,可谓撑起认罪认罚从宽制度的"阿基米德支点"。④实务界和理论界关于量刑建议的争议未曾停息,检察机关是否提出精准量刑建议在实践中做法不一,审判机关对检察机关所提量刑建议的接纳程度也存有差异,这导致量刑建议在提出、审查、采纳与调整等环节暴露出一系列问题,而量刑建议是否合理主要取决于量刑建议

---

① 胡云腾:《正确把握认罪认罚从宽　保证严格公正高效司法》,载《人民法院报》2019年10月24日,第5版。
② 参见童建明、万春主编:《〈人民检察院刑事诉讼规则〉理解与适用》,中国检察出版社2020年版,第182页。
③ 熊秋红:《认罪认罚从宽的理论审视与制度完善》,载《法学》2016年第10期。
④ 参见王刚:《认罪认罚案件量刑建议规范化研究》,载《环球法律评论》2021年第2期。

的规范化程度。是故,在域外的一些法治国家和地区,尤其是具有职权主义传统的国家,对于类似认罪认罚从宽制度中量刑建议的范围、考虑因素与折扣幅度等均有所规定,以便指引量刑建议的提出,也为量刑建议的精准度和公正性提供保障。①

　　其实,正如卞建林教授所言:"对于犯罪嫌疑人而言,量刑建议是其最能直观理解认罪认罚后实体后果的依据,量刑建议越精准,认罪认罚后的不确定性也就越低。犯罪嫌疑人之所以选择认罪,就是想换取一个比较确定的刑罚预期,让从宽处理的激励成为现实,以避免庭审的不确定性和潜在风险。如果量刑建议不确定,犯罪嫌疑人就缺乏足够的认罪动力,可能犹豫观望,甚至选择对抗,妨碍宽严相济、坦白从宽刑事政策的落实。"②从某种意义上讲,在认罪认罚从宽制度的实践运行维度,量刑建议,特别是以认罪认罚具结书为载体的精准化量刑建议已然成为此一制度得以有效运作的支点。如果说之前的量刑规范化改革旨在规范"刑之裁量",那么量刑精准化的改革就可以被视为"刑之量化",用以最大限度地实现"刑之裁量"与"刑之量化"的统一与动态平衡。③

二、量刑建议精准化的基本价值预设与多重理论质疑

(一)以提升诉讼效率、减少程序反复为核心预设的价值谱系

　　从法律工程学的角度分析,审判制度本身即为一套完整的社会工程。而作为审判制度这一社会工程的一部分,诉审关系项下量刑建议方式之调整不仅具有深刻的社会原因,更承载着特定的价值目标,旨在实现规范设计者的某些价值预设和价值判断。从某种程度讲,正是这些深层的价值预设深刻影响着量刑建议之规范设计与运作方式。笔者认为,作为一种源于基层检察机关之实践维度的量刑建议提出方式,精准化量刑建议的核心价值预设即在于提升诉讼效率,最大限度地降低认罪被告人之异议或上诉风险,固化认罪认罚具结书所应具有的程序及实体效力。

　　众所周知,在刑事犯罪治理领域,随着新时代我国社会主要矛盾的变化,犯罪结构同样发生了重大变化,在积极刑法观的影响下,我国犯罪圈层不断扩大;司法实践中以危险驾驶罪、帮助信息网络犯罪活动罪为代表的

---

① 施鹏鹏:《借鉴域外经验推动量刑精准化》,载《检察日报》2019年6月10日,第3版。
② 卞建林:《认罪认罚从宽制度赋予量刑建议全新内容》,载《检察日报》2019年7月29日,第3版。
③ 关于"刑之量化"与"刑之裁量"的论述,可以参见石经海:《"量刑规范化"解读》,载《现代法学》2009年第3期。

轻罪案件数量不断增加,犯罪态势呈现出严重暴力犯罪数量与重刑率持续下降、轻微犯罪数量与轻刑率不断上升的"双降双升"的局面。[①] 立足于这一时代语境,刑事立法和刑事司法为进一步优化司法资源配置,消解案多人少的现实矛盾,实现轻重罪案件的审前繁简分流,立足宽严相济、少捕慎诉慎押等刑事政策,在简易程序、速裁程序等治理方法发挥实效作用的基础上,不断于现有程序规范框架内寻求"入罪出刑"的新模式、新途径。

　　一方面,如前所述,认罪案件与不认罪案件的审理重点明显不同,量刑问题实乃认罪案件的"牛鼻子",构成此类案件中法庭审理的核心议题。在此种以量刑为核心的认罪案件审理程序中,如何保障刑事被告人获得与之相符的认罪认罚处遇,则构成此一程序得以实施和运行的关键。依法获得从宽处遇,既是犯罪嫌疑人、被告人认罪认罚的法律后果,亦是其认罪认罚行为本身所应获得的相应对价。从理性经济人的角度进行分析,刑事被追诉人之所以会选择认罪认罚,从根本上来讲是基于其内心深处对于从宽量刑存在的某种期待。相较于相对确定的幅度刑量刑建议,认罪认罚从宽制度所要求的精准化量刑建议能够更为有效地减少或避免幅度量刑建议所具有的不确定性带来的量刑意见分歧及观点争辩,在保障庭审程序顺利进行的同时,在客观上节约"审理成本",提高诉讼效率。另一方面,依照日本诉讼法学家棚濑孝雄的观点,诉讼效率中的投入成本除了国家所负担的"审理成本"外,还包括当事人所承担的"参诉成本"。[②] 当事人为请求司法救济而投入的参诉成本将直接影响其是否提起诉讼,假使刑事诉讼要求当事人支付其难以承受的诉讼成本,甚至形成讼累,实际上就等同于变相否定了其寻求司法救济的权利。从认罪认罚从宽制度的既往实践来看,因刑事被告人不服一审裁判量刑过重而提出上诉的案件时有发生,而在引发这些上诉案件的多重原因之中,有些确与检察机关所提出的量刑建议幅度过宽、精准性阙如相关。例如,在检察机关所提幅度刑量刑建议的原有范式下,刑事被告人很有可能基于对于幅度量刑建议之下限部分的认可及预期,在法院判处幅度建议之下限以上刑罚的情况下提出上诉,因寻求救济而带来程序之反复,在增加当事人"参诉成本"的同时,于整体层面影响认罪认罚从宽制度的运行效率。而在精准化量刑建议的运作范式下,控辩双方对于量刑建议之合意期许更为明确、具体,法院对于量刑裁判之作出得以更为精细、准确,因审前的合意、认可、明知,审判的尊重、认同,以及控辩审三方对量刑建议之愈趋

---

①　卢建平:《轻罪时代的犯罪治理方略》,载《政治与法律》2022 年第 1 期。

②　〔日〕棚濑孝雄:《纠纷的解决与审判制度》,王亚新译,中国政法大学出版社 1994 年版,第 283—296 页。

一致的评估而得以最大限度地降低认罪被告人之异议或上诉风险,并对认罪认罚具结书所应然具有的程序及实体效力予以固化。

(二)以消解审判独立性、背离审判中心为内核的多重理论质疑

尽管相较于概括式的量刑建议提出范式,精准化的量刑建议在一定程度上具有提高诉讼效率,节约司法资源,减少认罪被告人之异议或降低上诉风险,以及固化认罪认罚具结书之程序及实体效力等多重正向功用,但是作为认罪认罚从宽制度有效运行的因应与支点,量刑建议精准化自提出之日起便引起了学界和实务界的广泛热议与争论,其中最为核心的即在于现行《刑事诉讼法》第201条关于人民法院"一般应当采纳人民检察院指控的罪名和量刑建议"之立法规定①是否会侵犯审判的独立性,背离《刑事诉讼法》第12条所确立的"定罪、量刑权专属于人民法院"的原则语义,消解以审判为中心的诉讼制度改革所一贯强调的"举证在法庭、质证在法庭、认证在法庭、裁判结果形成于法庭"的基本要求。

具体而言,依据现代各国刑事诉讼法所普遍确立的控审分离原则,公诉权能项下的求刑权、裁判权能项下的量刑权应当分属于检察机关与审判机关,两种职能相互独立、互不僭越。由是,检察机关所提之量刑建议对于法院之量刑裁判并无强制采纳的实然约束力,法院有权依据事实和法律独立且公允地作出量刑裁决。② 而作为刑事审判权能的应有意涵,量刑裁量当为法官的选择活动而非推理判断活动。受制于量刑情节交互,量刑目标交织,量刑方法、量刑步骤、量刑幅度等规范内容较为宏观概括等多重因素,量刑实属一项开放的、不确定的、富有差异性的司法活动。法院所作之量刑裁决不仅应当对检察机关所提量刑建议的依据予以考量,还应当衡平、综判法庭审理中查明的各种新情况。在侦查中心的固有积弊未能革除、审判中心的改革依然未竟的现实语境下,精准化量刑建议之改革要义似乎意欲树立一个全新的"检察中心"。从这个意义上来讲,现行《刑事诉讼法》第201条"一般应当采纳"之效力规定已然构成对于法官量刑裁量权之不当限制,消解了以审判为中心的诉讼制度改革的基本意旨,背离了

---

① 现行《刑事诉讼法》第201条规定:"对于认罪认罚案件,人民法院依法作出判决时,一般应当采纳人民检察院指控的罪名和量刑建议,但有下列情形的除外:(一)被告人的行为不构成犯罪或者不应当追究其刑事责任的;(二)被告人违背意愿认罪认罚的;(三)被告人否认指控的犯罪事实的;(四)起诉指控的罪名与审理认定的罪名不一致的;(五)其他可能影响公正审判的情形。人民法院经审理认为量刑建议明显不当,或者被告人、辩护人对量刑建议提出异议的,人民检察院可以调整量刑建议。人民检察院不调整量刑建议或者调整量刑建议后仍然明显不当的,人民法院应当依法作出判决。"

② 朱孝清:《论量刑建议》,载《中国法学》2010年第3期。

现行《刑事诉讼法》第 12 条所确立的"定罪、量刑权专属于人民法院"的原则语义。

　　除此之外,在部分学者看来,将美国辩诉交易制度之有效运作作为量刑建议精准化的应然论理依据同样不具有社会学研究中的信度和效度。一方面,尽管两者均带有协商性司法的范式特征,但溯源于两种制度所依托的法律文化传统与刑事立法的规范结构差异①,认罪认罚从宽制度与辩诉交易制度在适用范围、制度运行等多重维度上存有不同。例如,认罪认罚从宽制度下的控辩协商范围仅能诉诸量刑层面,不同于辩诉交易制度所涵摄的罪名协商、罪数协商与罪行协商。另一方面,辩诉交易制度下的控辩协商效力问题始终处于"事实确认"层面,联邦及各州的刑事成文法或相关判例中根本未见明定的关于法官"应当"采纳控辩协议内容的义务性规范。与之不同,我国现行《刑事诉讼法》第 201 条之规范内容将控辩协商的效力问题上升至"立法明定"层面,即除特殊情形外,法院具有对量刑建议之内容与效力予以尊重确认的法定职责,形式上充分尊重控辩双方意思自治的表征意义,消解了法庭审理对于控辩认罪协商之效力、审判结果之最终确定的决定作用。

　　辩证来看,上述质疑确有一定的合理性,但笔者认为,所谓的职能冲突、审判独立性之消解、审判中心之背离似乎又远没有部分学者所言如此之大,而这一点从后文关于量刑建议精准化之应然证成与实然省察的分析论理中便可得到佐证。更为重要的是,在我国现行的司法体制之下,人民法院所享有的定罪量刑权之独立性、专属性的消解风险不仅存在于精准化的量刑建议之中,也存在于概括式的量刑建议之中;不仅存在于对量刑问题的审判之中,也存在对定罪问题的审判之中。这种消解风险绝非来源于精准化的量刑建议本身,而是源于检察机关所实然享有的法律监督地位与人民法院所应然具有的诉讼中心地位的紧张关系。

三、时代转型语义下量刑建议精准化的论理阐释

　　现代刑事诉讼始终处于不断地发展完善之中。在认罪认罚从宽制度下,人民法院的裁判权在形式意义上对检察机关作出了部分让渡。就认罪案件而言,法庭审理要点聚焦于被告人的认罪认罚是否自愿,认罪认罚具结书是否真实、合法,以及检察机关提出的量刑建议是否恰当。其中,认罪认罚案件中检察机关提出的量刑建议不同于传统的量刑建议,后者是检察

────────────

① 参见顾永忠:《关于"完善认罪认罚从宽制度"的几个理论问题》,载《当代法学》2016 年第 6 期。

机关单方的意思表示,而认罪认罚从宽制度中的量刑建议是控辩双方沟通协商的结果,是诉讼合意的表现。基于此一对被追诉人作出的具有司法公信力的"承诺",人民法院一般会对检察机关的量刑建议予以采纳。而集控诉者、定罪者与量刑者于一身的检察机关,实然分享了审判机关的审判权,主导或半主导着刑事案件的处理。①但不可否认的是,此一部分过渡裁判权的做法一定程度上分流了法官案多人少的现实压力,使法官可以在有限时间内处理更多刑事案件。更为重要的是,作为一种建立在利益兼得基础上的制度,认罪认罚从宽制度所归属的合作性诉讼模式打破了现行刑事司法制度对于各方利益实现的"瓶颈效应",实现了各方利益的最大满足与互利共赢,使得诉讼双方,包括加害方与被害方原本相互冲突对立的诉讼立场与诉讼利益出现了契合一致的可能性。此种建立在自愿、合意基础之上的定罪量刑裁判通过一种建立在互惠共赢基础上的"利益兼得"机制,取代了传统模式下"全或无"的零和博弈②,在最大限度消解刑事被告人上诉困扰的同时,减少甚至避免了案件被上级法院发回或改判的可能,契合了儒家倡导的"和合文化",更与当下的"构建和谐社会"的价值导向相适应。

立足于刑事诉讼模式转型的时代语义,量刑建议精准化的动议与实践,绝不仅仅是检察机关所提量刑建议之具体范式的单纯调整,更关乎认罪认罚从宽制度能否真正落地施行,乃至刑事司法改革与诉讼模式转型之全局目标能否实现。是故,对于此一问题之论理阐释不应继续囿于精准化量刑建议之概念之辩、"精准化"本身相较于幅度刑量刑建议所具有的利弊多寡之争,而应将其置于认罪认罚从宽制度入法既定、深化推进的时代语义之下,以回归问题原点、寻求精准化量刑建议所涉的基本原理、回应精准化量刑建议的理论质疑,并以此为基础辩证思考,从应然证成与实然省察两个维度演绎归纳出时代语义下此一改革之内生逻辑与内在机理。

(一)应然证成:司法契约本质下的"协商合意"

从证据法的角度来看,我们可以将犯罪嫌疑人、被告人的"自愿认罪认罚"视作一种"在法律上具有证据能力和证明力之完整口供"的法律行为③,其结果在于提供一份"对刑事诉讼程序的运行以及定罪量刑的确定

---

① 杜磊:《认罪认罚从宽制度适用中的职权性逻辑和协商性逻辑》,载《中国法学》2020 年第 4 期。

② 陈瑞华:《刑事诉讼的中国模式》,法律出版社 2010 年版,第 22 页。

③ 参见孙长永:《认罪认罚从宽制度的基本内涵》,载《中国法学》2019 年第 3 期。

均具有重要作用的证据"①。在认罪认罚从宽制度本身所具有的协商范式语义下,犯罪嫌疑人、被告人的认罪供述实现了由原有"承诺自认"到今下"契约合意"的性质转变。② 而作为固化此种协商合意的法定形式或曰载体,认罪认罚具结书以其本源的"契约"属性昭示出被追诉人本人的认罪认罚态度、划定出控辩双方的基本行为规范,在廓清认罪认罚从宽制度适用之基本框架条件的同时,为后续诉讼活动的展开及从宽处遇提供正当性的前提和基础。③

从法律意义上来讲,契约可以被界定为"由双方意愿一致而产生,以双方相互法律关系为内容的某种约定"④,其本身蕴含着应当满足双方之预期利益和信赖利益的两项基本要义。在笔者看来,认罪认罚从宽制度项下的认罪认罚具结书即带有明显的契约属性,符合契约成立的各项要件,承载着旨在实现双方预期利益与信赖利益的价值功用。具体而言,在认罪认罚从宽制度的运行实践中,被追诉人自愿提出认罪认罚的意思表示,检察机关提出相应的处理方案,被追诉人对此同意后出具认罪认罚具结书,此一过程实与民事实体法中有关合同的订立及成立存有异曲同工之妙。质言之,被追诉人自愿作出的认罪认罚表示可以被视为达成认罪认罚具结契约的"要约邀请",检察机关提出相应的处遇方案则是提出"要约",被追诉人同意的即根据检察机关建议之内容出具认罪认罚具结书,虽在形式上属于"单方声明",但此一过程中可能出现的、反复的、多次的互动、协商本身就带有极为明显的合意商谈特征,因而在实质上应当被视作是一种"司法契约"。⑤ 而基于"契约"本质属性的效力之义,认罪认罚具结书的签署主体——控辩双方的后续行为应然且实然地受到具结内容的约束,用以满足控辩双方之契约订立伊始的预期利益和信赖利益。具体到认罪案件之中,被追诉人之所以会认罪认罚并签署具结书,从根本上来说是基于其内心深处对于从宽量刑处遇存在着某种期许,以及对于检察机关作为国家专门机关所具有的权威性、中立性及其所引申出的契约必守的信赖。从社会学的视角分析,"期许"与"信赖"应当被视为一种履约促进机制。在此一机制下,"期许"与"信赖"存有两个维度的语义:一是契约主体对相对方履约意愿和能力的信息甄别;二是对履约保障安排的具体设置。相较于相

①　参见王敏远:《认罪认罚从宽制度疑难问题研究》,载《中国法学》2017 年第 1 期。
②　参见刘原:《认罪认罚具结书的内涵、效力及控辩应对》,载《法律科学》2019 年第 4 期。
③　参见马静华、李科:《新刑事诉讼法背景下认罪认罚从宽的程序模式》,载《四川大学学报(哲学社会科学版)》2019 年第 2 期。
④　〔罗马〕查士丁尼:《法学总论——法学阶梯》,张企泰译,商务印书馆 1989 版,第 159 页。
⑤　胡云腾主编:《认罪认罚从宽制度的理解与适用》,人民法院出版社 2018 年版,第 97 页。

对确定的幅度刑量刑建议,认罪认罚从宽制度所要求的精准化量刑建议显然更能彰显检察机关履约意愿的真切性及履约能力的可信性;检察机关依据具结契约所提之精准化量刑建议显然更能借以其本身所具有的确定性直击被追诉人对于从宽处遇的内心期许,并通过履约保障机制之合理设定有效减少幅度量刑建议所带来的信息弥散性,避免认罪认罚契约沦为单纯的公权主导下的权力需求文本,割裂协商性司法范式下控辩主体间的双向互动关系。

需要指出的是,认罪认罚从宽制度下的具结契约又不同于单纯的民事契约,严格来说应当将其界定为"刑事契约"或"司法契约"。不同于民事契约一般所具有的"成立即生效"特征,认罪认罚从宽制度下具结契约之成立与生效并不共生、同步,其本身属于一种已经成立但还未生效的"司法契约",此一契约之生效以法官依据事实和法律依法作出裁断为要件。[1] 那么,现行《刑事诉讼法》第201条缘何要求法院"应当"采纳认同此一契约之效力? 其正当性与合理性何在? 在笔者看来,这一问题完全可以从量刑建议在认罪案件与不认罪案件中所具有的差异特性上找到答案。在不认罪案件中,量刑建议实乃检察机关行使"求刑权"的重要标志与"单方声明",属于公诉权在量刑程序中的必要延伸,它只有请求法院接受其量刑方案的程序性效力,仅为法院进行量刑审理的依据和参考,本身并不具有约束法院量刑裁判的终局法律效力。[2] 与之不同,认罪案件中的量刑建议实乃审前程序中控辩协商的产物,其本身属于诉讼合意之表示。在认罪案件之中,检察机关所提量刑建议不再单纯是控诉一方对于量刑问题之单方观点或方案,而是控辩双方就量刑问题所达合意之必要载体,不仅体现了检察机关基于被追诉人之认罪认罚在实体上作出量刑减让的履约承诺,而且通过刑事诉讼法下效力终局性或曰准终局性的规范设计[3]为本是效力待定状态之传统量刑建议附增确定性因素,契合了被追诉人在认罪认罚伊始的合理预期,并固定了认罪认罚具结书所本源具有的契约化约束力。

---

① 田力男、杨振媛:《认罪认罚反悔后有罪供述适用问题探究——以"司法契约"理论下有罪供述撤回为切入点》,载《公安学研究》2019年第4期。

② 陈瑞华:《量刑程序中的理论问题》,北京大学出版社2011年版,第8-11页。

③ 这里的效力终局性或曰准终局性规范设计是指现行《刑事诉讼法》第201条所规定的,除法定的例外情形外,人民法院一般应当采纳人民检察院指控的罪名和量刑建议;"两高三部"《关于适用认罪认罚从宽制度的指导意见》第40条所规定的,"对于人民检察院提出的量刑建议,人民法院应当依法进行审查。对于事实清楚,证据确实、充分,指控的罪名准确,量刑建议适当的,人民法院应当采纳"。

（二）实然省察：履约保障机制下的规范设计与运行实践

作为一项源于司法实践并在实践中已然运行的量刑建议范式，精准化量刑建议的存续发展不仅需要具备应然正当性，还需要具备超越于原有的幅度刑量刑建议的实然效用。实践是制度检验的试金石，亦是制度改革的动因之所在，量刑建议具体方式的优化调整，其优劣与否、利弊得失、行与不行，实需由检察机关的办案人员通过其自身的业务实践活动加以检验和评判。

第一，精准化量刑建议契合了履约保障机制所内含的"期许"与"信赖"要义。合意量刑建议的终局性或曰准终局性法律效力，一方面来源于被追诉人认罪认罚的自愿性，另一方面则来源于量刑建议本身所呈现出的内容的明定性、具体性。从形式上讲，精准量刑建议的判断标准其实就是检察机关提出的合意建议是否最终被法院判决所认可、采纳。现行《刑事诉讼法》第201条的规范设计恰恰在一定程度上因应了社会学视角下履约促进机制所要求的"期许"与"信赖"，在为契约主体履约意愿和履约能力赋能的同时，设定出履约保障得以实现的机制安排。更为重要的是，现行《刑事诉讼法》第201条以及"两高三部"《认罪认罚指导意见》第40条之规定，绝不意味着人民法院对于认罪案件量刑建议的"照单全收"，人民法院对于认罪认罚案件的量刑建议与协商过程需要严格审查。当发现量刑建议存在明显违反罪责刑相适应原则、违反类案同判和法律统一适用规则、背离司法公正或人民群众公平正义观念、违背一般司法认知等明显不当情形的，应当告知检察机关调整量刑建议并说明理由，检察机关不调整或者调整后的量刑建议仍然不适当的，人民法院应当依法作出判决。[①] 通过强化人民法院对于检察机关所提之量刑建议，以及认罪协商契约之实质性、全面性的审查避免"空洞认罪"，在保障被追诉人认罪的自愿性、明知性、明智性与合法性的同时，最大限度地衡平公诉权与审判权之独立、互涉、融动的多维关系谱系。

第二，精准化量刑建议呈现出良好的实践运行效果。一方面，作为认罪认罚从宽制度有效运行的因应与支点，精准化量刑建议的运作范式在全国范围内实践良好。总体而言，在认罪认罚从宽制度开展较好的地区，认罪案件基本实现了以确定刑量刑建议为主的实践样态。2018年11月至2019年6月，重庆市共适用认罪认罚从宽制度办理刑事案件14 397件，所

---

① 胡云腾：《正确把握认罪认罚从宽　保证严格公正高效司法》，载《人民法院报》2019年10月24日，第5版。

涉刑事被告人 18 242 名,其中针对 10 698 名刑事被告人提出确定刑量刑建议,占全部认罪案件的 67.29%,法院对确定刑量刑建议的采纳率为 78.71%。① 2018 年 10 月至 2019 年 6 月,浙江省玉环市人民检察院适用认罪认罚从宽制度办理的刑事案件占案件总数的 68.3%,其中所提确定刑量刑建议的案件比例达到 80.9%,法院对确定刑量刑建议的采纳率达到 90.1%。而作为全国首批开展司法改革试点的 7 个省份之一,上海市的精准化量刑建议实践表明,精准化量刑建议的提出并未产生理论界所担心的种种风险,反而有助于实现提升诉讼效率、避免程序反复的正向功用。例如,2019 年上半年,上海市普陀区人民检察院适用认罪认罚从宽制度办理案件提起公诉 1186 人,其中提出确定刑量刑建议 1133 人,占全部认罪认罚案件的 95.5%,法院对确定刑量刑建议的采纳率为 93.3%,被告人经法院判决后的上诉率则为零。② 另一方面,各地检察机关高度重视开展量刑建议精准化工作,以多元方式探索助力精准化量刑建议的实践运行。例如,广州市南沙区人民检察院以落实“智慧检务”为契机,积极尝试将量刑计算与大数据、云计算等现代科技相融合。通过研发出的智能量刑辅助系统对人民法院已公开的 500 余万份刑事裁判文书的案由及量刑影响要素作以整理、分析和筛选,以为待处理案件提供特定时间范围内该地法院就此类案件所作裁判之量刑区间分布、集中量刑值、平均量刑值等相关数据与判例详情,助力检察机关精准化量刑建议的提出,提升确定刑量刑建议的科学性与合理性。再如,上海市普陀区人民检察院注重落实以“在审查起诉阶段讯问中一律告知犯罪嫌疑人法定刑和认罪认罚后的减让幅度,确保量刑激励透明化;在签署认罪认罚具结书时一律要求对犯罪嫌疑人说明对协商确定的量刑建议反悔可能导致的法律后果,确保量刑建议能够稳固;适用认罪认罚从宽的案件一律要在审结报告中写明量刑建议的依据,依据基准刑—从重加重情节—从轻减轻情节—认罪认罚后减让幅度的顺序,确保刑期计算全程留痕”为内容的“三个一律”,以及以“保证法律援助律师的法律援助直接顺延至审判阶段,保证法律援助律师的同一,保证法律援助律师有必要的工作时间”为内容的“三个保证”,用以最大限度地提供精准化量刑建议所需的程序与机制保障。③

---

① 转引自刘卉:《确定刑:认罪认罚从宽制度下量刑建议精准化之方向》,载《检察日报》2019 年 7 月 29 日,第 3 版。
② 刘卉:《创新机制确保确定刑量刑　建议高适用率和采纳率》,载《检察日报》2019 年 7 月 29 日,第 3 版。
③ 同上。

四、方法论视角下量刑建议精准化的本土优化路径

建立在认罪认罚从宽制度协商性意蕴的逻辑论理与刑事诉讼模式转型的时代语义上,精准化量刑建议之改革动议在我国当下的刑事司法实践中兼具应然层面的正当性与实然层面的可行性。正所谓"两岸猿声啼不住,轻舟已过万重山",在认罪认罚从宽制度入法既定、精准化量刑建议已然全面推进的现实语境下,应如何避免此一改革动议本体运行的单摆浮搁,确保其不至于为其他改革所熔断,进而实现其与审判中心诉讼制度改革的融贯互动、圆融自洽,助力国家治理体系和治理能力现代化时代目标的实现?在笔者看来,当下对于此一问题的分析、研判不应继续徘徊于是否应当精准的该当性问题之上,而是应当着力思辨"如何精准""怎样精准",将理论视角与学术研判的重心转移到方法论①议题之上。从制度内生与人为建构的逻辑思路出发,承继认罪认罚从宽制度的既有规范框架,笔者主张以"保障量刑建议之实质协商性,提升量刑建议之内在科学性,明定量刑建议之全面说理性"的三重维度对我国当下的精准化量刑建议作以本土优化。

第一,保障量刑建议之实质协商性。理想状态下的刑事诉讼横向构造应当接近于等腰三角形,为维护等腰三角形的稳固性,在制度层面,任何一方权力过度膨胀都需要由另外两方对其进行制约。在当前认罪认罚程序呈现出浓厚的"检察主导"色彩而非"控辩平等"的现实语境下,大体可通过两种途径实现对控方的制约:一种是在协商过程中以强化辩方力量来实现对控方的制约;另一种是通过法官对协商结果的审查实现外部制约。就前者而言,前文已述,可以从值班律师之身份定位、职能配置、诉讼权利等基本问题的规范建构上寻求突破。就后者而言,可以考虑在控辩协商过程中引入一个中立角色,用以保障认罪认罚程序的"平等型"指向,继而实现协商的实质性。从比较法的角度来看,英美法系国家和地区协商之主体为检察官与被告,法官并不直接与被告人协商,仅保留形式审查权,对控辩之间的合意通常不加干预;大陆法系国家和地区法官保留实质审查权,法官参与量刑协商,有时协商甚至会越过检察官而直接发生于法官与律师之间。

---

① 方法论本为一种哲学概念,用以指代人们关于"世界是什么、怎么样"的根本观点。社会学研究中的方法论实乃一种以解决问题为目标的理论体系或系统,通常涉及对问题阶段、任务、工具、技巧的论述。方法论会对一系列具体的方法进行分析研究、系统总结并最终提出较为一般性的原则。

　　关于法官能否成为协商之主体存在争议。支持的观点认为:第一,量刑为法官独有职权,与其由检察官进行协商,不如直接由法官参与;第二,由法官参与协商可以给被告人带来明确的预期,因为被告人与检察官作出协商时,协商结果仍存在不被法官接受的可能;第三,法官参与协商能够对检察官的滥权行为构成制约,确保协商的公平性。否定的观点认为,第一,法官作为协商主体会加剧控辩之间的不平等,这种"既当运动员又当裁判员"的角色会使被告人担忧,即当其协商落空时法官是否会因自己认罪态度不好而加重刑罚;第二,法官参与协商会影响审判公正,协商落空时,法官于协商过程中知悉的被告人认罪事实可能会动摇后续审判的公正性,对法官的心证造成影响。① 以我国台湾地区为例,协商程序适用检察官声请制,其"声请权"专属于检察官,在案件提起公诉后第一审言词辩论终结前或简易判决处刑前,检察官得依申请或依职权向法官提出"审判外"之协商声请,协商活动的开展须经法官同意。可见,法官不但不得为协商之主体,亦不得参与协商程序,仅对协商之进行有知悉权。②

　　概括而言,我国认罪认罚的量刑协商过程排除了法官参与的可能性。一是量刑协商发生在审前阶段,且主要集中于审查起诉阶段,而我国刑事诉讼审前阶段并不存在完整的控辩审三方构造,法官无法参与,故我国的量刑协商在程序构造上采纳了英美法系国家和地区的做法,由控辩双方自行达成量刑协议,然后提交法官事后审查。③二是尽管认罪认罚可以发生在审判阶段,但依据《刑诉法解释》第356条之规定,人民法院可仅在听取控辩双方的意见后依法作出判决,不存在"协商"的过程。在当前认罪认罚从宽制度本身并未超脱职权主义诉讼模式的基本范畴,只是借由协商性诉讼模式的有益因素助力制度推行的现实语境下④,量刑协商过程中中立司法官角色的阙如会加深审前阶段业已存在的控辩失衡构造。是故,在当下刑事司法实践难以通过强化辩方力量,从"权利制约权力"路径对检察官单方主导量刑建议之现状进行改变的背景下,可以考虑的路径是,通过法官对协商结果进行审查这一外部视角进行制约。此外,如若对前述反对法官参与协商过程的观点进行概括,可发现其背后蕴含的是对法官参与协商会动摇审判中立的担忧。本书并不主张直接移植德国的"辩审协商"机制。理由在于,德国的刑事司法实践中仍然存在参与协商的法官是否应当

　　① 王兆鹏:《美国刑事诉讼法》,北京大学出版社2014年版,第768页。
　　② 王兆鹏:《刑事诉讼讲义》,元照出版有限公司2006年版,第516页。
　　③ 陈瑞华:《论量刑协商的性质和效力》,载《中外法学》2020年第5期。
　　④ 步洋洋、赵晏民:《回归原点:诉讼模式语义下的认罪认罚从宽》,载《中国刑警学院学报》2021年第2期。

回避的问题①,法官在合意的基础上很容易产生预断并有可能形成不客观的判断,这种危险尤其会出现在无法达成合意或者与"污点证人"就共同被告人的指控开展协商的情境中。② 如果直接移植"辩审协商"模式则永远无法摆脱对审判中立的质疑。在这一问题上,一向以德国立法为借鉴对象的我国台湾地区作出了部分改造,其刑事诉讼相关规范的条文规定"检察官得……经法院同意,就下列事项于审判外进行协商……"。该条文中有两个关键词值得关注,一为"检察官",二为"同意",这表明我国台湾地区并未完全继受德国"辩审协商"模式,协商的主体仍局限于检察官与被告人,至于为何规定协商之启动须经法官同意,原因仅在于使法院"知悉"有协商之进行,而非赋予法院得恣意拒绝当事人协商之权③,此种知悉权为后续司法审查协商程序预留了空间。具体而言,可以考虑设置侦查法官,由侦查法官介入审前阶段认罪认罚案件控辩协商过程,并对协商行为的自愿性、合法性要件进行监督。此外,在法院系统内部设置预审法庭,由侦查法官担任,明确区分侦查法官与庭审合议庭法官,避免身份混同,以防止庭前预断。④ 之所以作出上述建议,主要是考虑到我国刑事诉讼长期以来存在的案卷移送模式争鸣,其核心论点亦在于法官心证受到影响进而动摇审判公正的问题。笔者以为,可以借此契机,通过在认罪认罚案件中先行引入侦查法官制度,一并解决控辩协商程序对司法审查的现实需要以及案卷移送对庭审法官心证影响之问题。

第二,提升量刑建议之内在科学性。精准化的量刑建议需要控辩协商的方式形成,此一协商过程不仅受到刑事实体法与刑事程序法的严格约束,也需要遵守一定的量刑规则和量刑指引。以美国辩诉交易制度下的量刑协商为例,作为美国量刑委员会发布的官方文件之一,《量刑指南》⑤不仅是检察官提出个案量刑建议的主要依据,还是联邦法官量刑时的必要参考。"通过创设一种对审判法庭可能判处刑罚之清楚、确定的预期,量刑指南改变了辩诉交易的性质。那些不切实际的幻想——即使在庭审中败诉

---

① 〔德〕约阿希姆·赫尔曼:《协商性司法——德国刑事程序中的辩诉交易》,程雷译,载《中国刑事法杂志》2004 年第 2 期。

② 〔德〕维尔纳·薄逸克、萨比娜·斯沃博达:《德国刑事诉讼法教科书》,程捷译,北京大学出版社 2024 年版,第 398 页。

③ 王兆鹏:《刑事诉讼讲义》,元照出版有限公司 2006 年版,第 516 页。

④ 步洋洋:《我国刑事案卷移送制度的演变分析》,载《湖南社会科学》2016 年第 4 期。

⑤ 量刑指南运作的机理在于:根据犯罪的严重程度,对不同犯罪形成具体的量化指数体系,再根据认罪、坦白等影响量刑的因素调节犯罪严重程度指数,并与前科指数结合形成量刑表,用以确定最终的量刑区间。参见杨先德:《认罪认罚从宽量刑建议精准化的域外启示》,载《检察日报》2019 年 7 月 16 日,第 3 版。

仍然能获得量刑减让——已经破灭……即使《量刑指南》实际上并未加大答辩后与审判后量刑之间的差距,它只是使得这种差距在被告人的眼中更为明显,但其所带来的后果则是,更多的被告人将会愿意答辩有罪。"①

诚然,经过多年的探索和实践,我国法院系统已然形成了初具规模的量刑规范与量刑指导意见,基本实现了量刑公正语义下的"同案同判"。但是,这些既有的量刑规范与量刑指导意见却始终将着力点聚焦在常见犯罪之上,存在着未能关注认罪认罚情节之特殊性的现实尴尬。为提升精准化量刑建议的内在科学性,增进检察机关与人民法院在量刑方面的统一共识,进而增强人民法院对于检察机关精准化量刑建议的认可度。笔者认为,与认罪认罚案件相关的量刑指南或曰指导意见,应当在"两高"《量刑指导意见》的基础上形成,并以格外关注认罪认罚情节之特殊为基本规范内容。据此,笔者主张,在"两高三部"《认罪认罚指导意见》第 9 条②所设定的量刑指导规范框架之内进一步分析认罪认罚带来"从宽"减损的不同可能,协调国家立法强制性规范与司法机关自由裁量权之间的平衡关系,用以防范从宽处遇之僵化适用,避免以程序反制实体,以量刑反制定罪。

简言之,检察机关应当根据审判程序的不同选择与安排,以相对明确之具体刑点与相对模糊之量刑区间相结合的方法,通过"点面并存"的规范方式建构出从宽处遇幅度的基本轮廓。具体而言,面之划定当与不同主体、不同诉讼节点等因素相因应,其确认取决于量刑从宽幅度体系中点之上限与下限的范围厘定;而点之划定则以数字化和确定化为特征,其数值取决于定性分析与定量分析,主观因素评价与客观因素评定等多重因素,用以最大限度地增强量刑结果的确定性和可预知性,实现规范设计所承载的一般考量与特殊考量目标,契合量刑建议精准化的本源意涵。但是,需要指出的是,与定罪不同,量刑实属一项极具动态效应的司法活动,需要考量的因素很多,而这些因素亦处于不断地变化之中,因而需借助

---

① 〔美〕乔治·费希尔:《辩诉交易的胜利——美国辩诉交易史》,郭志媛译,中国政法大学出版社 2012 年版,第 228 229 页。

② "两高三部"《关于适用认罪认罚从宽制度的指导意见》第 9 条规定:"办理认罪认罚案件,应当区别认罪认罚的不同诉讼阶段、对查明案件事实的价值和意义、是否确有悔罪表现,以及罪行严重程度等,综合考量确定从宽的限度和幅度。在刑罚评价上,主动认罪优于被动认罪,早认罪优于晚认罪,彻底认罪优于不彻底认罪,稳定认罪优于不稳定认罪。认罪认罚的从宽幅度一般应当大于仅有坦白,或者虽认罪但不认罚的从宽幅度。对犯罪嫌疑人、被告人具有自首、坦白情节,同时认罪认罚的,应当在法定刑幅度内给予相对更大的从宽幅度。认罪认罚与自首、坦白不作重复评价。对罪行较轻、人身危险性较小的,特别是初犯、偶犯,从宽幅度可以大一些;罪行较重、人身危险性较大的,以及累犯、再犯,从宽幅度应当从严把握。"

数据整理与分析的方法在一个相对稳定的周期内对精准化量刑建议的作出作以分析、评判。从这个意义上说，精准化量刑建议之科学性的提升离不开探索检察"大数据"的具体应用，特别是大数据所具有的在量刑建议辅助、本地类案优先推送、量刑偏离度分析等方面的科技支撑。

大数据时代的"大数据"已经不仅仅是一种技术指代，其更是一种思维方式的代称，是人类发展与社会关系因应调整的一次全面审视。大数据正日益深刻地影响着各行各业的发展。[1] 以精准化量刑建议的形成、作出机制为例。通过采集分析系统的数据挖掘、比照、整理及分析，大数据的运用有助于实现量刑建议之因素评价由一次性、间断性向过程性、伴随性转变，有助于量刑建议的形成环节走出粗糙的经验主义泥淖，转而迈入精细的数据主义，进而为精准建议之确定、校准提供更为可信的依据及最优化参考。是故，一方面，最高人民检察院应当会同最高人民法院合力构建全国性的刑事司法数据库，对刑事数据作以多角度的分析，区分不同个案中适用量刑建议的案件情节、犯罪构成、行为后果等因素，对类案进行类型化的整理，形成类案的量刑分析报告，明确量刑浮动的量化指标；另一方面，地方检察机关在个案的处理中则应当借助预置的精准量刑建议公式对此前形成的量刑分析报告进行审慎计算，得出特定案件下的确定刑量刑建议，并以此为基础进行量刑证据开示与量刑说理，以对确定量刑建议作出偏离度的分析及校准。[2]

第三，明定量刑建议之全面说理性。"就我们的行为给出理由是使他人相信我们行为正确的一种方式。"[3]在认罪认罚从宽制度的实践运行维度中，量刑说理的义务已由审判阶段提前至审前阶段，由传统的法院独担转变为当下的检法共担。因此，如何保证辩方充分了解精准化量刑建议的形成机理与内在逻辑，并为人民法院审查、判断精准化量刑建议之合法性、适当性提供依据，消解检法两家之量刑建议分歧，就成为此一改革议题能否存续和发展的关键因素之一。在笔者看来，精准化量刑建议之合意形成与效力固化的路径顺通一方面有赖于制定前述的旨在针对认罪认罚案件的特殊性所专门设定的量刑指导规范，另一方面则有赖于确立检法两家对于精准化量刑建议的沟通协调，特别是建立健全围绕精准化量刑建议之形成、采纳与否的全面说理机制。

---

① 参见冯果:《大数据时代的法学教育及其变革》，载《法学教育研究》2018年第2期。
② 参见李赫男、刘博闻:《运用大数据提升认罪认罚案件量刑建议的精准度》，载《人民检察》2018年第9期。
③ 〔英〕威廉·韦德:《行政法》，徐炳等译，中国大百科全书出版社1997年版，第192页。

受制于我国刑事司法长久以来所形成的"重定罪、轻量刑"思想,量刑说理在我国当下的刑事司法实践中呈现出极为明显的程式化特征,不仅用语概括、模糊、千篇一律,未能体现个案特征,还普遍折射出顾定罪说理,失量刑说理;顾主刑说理,失附加刑说理;顾实刑说理,失缓刑说理的多重镜像。为促使检察机关将其所提精准化量刑建议之法律依据与事实依据,精准化量刑建议之形成过程,以及作出此一建议之特定理由予以展示说明,促使刑事法官就其不采纳精准化量刑建议之心证理由予以论证阐释,刑事立法与刑事司法亟待明定认罪认罚案件中量刑建议之形成、采纳与否的全面说理机制。立足于域外法治国家和地区的有益经验以及我国刑事立法与司法的现实状况,笔者认为,我国当下认罪认罚案件中量刑建议之形成、采纳与否的全面说理机制应该着力围绕如下几个方面的内容展开:

首先,应当在结构布局上凸显量刑说理①的独立性与条理性,改变当下定罪说理与量刑说理杂糅的实践现状,分别在量刑建议与裁判文书的结构布局中明确量刑说理的体例设定与框架性要求。其次,应当在说理表达上确保所用语言的全面性与平实性,摒弃原有的以"认罪态度较好""具有较大的主观恶性"为代表的程式化、模糊化语言范例,突出司法案件的个案特性。再次,应当在量刑建议与量刑裁判结论的证成部分强化论理的逻辑性与可靠性。在以三段论的推理方式向公众全面展示司法工作人员之思维方式和论断过程的同时,强化对于构成大前提之量刑规范与构成小前提之量刑事实的验证说明,从而廓清论证与说理的内在逻辑关系。② 最后,应当从认罪案件所具有的特殊性出发,在量刑建议与裁判文书中详尽载明个案量刑建议形成之具体计算方法、从宽限度与从宽幅度之考量、确定因素,细化对于"认罪""认罚""从宽"情节之单独评价,以及"从宽"幅度把握的论理说明。

---

① 这里的量刑说理既包括检察机关所提量刑建议的形成说理,也包括法院对于量刑建议采纳与否,即量刑裁判的说理。
② 董漾、葛伟科、董娟娟:《刑事判决书中的量刑说理实证考察及建议》,载《行政与法》2015年第 8 期。

第三章 诉讼模式论下的认罪案件
庭审证据调查

　　建立在诉讼架构基础之上的刑事诉讼制度实乃诉讼模式的逻辑基础。作为一项体现控辩审三方在刑事诉讼中的地位及三者之间关系的价值体系,诉讼模式始终处于动态发展的过程中。正如汪海燕教授所言:"从宏观上看,她从非理性走向理性,从野蛮走向文明;从微观上看,不同的国家总在寻求一种适合于自己、适合于发展需要的刑事诉讼制度。"①诉讼模式概念项下派生出"模式论"的研究方法,此一方法不仅能够揭示事物内部各要素及其相互间的复杂关系,形成一种具有较强说服力的法律分析体系,还能解决刑事诉讼制度与程序于司法实践运行过程中产生的适用疑义,进而助力中国式刑事诉讼法治现代化的时代转型。因而,从某种程度上说,诉讼模式深刻影响着刑事司法制度的变革,涉及诉讼结构、控诉方式、辩护方式、审理模式和方法等多重向度。②认罪案件庭审证据调查方式的形塑即为诉讼模式语义下的特定产物之一。同其他若干刑事诉讼制度一般,刑事庭审证据调查方式承载着公正、效率、秩序、和谐等价值,旨在通过不断地演进发展或程序建构实现多元诉讼价值的衡平。从这个意义上来讲,诉讼模式论视角的运用似乎能为认罪案件庭审证据调查方式的研究提供一条有益的适用路径。

第一节 刑事诉讼模式的基本范畴

一、刑事诉讼模式理论的演进

　　所谓模式,意指事物的标准样式,即要素的有机组合及事物运行的动态特征所体现的结构与功能样态。模式主要被用于集中反映系统内部诸要素及其相互作用以形成对事物原型本质特征的概括总结。此一概念自

---

① 汪海燕:《刑事诉讼模式的演进》,中国人民公安大学出版社 2004 年版,第 1 页。
② 参见樊崇义:《刑事诉讼模式的转型——评〈关于适用认罪认罚从宽制度的指导意见〉》,载《中国法律评论》2019 年第 6 期。

创造伊始便被不断创新和演绎,并逐步生成一种"模式化"的分析方法。作为形式逻辑的产物,"模式化"系归纳法与类比法的综合运用。当我们说某一系统结构或某一事物形成某种模式时,往往是相对于另一同类模式下的要素而言的。当两种系统结构或构成事物之要素具有不同甚至截然相反的特征时,我们即将其归入不同的模式。质言之,"模式化"是研究者在设定某种参照物的前提之下,对某些事物所作的一种类型化研究。

在社会科学的分支法学学科项下,"模式化"的研究范式历来为刑事诉讼法学者所青睐。刑事诉讼模式的研究肇始于美国学者赫伯特·帕克。1963 年,帕克发表的《刑事诉讼的两种模式》一文给当时比较沉闷的学术界打入一剂强心针,引发了学界关于刑事诉讼模式的激烈讨论。为诠释刑事司法制度的走向,帕克对刑事诉讼中存在竞争关系的两种独立价值体系进行了抽象和概括,提出了两种刑事诉讼模式理论,即以社会控制与防卫为核心的犯罪控制模式和以个人权利为主轴的正当程序模式,拉开了西方刑事诉讼理论对于刑事诉讼模式研究的帷幕。在美国学者看来,对于刑事诉讼模式和制度建构的讨论范围远远大于刑事法律本身,甚至超出了法律制度的内涵与外延。一方面,诉讼模式关乎社会控制问题,决定了一个社会用何种方式对待社会越轨、权利纠纷;另一方面,诉讼模式亦涉及个人与国家的总体关系,决定着当国家权力和个人权利发生冲突时,如何划定出国家权力行使之界限与个人权利保护之底线。[①] 不仅如此,刑事诉讼模式的研究还具有重要的方法论价值。在"模式化"的分析视角下,人们对于刑事诉讼程序的观察视角有别于过去,不再将所有诉讼主体的权利、义务、责任以及诉讼环节纳入分析视野,也不再过分关注诉讼程序的细枝末节,而是真正从纯粹的"诉讼"角度,将控诉、辩护、审判三方主体的地位关系作为分析的重心,将三方主体的法律关系作为诉讼程序的整体框架,进而搭建刑事诉讼法学研究体系中连接抽象理论与具体制度的桥梁。

一、刑事诉讼模式的判断标准

在概括历史和当今世界各国存续的诉讼模式的类型归属时,学者们依据不同的标准、从不同的角度可以作出不同的界定和划分。这些不同的类型划分,有的是以刑事诉讼程序所体现的价值目标为基点,有的是以刑事诉讼程序所体现的伦理精神或文化观念为依据,有的则是根据刑事诉讼程

---

① 〔美〕虞平、郭志媛编译:《争鸣与思辨:刑事诉讼模式经典论文选译》,北京大学出版社 2013 年版,导言。

序的表现形态或推进方式作出归纳和概括。① 应当说,这些从不同视角对刑事诉讼模式作出的类型划分,因其直接体现了刑事诉讼模式的主要功能和价值目标,直接揭示出不同诉讼模式于构造上的典型区别,故在理论层面具有一定的正当性与合理性。

在笔者看来,模式归属的判断并不局限于规范目的与规范体系的周延、融洽,更是明晰制度本体内涵的重要方法,以在不断的反思与对照中借由模型归纳形成对制度本体更为清晰和成熟的认识。具体到认罪认罚从宽制度之下,此一制度的模式判断方法在于抽象出一种具有本质意义的判断标准,并以此为基础将其归入特定的诉讼模式之中,从而形塑制度基础、证析制度规范、省思制度实践。在明确认罪认罚从宽制度的模式归属后,我们便不得不思考这样的一个问题:究竟是哪些要素影响或决定认罪认罚从宽制度的模式类型,揭示出不同模式之间的核心差异,进而抽象、概括出此一制度所属诉讼模式的本质特征。其实,对于这一问题,我们可以用比较法的视角予以审视。例如,基于两大法系国家在其历史发展过程中所秉持的法律文化传统,以及各自程序之下发现诉讼真实的不同方式方法,西方学者将两大法系国家的刑事诉讼模式划分为职权主义诉讼模式与当事人主义诉讼模式两种。笔者拟沿着此一划分思路归纳、概括出诉讼模式归属的核心判断标准。

从刑事诉讼历史发展的角度来看,刑事诉讼在纵向上经历了由弹劾式诉讼模式到纠问式诉讼模式,再到现代控辩式诉讼模式的演变历程。囿于特定时空的政治、经济与文化影响,刑事诉讼模式的更迭呈现出一种与历史紧密相联的规律特征。尽管刑事诉讼模式的转型受制于模式外部的诸多因素,但应然层面的本土性却发挥着稳定的、实质的决定影响,深刻形塑着不同模式下诉讼权利、诉讼义务及制度建构的走向。在笔者看来,能够将不同的刑事诉讼模式区别开来的核心要素主要有以下三种:

第一,诉讼模式的历史来源。作为一国法律制度的重要组成部分,刑事诉讼模式在不同的国家和地区有着不同的历史来源和演变状况,其在很大程度上受制于本土法律制度所属的法律体系特征。一方面,属于同一模式的刑事诉讼程序往往在其形成伊始即具有较为相似或相同的历史渊源,或者彼此之间发生过较为明显的相互吸收和借鉴,且这些刑事诉讼程

---

① 国内学者关于诉讼模式的探讨具体参见:李心鉴:《刑事诉讼构造论》,中国政法大学出版社 1992 年版;龙宗智:《相对合理主义》,中国政法大学出版社 1999 年版;汪海燕:《刑事诉讼模式的演进》,中国人民公安大学出版社 2004 年版;陈瑞华:《刑事诉讼的前沿问题》(第 5 版)(上下册),中国人民大学出版社 2016 年版;等等。

序分别隶属的法律制度在本质上又属于同一法律体系。① 例如,从历史渊源上看,大陆法系国家所确立的职权主义诉讼模式便是从封建社会纠问式诉讼模式演变发展而来的,此一模式可以追溯到罗马帝国的最后一段时期,后于中世纪时在欧洲大陆各国形成;英美两国的刑事诉讼模式则由于历史原因,在发端之际即有着共同的历史渊源,来源于英国中世纪所实行的弹劾式诉讼模式。也正因如此,学界将英美两国的刑事诉讼归属于同一模式类型,并将其刑事法律制度作为英美法系国家刑事法律制度的典例。另一方面,不同模式下的刑事诉讼程序往往在其形成之初即具有截然不同的历史渊源,因而在长期的演变过程中形成各具特色的程序样式。例如,作为大陆法系国家代表的法国与作为英美法系国家代表的英国,虽从地缘层面来讲同属欧洲大陆国家,但前者受罗马法传统的影响较大,在教会诉讼形式的深刻影响下以及王权加强的时代背景下,其刑事诉讼模式势必走向纠问式的道路以加强中央集权。与之相对,几乎未受到罗马法影响的英国,其封建王权长久以来就较其他欧陆国家更为强大,在"国王在法律之下"的传统观念,以及权力必须受到制约的法文化传统的综合影响下,普通法的传统在英国得以保留并有所发展。

第二,诉讼模式的法文化传统。诚然,每一种诉讼模式的形成都是多种因素所共同作用的结果,可以被归因于多种影响要素。然而,作为特定社会解决特定社会冲突的方式和手段之一,刑事诉讼模式从根本上来讲属于该特定社会的文化产物。社会文化之下,那些具有支配和制约作用的传统价值观念及法文化传统实然构成特定刑事诉讼模式的核心影响要素。伴随着刑事诉讼程序的不断完善和发展,作为特定诉讼模式之规范性基础的原则、规则以及作为其运作载体的具体诉讼制度可能会有所增减或删改,刑事诉讼模式的具体运作方式亦可能会有所变化,但是那些潜藏在诉讼模式背后的基础性理念构成刑事诉讼模式赖以存在之基础,对其施加决定性影响的传统价值观念和法律文化传统却带有较为明显的稳定性、持久性和延续性。在这些"形而上"的价值观念和文化传统的作用下,特定刑事诉讼程序的基本特征得以长期保持,并与同一诉讼模式下的其他刑事诉讼程序在运作方式和价值目标追求等方面呈现出或隐或显的、基本相同的特征趋向。从这个意义上讲,某两种刑事诉讼程序之所以可以被归入不同的刑事诉讼模式,不仅源于此两种刑事诉讼程序表面上的不同特征,更在于其背后所承载的迥然不同的价值观念和诉讼传统理念。以英美法系国

---

① 参见陈瑞华:《刑事审判原理论》(第 2 版),北京大学出版社 2003 年版,第 266 页。

家的对抗式诉讼模式为例。对抗式诉讼模式深深根植于英美法系国家社会文化中的对抗因素,不仅与其对抗性文化相契合,更是其对抗性文化的典型体现。诚如日本学者枝川公一所说:"美国人十分重视对立和对抗,并把其作为生活中不可或缺的一部分……" ①英美刑事诉讼中的对抗式模式显然是与其社会文化中的对抗性相适应的。而在大陆法系国家,为了获得安全感,民众更愿意以让渡部分权利和自由作为代价。依赖国家权力的保护、重视安全感是大陆法系国家中普遍存在的一种社会心理和国民性格。因此,当国家安全与个人自由处于紧张关系时,那种符合国家整体安全观念的路径选择便更为契合大陆法系国家之民众"为了安全而可以忍受公权干预"的价值倾向 ,对于公共安全的偏向与生活安定的重视即成为大陆法系国家所普遍遵循的法律准则。②

第三,诉讼模式的权力(权利)配置。从某种意义上来讲,诉讼模式下的权力(权利)配置不仅是对刑事诉讼程序之本质特征进行抽象、概括时所要考虑的核心因素,而且构成刑事诉讼模式类型划分与归属判断的最主要依据。通过分析控、辩、审三方在刑事诉讼进程中的诉讼控制权分配状况,不仅有助于我们抽象和概括出某一刑事诉讼模式在建构和运作层面的本质特征,而且有助于我们对不同诉讼模式下控、辩、审三方主体在诉讼控制权分配方面所发挥的实际功用作出比较分析。概括而言,诉讼控制权的分配情况侧重于从司法权行使的角度对控、辩、审三方在刑事诉讼进程中的地位和影响程度进行分析,即在刑事诉讼的进程之中,法官是积极调查事实还是消极听审,司法权的行使是属于权力行使型还是权力抑制型,具体的诉讼活动主要是由控辩双方的当事人推进还是由法官职权操作,程序控制方面属于当事人主动型还是法官主动型。

第二节　认罪认罚从宽制度之诉讼模式归属论

自认罪认罚从宽制度创设以来,学界围绕此一制度的本体价值及相关配套制度的应然向度展开了激烈的讨论。例如,认罪认罚从宽制度项下的量刑建议是否具有强制约束力,量刑建议是否应为确定刑;被告人是否有权提起量刑异议型上诉,被告人行使上诉权是否可被认定为虚假悔罪等。应当说,学界对于认罪认罚从宽制度的应然与实然、缘何与该当并未形成

---

① 〔日〕枝川公一:《罪与罚——现代美国犯罪面面观》,宁燕平等译,海南出版社 1997 年版,第 4 页。

② 龙宗智:《相对合理主义》,中国政法大学出版社 1999 年版,第 60 页。

一致的意见,一定程度上掣肘此一制度的推行、完善与发展。而在认罪认罚从宽制度项下的量刑建议是否具有强制约束力,量刑建议是否应为确定刑,被告人是否有权提起量刑异议型上诉,被告人行使上诉权是否可被认定为虚假悔罪等问题的判断上,学界的观点却始终未能达成一致,一定程度上掣肘此一制度的推行、完善与发展。笔者认为,立足于认罪认罚从宽制度已然全面推行的现实语境,为回应此一制度项下的诸多疑义,学术层面当审慎且全面地审视与证成认罪认罚从宽制度的本体论,即诉讼模式的归属议题,用以回归问题原点,廓清制度的来路与初衷。

作为一种对事物原型本质特予以高度概括总结的研究方法,诉讼模式理论有助于进一步揭示制度内部诸要素及其相互作用,进而形成一种一以贯之、具有高度解释信度和效度的理论体系。相应地,以刑事诉讼模式理论为视角,回归认罪认罚从宽制度的基本原点,不仅具有方法论层面的实用功能,而且可以助力于此一制度于规范与实践层面的争点解决或曰疑义回应。基于此,笔者将以认罪认罚从宽制度的模式归属为研究对象,提出区分不同诉讼模式的判断标准,进而对我国认罪认罚从宽制度的模式归属应当为何,其是否已经超出职权主义诉讼模式的本质特征,是否因控辩交互而可被划归为协商性诉讼模式等核心问题作出客观评断。

一、认罪认罚从宽制度模式的归属论争

若国家干预与人权保障的动态平衡是多元化刑事诉讼模式形成的理论因由,认罪认罚从宽制度则因更为多元化的逻辑取向而呈现出更为特殊的模型样态特征。认罪认罚从宽制度之下,量刑建议的形成机制与量刑建议的采纳机制分别涉及控辩双方、控审双方的关系,同时还要兼及与被告人权利保障原则、法官中立原则与控审分立原则的协调。建立在此种主体关系更为复杂、审前程序与审判程序联结、统筹要义更为凸显的特征之上,"当事人主义"与"职权主义"的传统二分法已然无法全面、准确地表述出认罪认罚从宽制度的模式归属与模式特征。基于此,学界就认罪认罚从宽制度的模式归属问题形成了两种立场鲜明的观点。

其一,以控辩平等为构建基础的协商模式。理想层面的协商模式是指,在认罪认罚具结书的形成过程中控辩双方能够就定罪量刑、程序适用等问题形成具有交互理性的合意基础,审判机关则基于对控辩合意的尊重在法律规定的范围内最大限度地采纳量刑建议。有学者认为,基于"合作性司法"的发展脉络,我国当下的刑事诉讼制度已然从"最低限度的合作"

"和解性的私力合作"逐渐归纳演绎出"协商性的公力合作"的新型诉讼模式。① 此种模式强调检察机关与被追诉方之间的平等对话与平等协商,借由诉讼利益交换放弃原本对立的控辩冲突立场,实现双方在诉讼程序与诉讼结果方面的某种期许或共赢。基于这种理论愿景,学界普遍认为应当强化认罪协商过程中对于犯罪嫌疑人、被告人的辩护权保障,保证控辩协商的实质平等性,从而使辩方在定罪量刑等问题上的"内心真意"能够最大限度地反映在量刑建议之上。是故,适当削弱检察机关在整个协商程序中的决定权,同时加强被追诉人的权利保障,为协商理念的实现奠定制度基础,即成为以控辩平等为构建基础的协商模式的应有之义。②

其二,以权力主导为构建基础的听取意见模式。理想层面的听取意见模式是指,认罪认罚具结书的形成过程以检察机关单方推进为主导,检察机关立足既有规范体系对案件予以审查并形成量刑建议,且仅仅听取被追诉人"要么接受要么放弃"的意见,控辩双方不宜也不会有实质性的对话与协商。换言之,基于"权力信赖"的司法逻辑,被告人就程序适用所提出的有关意见,检察机关仅具听取义务,但其是否能够影响甚至改变检察机关的预定结论,最终还需依靠检察机关依据事实与法律的审查决定。就这一点而言,将以职权单方推进为主导、以听取被追诉人意见为补充的认罪认罚从宽制度归属于听取意见模式似乎更为准确和妥当。基于这种理论愿景,有效预防检察权力的失范风险,对检察机关和审判机关的权能行使作出调整与平衡即成为模式优化的首要选择。是故,理性规制司法机关的职权运行,提升多元主体在意见形成过程中的参与程度,纾解意见听取过程存在的形式化、行政化、单方化问题,即成为以权力主导为构建基础的听取意见模式的该当议题。

二、认罪认罚从宽制度模式归属的价值功用

当前诉讼模式的转型是我国刑事司法制度的一次深层改革,甚至是一场推动人们观念、认识转变的"革命"。③ 从某种程度上讲,认罪认罚从宽制度的立法确立实属对于我国传统刑事诉讼模式的突破,集中体现在认罪认罚案件同传统不认罪案件于控、辩、审等诸多方面的不同之上。认罪

---

① 杜磊:《认罪认罚从宽制度适用中的职权性逻辑和协商性逻辑》,载《中国法学》2020 年第 4 期。
② 闫召华:《听取意见式司法的理性建构——以认罪认罚从宽制度为中心》,载《法制与社会发展》2019 年第 4 期。
③ 樊崇义:《认罪认罚从宽协商程序的独立地位与保障机制》,载《国家检察官学院学报》2018 年第 1 期。

认罚从宽制度的模式归属,不仅直接影响认罪认罚从宽制度的建构基础,而且涵摄制度体系下不同程序主体间的自洽性。

第一,模式廓清对形塑认罪认罚从宽制度的基础作用。立法者总是为实现特定的刑事诉讼目的而设计刑事诉讼程序与刑事诉讼制度,纷繁复杂的法律规则亦在一定程度上反映出立法者的目的意愿:一方面,诉讼目的在惩罚犯罪与保障人权上的倾向选择,直接决定着认罪认罚从宽制度的模式归属及其制度项下具体程序和具体规则的规范设计;另一方面,刑事诉讼目的的确定和实现,亦在一定程度上受制于建立在认罪认罚从宽制度模式归属基础上的程序与规则设定,制度项下各类主体的行为边界与行为后果借由特定的程序和规则划定。具言之,以我国当前的刑事诉讼模式为基础,在原有诉讼原则、程序分类及当事人权利等内容保持基本不变的前提下,通过模式廓清保证法的稳定性,并实现制度本身对于公正与效率价值的衡平追求。① 如果认罪认罚从宽制度的根本目的仍为矫正正义,通过一种较为简化的程序来实现完满的实体正义,那么便应当适度削弱此一程序机制的协商属性,弱化控辩双方之间的裁量正义与交往理性;反之,如果认罪认罚从宽制度的根本目的在于分配正义,强调控辩双方就某些程序事项甚至实体事项的协商、妥协,用以形成控、辩、审三方互利共赢的诉讼格局,那么现行制度规范下对于司法权,特别是对检察权之能动性的过分强化便不再具有合目的性。

第二,模式省思对建构认罪认罚从宽制度体系的涵摄功能。在刑事诉讼模式的内涵与相关概念的理解和使用上,国内外学者的看法并不统一。日本学者以及我国部分学者习惯将其称为"刑事诉讼构造",有时亦称为"诉讼结构""诉讼形式""诉讼模式"或"审判模式"。相较而言,诉讼构造和诉讼结构研究的侧重点在于从静态层面去探讨刑事诉讼中各项权力之间以及权力和权利之间的配置及相互关系,而诉讼模式和审判模式研究的侧重点则在于从动态层面抽象、概括出各类基本模式的共同特征,并对各种同类模式进行较为深入的比较分析。在笔者看来,内涵理解与概念使用上的不一致恰恰能够进一步揭示出模式研究对于形成一种一以贯之、逻辑一致的规范体系的重要意义。笔者以诉讼模式论为视角回归问题原点,证成认罪认罚从宽制度的模式归属,对于体系化、统括性地把握制度内涵具有一定的学术价值、实践功用以及方法论意义。不同诉讼模式的划分,或采取主体—权责—关系的分析着眼点,或立足于刑事司法目标优位的不

---

① 参见琚明亮:《认罪认罚从宽的内涵、功能与原则》,载《中国刑警学院学报》2018 年第 5 期。

同,但均具有抽象性、动态性以及概括性等特点,且或多或少关涉规范体系内部所蕴含的固有价值及其差异。出于不同的价值要求,即应当选择不同的诉讼结构,或在诉讼结构组合中选择设定不同的结构要素配置比例,进而识别与标准模式不相符合的规范内容,通过法解释学等方法作出修正或完善。

第三,模式回正对证析认罪认罚从宽制度规范教义的适用意义。认罪认罚从宽制度的模式归属由控、辩、审三方主体在认罪认罚程序中的法律地位及其相互关系构成,并通过诉讼程序、诉讼制度以及诉讼规则确立的规范体现出来。认罪认罚从宽制度的不同模式归属,在根本上决定了制度规范运行与具体程序改革的不同逻辑走向。在将认罪认罚从宽制度归属于协商性诉讼模式的假定前提下,认罪认罚从宽制度即成为一套独立的诉讼程序,应有别于我国传统意义上的职权主义诉讼模式,传统的诉讼理念、原则和规则亦须作出相应的结构性变革。协商性诉讼模式之下,控辩双方均可主动发起协商动议,被追诉人的认罪认罚仅仅是协议的必要内容,并非协商的前提条件。认罪认罚具结书作为固化控辩审前协议合意的司法文本,亦应当在利益期许的实现方面具有确定性。而在认罪认罚从宽制度仍然归属于职权主义诉讼模式的假定前提下,此一制度便仅仅是对我国传统诉讼理念与诉讼模式的时代改造和适度调整,并未在根本上改变控、辩、审三方主体的基本构造同权力(权利)配置。职权主义诉讼模式之下,被追诉人被科以先行认罪认罚的前置义务,主动认罪认罚构成此一制度能够适用的基本前提,被追诉人的程序启动申请与制度适用之间具有明显的或然性关系。不仅如此,职权主义模式之下,认罪认罚具结书的内容确定并不依赖于实质意义上的控辩协商,检察机关至多以听取意见的方式方法了解被追诉人的利益诉求,除了选择同意或者不同意,被追诉人似乎别无他法,认罪认罚从宽在一定程度上被打上了司法机关对于认罪被追诉人之"施与"或曰"宽宥"的色彩。

三、我国认罪认罚从宽制度模式归属的判断界定

作为一种建立在利益兼得基础上的制度调整,认罪认罚从宽制度在一定程度上打破了现行刑事司法对于各方利益实现的"瓶颈效应",使得诉讼双方,包括加害方与被害方原本相互冲突对立的诉讼立场与诉讼利益出现了契合一致的可能性,因而呈现出协商性诉讼模式的某些基本要素特征。尽管如此,在笔者看来,建立在前述能够将特定诉讼模式区别开来的三种核心要素的论理基点之上,我国当下的认罪认罚从宽制度其实并未超

越职权主义诉讼模式的语义范畴,此一制度仍以职权因素与权力信赖为底色,只是以适度、合理吸收协商性诉讼模式之有益因素的方式助力制度推行的改良优化。

第一,从历史来源上来看,我国当下的认罪认罚从宽制度并非对于域外制度的移植,而是源自本土司法实践的内在需求。认罪认罚从宽制度的核心基础即在于被追诉者因认罪认罚而昭示出较好的悔罪态度,基于特殊预防意义上相对较弱的人身危险性和处罚必要性而对其施以相应降低的从宽处罚。① 此一理念源于刑事实体法上的刑罚个别化理念与宽严相济的刑事政策,系对我国传统刑事实体法中坦白、自首等实体从宽要义的承继与发展。在我国,借由程序从宽实现诉讼经济的考量其实并不构成认罪认罚从宽制度的正当性基础,此一制度于我国已然体现出较高程度的经济性与简洁性。② 与之不同,作为协商性诉讼模式的典例之一,美国的辩诉交易制度则带有明显的以诉讼效率提升为导向的创设目的,此一制度在实务层面对于司法效率的追求胜过对于法治原则的遵守,在制度基础与制度目的方面同我国当下的认罪认罚从宽制度产生实质分野。③ 而就我国当下的司法转型而言,认罪认罚从宽制度所呈现的合作要素不仅可以追溯至中国古代儒家所倡导的"和合文化",更是当下"构建和谐社会"之价值导向的刑事司法缩影,此一制度形成所需要的立法、司法和社会基础实际上源于我国本土。

第二,在法文化传统方面,认罪认罚从宽的制度设计延续了我国传统意义上的威权式诉讼文化。所谓威权式诉讼文化,指在刑事诉讼的进程中对于公权力之权威性与主导性的倚重,此一文化传统实与作为我国组织制度之一的民主集中制一脉相承。具体到认罪认罚从宽制度之下,制度运行所需要的听取犯罪嫌疑人、被告人、被害人等多方意见是汲取民意,即"民主"的重要途径,而司法权在此一程序启动、推进方面的主导作用则是"集中"的主要反映。依据现行《刑事诉讼法》的规定,检察机关应当就从宽处罚的建议、认罪认罚后案件审理适用的程序等事项听取犯罪嫌疑人、辩护人或者值班律师、被害人及其诉讼代理人的意见。④ 而根据规范意旨,犯

---

① 左卫民:《认罪认罚何以从宽:误区与正解——反思效率优先的改革主张》,载《法学研究》2017 年第 3 期。

② 左卫民:《刑事诉讼的经济分析》,载《法学研究》2005 年第 4 期。

③ 向燕:《我国认罪认罚从宽制度的两难困境及其破解》,载《法制与社会发展》2018 年第 4 期。

④ 《刑事诉讼法》第 173 条第 2 款规定:"犯罪嫌疑人认罪认罚的,人民检察院应当告知其享有的诉讼权利和认罪认罚的法律规定,听取犯罪嫌疑人、辩护人或者值班律师、被害人及其诉讼代理人对下列事项的意见,并记录在案……"

罪嫌疑人、辩护人或者值班律师、被害人及其诉讼代理人的意见仅为一种参考,认罪认罚从宽制度下各类事项的决定权仍在司法机关,由此形成一种了以"民主"方式听取加害方与被害方意见,再由检察机关"集中"决定程序及实体事项的制度运行机制。

第三,基于权力(权利)配置要素的分析,认罪认罚从宽制度呈现出较为明显的职权主导特征。一方面,检察机关独享认罪认罚从宽制度的启动权。犯罪嫌疑人及其辩护人、值班律师主动申请量刑协商并非认罪认罚制度启动的必要条件,犯罪嫌疑人需以主动认罪认罚的实际行动而非单纯的启动申请取得检察机关对其是否适用此一制度的意见考量。另一方面,制度运行所要求的"意见听取"具有单方性,是否听取、何时何地听取、如何听取、听取什么意见内容完全取决于检察机关。① 此种"听取意见"并非协商性诉讼模式下控辩双方的"交互协商",相应地,辩方的量刑主张也并不具有变更认罪认罚具结书的法律效果,被追诉人仅能选择"接受"或者"不接受"来影响认罪认罚从宽程序的具体适用。更为重要的是,作为承载控辩合意,强化犯罪嫌疑人、被告人认罪悔罪态度的特定载体,认罪认罚具结书亦以其格式化的文书属性昭示出强烈的行政性与检察主导性。实践中,认罪认罚具结书的内容、条款均由检察机关事先制作,被追诉人只需在适用认罪认罚从宽制度之时签字确认即可。

应当说,因应诉讼模式之历史来源、法文化传统以及权力(权利)配置等诸多要素的考量,我国的诉讼模式与大陆法系国家和地区存在实然层面的相似性。

而作为内生于我国本土的认罪认罚从宽制度,其本身并未超脱职权主义诉讼模式的基本范畴,只是借由协商性诉讼模式的有益因素助力制度推行而已。

四、我国认罪认罚从宽制度所属模式的正当性证成

我国现行刑事诉讼制度体系带有明显的混合色彩。此种制度体系属刑事诉讼"第三范式"②,是在我国职权主义诉讼模式的基础上,吸收、借鉴当事人主义诉讼模式的合理因素而形成的。尽管经过一系列的制度发展,此一制度体系下的制度、程序、规范不断完善,但其所呈现出的问题却

---

① 马静华、李科:《新刑事诉讼法背景下认罪认罚从宽的程序模式》,载《四川大学学报(哲学社会科学版)》2019 年第 2 期。

② 资产阶级改革之后所形成的以法德为代表的职权主义诉讼模式和以英美为代表的当事人主义诉讼模式共同构成刑事诉讼的"第三范式"。参见熊秋红:《比较法视野下的认罪认罚从宽制度——兼论刑事诉讼"第四范式"》,载《比较法研究》2019 年第 5 期。

依然多元且明显。在审判中心的诉讼制度改革未竟、侦查中心的弊端尚未革除的现实语境下,刑事立法与刑事司法试图借由认罪认罚从宽的制度建构直接迈向刑事诉讼"第四范式"的努力势必带来现代性与后现代性的瓶颈交织,以及背离公正原则的潜在风险。笔者认为,在刑事诉讼由形式法治到实质法治的迈进过程中,学界对于刑事诉讼模式的研究尚需在学理深度、实务省察与规范完善等方面持续推进。而在以协商性诉讼模式全然取代职权主义诉讼模式并非更优选择的前提下,以职权主义为基础,兼采协商因素的模式归属界定不仅具有理论和实践层面的双重意义,同时为本书回归原点式的分析方法提供了一种崭新的思路与契机。

　　首先,作为一种新兴的刑事诉讼制度,认罪认罚从宽制度所欲追求的是社会冲突的及时化解与社会关系的有效修复,从而在提高诉讼效率的同时,实现实体正义和程序正义之外的第三种价值,即社会和谐。在笔者看来,和谐价值的实现不宜直接突破既有的刑事诉讼模式框架,否则部分让渡犯罪嫌疑人、被告人对量刑建议内容的商定权或将造成合意事实违反客观真相而衍生错案风险,或将带来量刑议题的有失公允。以职权主义为底色的认罪认罚从宽制度尚未超出刑事司法对于实质正义的价值认同,制度之下借由层层把关的科层式官僚体制不断限缩司法官员的自由裁量,以认罪自愿性、真实性与合法性为内容的庭审实质审查更对司法官员科以严格的办案注意义务。

　　其次,规范体系与司法适用的相互交错推进刑事诉讼范式的自我进化,赋予诉讼参与人融入裁判结论的法律意义。注重并识别诉讼参与人对涉案事项的不同意见,不仅能够为封闭的司法决策系统注入民主智识,更为迈向刑事诉讼的"第四范式"奠定了坚实基础。在权力主导的逻辑前提下,一种追求共识性正义的理念正在驱动职权主义诉讼模式的时代转型。相较于传统的将犯罪视为个人侵犯社会整体利益的"社会危害"行为,坚持国家追诉主义和实体真实理念的传统刑事诉讼模式,认罪认罚从宽制度所具有的协商因素强调诉讼主体间的合作精神与合作理念,寻找程序主体间的共识而非争议,在协同共治中实现刑事纠纷的正当解决,从而颠覆了对抗性理念一统刑事诉讼的传统格局。[①]

　　再次,我国刑事诉讼制度历来秉持公正优先、兼顾效率的价值位阶原则,认罪认罚从宽制度的职权主义模式归属恰如其分地为这两项价值的衡平提供了可能。认罪认罚从宽制度之下,因奉行职权主义诉讼模式所要求

---

① 陈瑞华:《刑事诉讼的中国模式》,法律出版社 2010 年版,第 22 页。

的真实查明义务与职权调查原则,法官有义务将证据调查延伸到所有对裁判具有意义的事实和证据上,用以保证认罪的自愿性、真实性与合法性。认罪认罚从宽制度的适用既不能免除法官对于自愿、明知、明智的实质审查义务,也不能降低法官作出有罪判决所需要的心证门槛。尽管认罪认罚从宽制度下的程序从宽确能全流程提升诉讼效率并适时减轻认罪被追诉人的诉讼负累,但程序的效率化绝非认罪认罚从宽制度的基本内核,而只是此一制度的附随效果,或曰从属性目标。

最后,以职权主义为基础,兼采协商因素的模式归属更为符合刑事诉讼兼顾各方利益的诉讼目标。两大法系国家的传统刑事诉讼模式建立在检察机关与被追诉人相互对抗的格局和观念之上,因而较为强调国家刑罚权的实现与犯罪嫌疑人、被告人的权利保障,有意无意地忽略了刑事被害人的诉讼参与。认罪认罚从宽制度所具有的协商因素重视程序运行过程中对于被害方意见的听取和反馈,鼓励认罪犯罪嫌疑人、被告人积极认罪悔罪,以主动赔礼道歉、退赔退赃等方式取得被害方的谅解,进而在修复已为犯罪破坏之整体法益秩序的同时,实现各方利益兼顾的诉讼目标,并为我们描绘出一种以受害方与加害方之相互关系为中心的新型诉讼研究径路。

作为一套内嵌于传统诉讼模式之中的整体性的、融贯性的制度安排,认罪认罚从宽制度给传统刑事诉讼理念带来了巨大冲击,如何确保改革成效,使此一制度更好地扎根于我国的法文化土壤之中,尚需进一步的理论探索和经验积累。① 我国当下的认罪认罚从宽制度并未超出职权主义的模式范畴,其以职权要素为底色,注重吸收协商模式的合理因素。未来,如何在职权主义诉讼模式下充分保障认罪犯罪嫌疑人、被告人的内心真意表达,确立有本土特色的自愿型供述机制即成为此一制度能否纵深发展所要面临的核心议题。笔者认为,立足于认罪认罚从宽制度的职权主义模式归属,中国式认罪认罚从宽制度的完善可以沿着如下宏观进路展开:一是在量刑建议的形成过程中,不仅需要通过律师援助等相关配套措施强化犯罪嫌疑人、被告人内心真意的表达,而且需要进一步强化检察官的客观中立义务。检察官既要审查判断犯罪嫌疑人、被告人是否符合犯罪构成要件及刑罚的该当性,更要进一步消除犯罪嫌疑人、被告人陷入无辜追诉的可能风险。二是在一审审理的法庭调查阶段需要进一步发挥承办法官的能动作用。由于我国当下的认罪认罚从宽制度并未超出职权主义的语

---

① 陈鹏飞:《论我国认罪认罚从宽制度若干问题》,载《中国刑警学院学报》2017 年第 5 期。

义范畴,因此带有协商属性的量刑建议并不具有当然的审判确定力。使此一承载着被追诉人自愿认罪认罚之内心期许与专门机关契约当守之司法信赖,介乎于事实层面之专业判断与法律层面之特殊性质的量刑建议发挥作用,承办法官应充分展现其司法智慧予以能动审查,最终形成内心确信。三是通过建立有层次的上诉制度弥合原审判决中被告人真意表达式微的问题。检察机关主导认罪认罚具结书的形成与作出,此一过程所具有的职权性和单方性难以有效防范量刑建议超出认罪被追诉人内心期待的现实风险。通过继续保留认罪被告人在一审判决作出后就量刑问题提起上诉的权利,并在适用速裁程序审理的认罪案件中确立二审法院对于上诉理由的书面审查机制的特定方式,最大限度地保障职权主义诉讼模式下那些真正为己方不利益提起量刑上诉的认罪被告人的合法权益。

自认罪认罚从宽制度诞生以来,其模式归属问题一直备受争议。从形式上来看,认罪认罚从宽制度的确立带来了刑事诉讼程序的简化,促使我国刑事诉讼程序形成速裁程序、简易程序以及普通程序三者共存的程序布局。不容忽视的是,此一程序简化的表象背后似乎存在一种诉讼构造的重大调整,正如熊秋红教授所言:"认罪认罚从宽制度在大部分程序中取消了以直接言词原则为核心的证据调查,动摇了实质真实、罪刑法定以及无罪推定等原则,形成了刑事诉讼的'第四范式'。"[①]从实质上来看,认罪认罚从宽制度的最大突破当属量刑协商机制的引入,这标志着我国法律继接受被害人与被告方私力合作模式之后,再次确立了一种建立在协商和妥协基础上的公力合作模式。[②]这种以控辩双方为参与主体的协商程序不仅通过彼此的适度妥协达成各方利益的最大化,实现了实质程序正义的目标,而且也在一定程度上缓解了我国刑事司法实践长期存在的"案多人少"矛盾,助推既有司法资源进行合理配置。质言之,以犯罪嫌疑人、被告人自愿如实供述自己的罪行,承认指控的犯罪事实,愿意接受处罚为外化样态的认罪认罚制度,因注重控辩双方的平等对话,追求定罪和量刑在某种程度上的衡平,而在实践运行中呈现出较为明显的协商性或合作性司法特征。

但在笔者看来,尽管认罪认罚从宽制度会带来对被追诉人之自愿性、合法性和真实性的审查,并借由裁决的方式对控辩双方庭前达成的合意予以确认,但由于我国刑事司法长久以来以实体真实为核心,认罪认罚从宽

---

① 熊秋红:《比较法视野下的认罪认罚从宽制度——兼论刑事诉讼"第四范式"》,载《比较法研究》2019 年第 5 期。

② 参见陈瑞华:《刑事诉讼的公力合作模式——量刑协商制度在中国的兴起》,载《法学论坛》2019 年第 4 期。

制度在根本上并未突破职权主义诉讼模式的基本范畴。不可否认,认罪认罚从宽制度是一项涉及面非常广泛的系统工程,既有刑事实体法、程序法层面的法律修改、完善,又有司法机制、体制的建构、调整和发展。①但此一制度蕴含的程序简化与实体协商的运行机制仍然内化于我国当下的诉讼模式之中,其本身带有的这种协商或合作性底色只是保障其正常运行的有益因素而已。

以比较法的视角审视之,大陆法系国家之职权主义诉讼模式将其庭审证据调查制度建立在"实体真实"与"职权调查"的两项原则之上,即使是在认罪案件的法庭审理之中,庭审证据调查仍以法官审问的方式为主,法官有义务在审判程序中直接对控辩双方的证据材料作以严格审查,用以保证自白的真实性,防止借"协商"之名行规避"审判"之实。被追诉人的认罪表意既不能免除法官依职权调查事实的义务,也不能降低法官作出有罪判决所必需的心证门槛。为调查事实真相,法官仍应依职权将证据调查延伸到所有对裁判具有意义的事实和证据上。英美法系则始终未见与大陆法系表征法官权能和责任的"证据调查"一词相对应的概念,相关判例中仅使用 Hearing(译为"听审"或"听证")一词表征法庭审理之中法官对于控辩证据之审查。② 由于英美法系国家之当事人主义诉讼模式一贯强调控辩双方在证据提出和事实调查程序中的主导作用,证据提出的方法、范围,证据调查的顺序均取决于控辩双方,而并非依照法官的指挥进行。而作为一条贯穿不认罪案件法庭审理的红线,人证调查下的交叉询问方式可以适用于全部的证据调查,不仅适用于言词证据的提出者,也适用于书证、物证等实物证据。认罪案件的庭审证据调查则与之不同,被告人作出有罪答辩后,法庭一般不再举行质证,而是采取告知、询问以及阅卷等方式,在保证被告人之有罪答辩具有事实基础的条件下直接进入到量刑程序,借由省略言词辩论程序提升诉讼效率,当事人主义诉讼模式所一贯强调的交叉询问方式在认罪案件的审理程序中极少被采用。正如左卫民教授所阐述的那样:"不同于'当事人主义+职权主义'的混合式诉讼模式,我国当前的刑事诉讼模式本质上是一种国家本位主义的模式,国家作为唯一的基本角色其支配性地位与功能发挥的优势状态,迄今未有淡化。因此,此种过渡式的诉讼模式并非多种诉讼模式的简单相加,而是正处于向现代型诉讼模

---

① 参见陈卫东:《认罪认罚从宽制度研究》,载《中国法学》2016 年第 2 期。
② 周成泓:《刑事证据调查与诉讼模式——一个回到原点的研究》,载《甘肃政法学院学报》2012 年第 1 期。

式的转型过程中。"①

　　证据调查乃庭审之重要内容,故证据调查之进行亦必须遵循有序化之原则,由《刑事诉讼法》对证据调查之基本流程作出明确规定。②立足于庭审证据调查方式规范的现实语义,我国当下的庭审证据调查方式带有显著的复合性特征。庭审询问方式涵摄的职权询问、交叉询问与对质询问在事实认定与定罪量刑的场域中发挥着正向的价值效用。在认罪认罚案件中,控辩双方在庭前已经就有关事实与量刑等形成了一致意见或订立了"刑事契约",但囿于我国当下的诉讼模式具有职权主义诉讼模式的底色,认罪认罚案件同其他案件一样,在法庭审理中仍需依赖法官的主观能动性,强调法官运用自身职权对被追诉人认罪的自愿性、明知性和合法性进行认定。同时,作为庭审证据调查方式的"技术型"询问方法,交叉询问与对质询问不仅能够在一定程度上审视证据价值,助力案件事实的认定,还能保障庭审证据调查的公正性,彰显法庭调查的正当性。然而,颇为遗憾的是,法官在认罪案件的审理中仍然过分倚重职权询问,而有意或无意地忽视交叉询问与对质询问的运用,只有在控辩双方存有争议或被追诉人庭审翻供的情况下,法官才会组织庭审交叉询问与对质询问。而在大多数情况下,受制于程序简化等因素的影响,法官对事实认定与定罪量刑几乎都是通过控方出示、宣读认罪认罚具结书、量刑建议书和讯问被告人等方式实现的。应当说,在回归诉讼模式的概念范畴下,传统职权主义诉讼模式与当下带有协商或合作色彩的诉讼模式的交织融合即为认罪案件庭审证据调查方式的特殊动因之一。

---

① 参见左卫民:《中国刑事诉讼模式的本土构建》,载《法学研究》2009 年第 2 期。
② 万毅:《论庭审证据调查安排》,载《中国刑事法杂志》2020 年第 3 期。

第四章 诉讼程序论下的认罪
案件庭审证据调查

认罪认罚从宽制度内生于传统职权主义诉讼模式,因吸收借鉴了协商性诉讼模式的有益因素而呈现出明显的复合性特征,其中程序推进方式的简化是其最显著的体现。以速裁程序、简易程序和普通程序简化审为梯度的认罪案件简化审理程序与不认罪案件所统领的刑事诉讼格局应然相互区分,但实践中认罪案件"速裁不速""简易不简""普通程序无区分"的现象时有发生,一定程度上制约了认罪案件简化审程序的价值实现。因此,本章在明晰认罪认罚从宽制度与简化审理程序内在关系的基础上,以诉讼程序论的视角对认罪案件庭审证据调查方式进行研判分析。

第一节 认罪认罚从宽制度与简化审理程序的内在联系

党的十八届四中全会通过的《中共中央关于全面推进依法治国若干重大问题的决定》提出的"认罪认罚从宽制度"尽管对西方的恢复性司法与美国的辩诉交易制度有所借鉴,但带有明显的中国特色①,可以被看作结合我国的宽严相济的刑事政策以及长期与犯罪作斗争的经验积累所提出的一种中国方案。② 在该项制度下,国家与被追诉人平等协商,通过特定的实体或程序利益之"交换",促使被追诉人自愿认罪认罚以简化刑事诉讼程序,实现案件繁简分流。认罪认罚案件之中,被追诉人换取的是相较于普通程序更为有利的程序适用,其程序的宽缓简化主要体现在羁押性强制措施的慎用、诉讼程序的及时终结以及多层次简化的审判程序。③而简化审理程序,如速裁程序和简易程序,是以认罪认罚的真实性和自愿性、程序选择的自愿性为基础的针对特定案件类型和案件性质通过简化审理流

---

① 陈光中、唐彬彬:《深化司法改革与刑事诉讼法修改的若干重点问题探讨》,载《比较法研究》2016年第6期。
② 俞荣根:《礼法传统与良法善治》,载《暨南学报(哲学社会科学版)》2016年第4期。
③ 闵春雷:《认罪认罚从宽制度中的程序简化》,载《苏州大学学报(哲学社会科学版)》2017年第2期。

程来提高审判效率的一种制度安排。这些程序的适用以被追诉人认罪认罚作为正当化基础,被追诉人又以从宽处理作为自愿认罪认罚的动力机制。①

一、简化审理程序的基本范畴

普通程序作为审判程序的典型形态,往往是以控辩双方存在诉讼争议为前提、以控辩对抗为基本内容的一项程序设计,其运行应当遵循较为严格的原则、规则和制度规范,具有程序完整和相对复杂的特点。然而,审判程序的正当化、规范化、标准化以及实质化需要以大量的司法资源投入作为支撑。在司法资源有限的现实背景下,无论哪一个国家,如果对每一个刑事案件都按照完整的、正式的、规范的、标准化的普通程序加以审理,不仅难以实现,亦是完全没有必要的。在充分肯定精细化的普通审理程序所具有的查明真相、程序正当之功能的同时,我们也必须承认和正视,司法实践中大量刑事案件实际上根本不存在事实争议,以至于适用精细化的普通程序审理毫无必要。是故,推进案件繁简分流,优化司法资源配置,合理建构被追诉人认罪前提下的简化审理程序就成为我国当下"以审判为中心的刑事诉讼制度改革"中的一项重要内容。

就概念而言,简化审理程序亦被表述为简易审理程序,其本身亦属于一个宏观性的集合概念,以英美法系国家的辩诉交易程序以及大陆法系国家的处刑命令程序为基本模式。在我国,简化审理程序就包括以认罪认罚从宽制度为核心的宏观政策性措施,以及刑事审判实践中所适用的简易程序、速裁程序。《布莱克法律词典》将简化审理程序定义为,"仅限对于普通程序而言,不经检察官起诉、陪审团定罪或普通法正常规范所要求的其他程序,法官直接以迅速、简单的方式处理争议、作出裁判的任何诉讼程序"②。在笔者看来,简化审理程序实际上是一种以普通程序为蓝本,并对其程序之下的某些标准、环节、步骤进行简化处理,从而在符合最低限度的程序公正标准的前提下,保证刑事案件在审判阶段能够得以快速处理的"特别化"审判程序。其设立的主要目的即在于通过法院计渡部分司法权,协调刑事庭审程序中公正和效率两大基本价值目标,以避免或减缓两者之间的矛盾和冲突。具体来讲,简易审理程序这一集合性概念本身包含了三个层面的含义:一是简化审理程序仅相较于普通程序而言,属于审判

---

① 魏晓娜:《完善认罪认罚从宽制度:中国语境下的关键词展开》,载《法学研究》2016 年第 4 期。

② Bryan A. Gamer, *Black's Law Dictionary*, Thomson Reuters press, 2014, p. 139.

程序的一种特定类型;二是相较于普通程序,简化审理程序在庭审要求、庭审进程或庭审步骤上被适当地简化或省略;三是简化程序仍需保有法庭审理所应固有的三方组合式的基本诉讼构造,以确保底线公正。从世界范围来看,任何一个国家的刑事庭审程序都并非单一、固定的,除了正当程序和实质化审理要求下的规范化、标准化的"普通"庭审程序外,世界上几乎所有的国家都建立了一种或数种相较于规范化、标准化的"普通"庭审程序来讲更简化的审理程序,从而形成了刑事庭审程序的多元化类型。

在理论研究层面,由于我国目前的各种简化审理程序均以案件事实清楚、被告人认罪为基本前提,因而某些学者亦将其统称为认罪案件的审理程序。① 从这个意义上讲,简化审理程序已然构成了以"认罪""从宽"为基本概念特征的认罪认罚从宽制度项下的主体程序制度内容。在简化审理程序当中,被追诉人对控方指控的基本犯罪事实予以承认,控辩双方的关系也并非普通审理程序中的单纯对抗关系,而是由对抗转为适度合作协商,带有明显的协商性司法的特征。② 不过,由于简化审理程序中被告人认罪的预设化和庭审程序的简约化,其享有的基本权利无疑会受到一定程度的冲击或缩减,因此如何在保证审判质量的前提下实现公正、效率,以及第三种社会价值——和谐的动态平衡,就构成此一程序本身存在的正当性与运作顺畅性的基本前提,并成为认罪认罚从宽制度背景下刑事简化审理程序所需要迫切关注和解决的核心议题。

二、我国简化审理程序的渐进形成

在笔者看来,刑事庭审多元化程序类型之形成并非司法制度在实践运行层面上的偶然,而是存在着极为深刻的理论和现实依据。一方面,庭审程序的多元化呼应了利益主体的多样性需求。在面对刑事指控时,被追诉人不仅有权提出以实质化审理要求下的标准化、规范化的方式对其进行公正审判,同时鉴于公正审判的权利本质,被追诉人亦有权根据自己的需要和判断,以简洁高效的简化审理程序来代替纷繁耗时的普通程序,并在合理的制度范围内获得自身收益。是故,两大法系国家均在其刑事诉讼中建构出多元的审理程序以供诉讼主体自主选择。从某种意义上来讲,基于"认罪"前提下的简化审理程序,对于诉讼的各方主体来说,本身即属于在

---

① 参见闵春雷:《认罪认罚从宽制度中的程序简化》,载《苏州大学学报(哲学社会科学版)》2017 年第 2 期。

② 张自超:《以审判为中心改革下职务犯罪侦查之因应》,载《暨南学报(哲学社会科学版)》2017 年第 1 期。

各方让渡一部分利益的基础上,同时获得各自所期待之诉讼效益的程序设计,基本实现了各方利益的同向性。另一方面,庭审程序的多元化实现了多元价值的动态平衡。规范化、标准化的"普通"程序与"简化"程序具有明显不同的价值取向。由于正当程序和实质化审理要求下的普通程序所欲追求和实现的是公正价值,因而程序的完整性、规范性、自治性、公开性和可救济性即为普通程序所必需。与之不同,简化审理程序在价值取向上所欲追求和实现的实乃公正与效率价值的兼顾,其本身的程序设计建立在以公正为底线的效率价值导向之上。因此,相较于普通程序,简化审理程序在庭审进程、庭审步骤以及审判组织等方面进行了很大的简化;同时,为保证程序的公正性,简化审理程序普遍采取必要的措施保障刑事被告人的知悉权、程序选择权以及律师帮助权,以确保认罪及程序选择的自愿性和明知性。更为重要的是,除了刑事庭审所具有的案件事实查验、争端解决及其正当化的基本诉讼功能外,简化审理程序还具有一个较为典型的社会功能,即价值平衡,或曰利益平衡。通过程序的分流和导流机制,简化审理程序得以将大量事实清楚、证据充分的被告人认罪案件从普通审理程序中分流出来,在契合了刑事司法对于诉讼效率的追求以及刑罚观念向个别化转变的同时,保障了那些比例不高的重大、疑难、复杂的刑事案件得以繁案精审,从而平衡了公正、效率、和谐等多元社会价值,在更为宏观的层面上实现了社会整体正义的最大化。

我国 1979 年《刑事诉讼法》并未规定简化审理程序,所有的刑事案件不分类型,一律适用相同的普通审理程序。① 1996 年《刑事诉讼法》修改时,为提高诉讼效率,节约司法成本,适应改革开放后市场经济条件下刑事案件迅速增加的形势,增设了简易程序,适用于可能判处 3 年有期徒刑以下刑罚的简单、轻微刑事案件,但并不以被告人认罪为前提。在人权保障观念日益加强、被追诉人诉讼主体地位不断上升的趋势下,我国刑事政策尊重当事人的程序意愿,加强控辩双方的平等对话,促使刑事程序立法重新认识控辩双方的关系——在刑事诉讼之中除了传统审理程序下的激烈对抗,控辩双方之间还可能存在着某种程度的协商与合作。刑事案件的多样性以及诉讼主体的多元化利益需求要求存在多种纠纷解决机制,以控辩对抗还是以协商合作为前提,适用繁简不同的庭审程序,不仅是合理配置

---

① 1979 年《刑事诉讼法》第 105 条第 1 款规定:"基层人民法院、中级人民法院审判第一审案件,除自诉案件和其他轻微的刑事案件可以由审判员一人独任审判以外,应当由审判员一人、人民陪审员二人组成合议庭进行。"尽管自诉案件和其他轻微的刑事案件可以由审判员一人独任审判,在某种意义上可以看作程序(在审判组织构成上)的简化,但并未完整、独立地简化审理程序。

司法资源、实现繁简分流的现实需要,更是平衡公正、效率、和谐等多元社会价值的必然要求。而实现刑事诉讼审判阶段繁简分流的主要方式即通过控辩协商以被告人是否认罪为标准区分简单案件和复杂案件,审理时分别适用不同程序,切实做到"繁者繁之,简者简之","疑案慎断、明案速判"。在这样的大背景下,认罪案件审判程序的特殊性逐步为理论界和实务界所关注和认识。是故,最高人民法院联合最高人民检察院和司法部在2003年联合下发《关于适用普通程序审理"被告人认罪案件"的若干意见(试行)》(已失效)①,以进一步规范被告人认罪案件的审判程序,理论上将其称为"普通程序简易审"或"普通程序简化审"。

2012年《刑事诉讼法》再修改时,立法对于简易程序的制度设计和程序安排作出调整,不仅明确了被告人认罪这一程序适用的基本条件,同时合理吸收了之前关于"普通程序简化审"的相关规定,将其适用的案件范围扩大到除特殊情形外所有归基层人民法院管辖的刑事案件。而后,全国人大常委会于2014年6月作出《关于授权最高人民法院、最高人民检察院在部分地区开展刑事案件速裁程序试点工作的决定》;最高人民法院、最高人民检察院、公安部、司法部则于同年8月印发《关于在部分地区开展刑事案件速裁程序试点工作的办法》(以下简称《速裁程序试点办法》),确定北京、天津等18个城市作为试点城市,首开了司法领域"实验性立法"的先河。至此,刑事速裁程序成为普通程序、简易程序以外的在审判程序中适用的第三种审理程序,我国现行审判程序由此基本形成了普通程序、简易程序与刑事速裁程序并存的"三元化""递简"式审判格局,并形成以简易程序、速裁程序为基本内容的"二元化"简化审理体系。

第二节 我国刑事简化审理程序的规范及实践省察

最高人民法院、最高人民检察院、公安部、国家安全部以及司法部联合发布的《关于推进以审判为中心的刑事诉讼制度改革的意见》规定:"完善刑事案件速裁程序和认罪认罚从宽制度,对案件事实清楚、证据充分的轻微刑事案件,或者犯罪嫌疑人、被告人自愿认罪认罚的,可以适用速裁程序、简易程序或者普通程序简化审理。"这里的简易程序、速裁程序以及普通程序简化审程序,均受到以认罪认罚从宽制度为核心的宏观政策指

---

① 《关于适用普通程序审理"被告人认罪案件"的若干意见(试行)》明确了对于可能判处3年有期徒刑以上刑罚,包括无期徒刑的公诉案件,只要被告人认罪,即便按照普通程序审理,其审理程序也可以作出适当的简化。

导,共同构成了简化审理程序体系,并且在适用范围及程序特点等方面各有不同。

一、刑事简易程序

2012 年《刑事诉讼法》再修改时,对于 1996 年《刑事诉讼法》中的简易程序在制度设计和程序安排上作出部分调整。根据现行立法规定,简易程序的特征主要体现在如下几个方面:

首先,在适用标准方面,现行《刑事诉讼法》将被告人是否认罪作为简易程序能否适用的基本前提,改变了 1996 年《刑事诉讼法》将案件难易和罪行轻重作为程序适用标准的立法范式。因此,在合理吸收"普通程序简化审理"相关规定的基础上,现行立法中简易程序的适用范围得以极大拓展,不再限于 2012 年以前的"依法可能判处三年有期徒刑以下刑罚的简单刑事案件",而是进一步扩展到被告人认罪前提下,所有由基层法院管辖的除案件性质为危害国家安全、恐怖活动,以及量刑基准可能为无期徒刑、死刑之外的一审刑事案件。当然,还应当同时满足"被告人非盲、聋、哑人……辩护人作无罪辩护"等不得适用简易程序的消极范围规定。

其次,在程序的启动方面,2012 年《刑事诉讼法》赋予了刑事被告人以程序选择权。而在 1996 年《刑事诉讼法》中,被告人并不享有程序选择权,只能被动接受司法机关为其安排的审判程序,而不能主张其基于法律正当程序所本应享有的程序处分权,因而 1996 年《刑事诉讼法》带有明显的国家本位诉讼观念的色彩。[1] 2012 年《刑事诉讼法》明确规定,"被告人对适用简易程序没有异议"是适用简易程序的条件之一,并要求审判人员在履行告知义务的基础上确认被告人是否同意适用简易程序审理。如此一来,被告人的程序选择权得到了尊重,不仅提高了被告人对于诉讼结果正当性的认同,而且向社会彰显了积极保护公民权利的国家政策立场。[2]

最后,在程序规制方面,2012 年《刑事诉讼法》明确了检察机关应当派员出庭。在 1996 年《刑事诉讼法》下,检察院在适用简易程序审理的庭审进程中,享有是否出庭支持公诉的裁量权[3],由此导致 2012 年《刑事诉讼法》修改之前的刑事司法实践中,检察院出庭支持公诉的适用简易程序审

---

[1]　根据 1996 年《刑事诉讼法》的规定,公诉案件中简易程序由人民检察院的建议和人民法院的决定启动,自诉案件则由人民法院自行决定是否适用简易程序。

[2]　姚莉、詹建红:《刑事程序选择权论要——从犯罪嫌疑人、被告人的角度》,载《法学家》2007 年第 1 期。

[3]　1996 年《刑事诉讼法》第 175 条规定,人民法院适用简易程序审理的公诉案件,人民检察院可以不派员出庭。

理的案件很少,普遍由独任法官代行宣读起诉书、出示证据、提出量刑建议等。不仅背离了控、审分离的三方组合式的诉讼基本构造,损害了审判的公正性,同时严重影响了被告方的辩护权和质证权,不符合程序正义的基本要求。为此,2012 年《刑事诉讼法》作出调整,明确了公诉案件中,检察机关应当派员出席简易程序的义务与职责,以切实践行其公诉职能和法律监督职能。

　　客观来讲,2012 年《刑事诉讼法》合理吸收了前述有关"普通程序简化审理"之规定,进而在此基础上形成了更为合理的简易程序。实践表明,简易程序在提高诉讼效率、充分利用诉讼资源、减轻当事人诉讼负担等方面取得了一定的成效,因而在我国当下的刑事诉讼制度中扮演着极为重要的角色。然而,在笔者看来,2012 年《刑事诉讼法》中的简易程序依然过于粗糙,带有明显的粗线条勾勒特征。一方面,此一程序的适用跨度极大,几乎涵盖了除特定情形下被告人认罪的全部刑事案件,简化审理程序内部应然具有的区别对待精神未有体现①;另一方面,此一程序在庭前安排、开庭要求、庭审进程等方面遵循着和普通程序基本无异的程序规则,既不属于英美法系国家的省略模式,又不属于大陆法系国家的简化模式,繁简分流、优化司法资源配置的改革需求未能满足,一定程度上背离了简化审理程序的设计初衷,而这一点亦可从简易程序的司法适用比例中得到佐证。② 因此,简易程序之适用范围几近触顶、简化程度却未有改观、程序建构依然单一的现实语境,催生出了以"简上加简"为基本要义的刑事速裁程序试点工作。

二、刑事速裁程序

　　刑事速裁程序改革试点,是我国当前新一轮司法体制改革的重要内容,是提高刑事案件审理效率、合理配置我国司法资源、完善刑事诉讼认罪认罚从宽制度、强化人权司法保障的一项具体的改革措施与创新制度。改革试点的目的在于在简易程序之外,另行构建又一独立的简化审理程序层

---

① 例如,在当下的简易程序中,可能判处 3 年以上和 3 年以下刑罚的案件,除在审判组织与审理期限的要求上有所不同外,对于普通程序的简化程度并没有较为明显的区别。

② 研究统计显示,2004 年至 2011 年简易程序的适用比例为 30%,即使在因 2012 年修改《刑事诉讼法》促进简易程序适用而比例较高的 2013 年,简易程序的适用也仅占一审结案数量的 50.44%。与此同时,在 2004 年至 2013 年这十年间,全国法院判处 5 年以下有期徒刑或拘役、管制等刑罚的轻微刑事案件在生效判决总数中占比则普遍在 80% 以上,凸显了轻微刑事案件判决数量在生效判决数量中的比例过高与简易程序在一审结案数中适用比例过低的矛盾。刘广三、李艳霞:《我国刑事速裁程序试点的反思与重构》,载《法学》2016 年第 2 期。

级,通过程序分流改善或解决现行立法下简易程序所具有的一系列问题。相较于简易程序,速裁程序带有较为明显的省略式特征,在审理方式的技术设计上与美国的辩诉交易制度更为接近。① 根据《速裁程序试点办法》的规定,人民法院审理速裁程序案件,一般应当在受理后的 7 个工作日内审结;法庭审理中,法庭调查和辩论不再是必经环节;在裁判文书的制作上可以统一化、格式化;并强调当庭宣判。② 从《速裁程序试点办法》的规范性内容与各地试点运行的实际情况来看,刑事速裁程序的特点主要体现在如下两个方面:

其一,在程序适用方面,《速裁程序试点办法》从案件本身所应具备的客观条件以及被告人本人所应满足的主观条件的两个维度作出限定。其中,案件本身的客观条件包括证据条件、罪名条件和刑罚条件三个方面,被告人的主观条件则包括主观态度条件和程序确认条件两个方面。具体而言,第一,证据条件。所谓证据条件是指刑事速裁程序的适用首先必须满足案件事实清楚、证据充分这一基本的简化审理程序的适用前提。第二,罪名条件。刑事速裁程序适用于日常多发的如交通肇事、危险驾驶等11 类案件,在适用罪名上具有特定的指向性。第三,刑罚条件。刑事速裁程序仅适用于对被告人可能判处 1 年有期徒刑以下刑罚的轻罪案件,明显低于简易程序的量刑层级。第四,主观态度条件。主观态度条件指的是被告人认罪认罚的表示必须基于自愿,也就是说,其对公诉机关指控的犯罪事实没有异议,而且认可其提出的量刑建议。第五,程序确认条件。在满足前述四个条件的基础上,刑事速裁程序的适用还必须满足被告人同意适用这一最为核心的选择确认条件。在刑事司法实践中,此种程序选择的同意适用既可以发生在侦查阶段,也可以发生在审查起诉或审判阶段,但人民法院在审判阶段负有审查被告人之同意适用的自愿性和明知性的义务。

从《速裁程序试点办法》的既有规范中我们不难看出,刑事速裁程序之适用在我国当下的司法实践中受到罪与刑的"双重规制",由此导致符合刑事速裁程序的案件范围并不宽泛,一定程度上限制了此一程序的司法

---

① 李本森:《我国刑事案件速裁程序研究——与美、德刑事案件快速审理程序之比较》,载《环球法律评论》2015 年第 2 期。

② 自刑事案件速裁程序实施至 2015 年 8 月 20 日的抽样统计数据显示,检察机关审查起诉周期由过去的平均 20 天缩短至 5.7 天;人民法院适用速裁程序 10 日审结的案件数量占案件总量的 94.28%,比简易程序高出 58.40 个百分点,当庭宣判率达 95.16%,被告人上诉率仅为 2.10%。参见姜洪、王治国、郑赫男:《"两高"报告:逾六成适用速裁程序由检察机关建议》,载最高人民检察院官网,https://www.spp.gov.cn/spp/zdgz/201511/t20151103_106820.shtml,最后访问时间:2024 年 10 月 25 日。

适用。① 从比较法的视角来看,两大法系国家在速裁程序的适用方面少有类似于我国的罪名限制及消极性范围规定,即使是将此一程序之适用限定在轻罪案件,在程序适用范围方面秉持相对保守和谨慎态度的大陆法系国家也未见此种立法范式。② 除辩护律师作无罪辩护这一项于理有据外,《速裁程序试点办法》中的其他禁止适用情形其实并不合理。例如,根据《速裁程序试点办法》,刑事案件速裁程序将犯罪嫌疑人、被告人与被害人或其法定代理人、近亲属达成调解或和解协议作为程序适用的附加条件。从立法意图来看,这一规定似乎是为了保护被害人的合法权益,实现社会的和谐价值,但却在无形中混淆了和解程序与速裁程序,割裂了两者之间的区别和联系。在笔者看来,尽管两者同属于认罪认罚从宽政策下的特定程序制度,但和解程序的价值取向重在实现被害人的救济,以尽快恢复法律秩序,而速裁程序则重在提高诉讼效率。更为重要的是,在满足速裁程序罪名限制的危险驾驶、毒品犯罪等部分案件中,以没有特定的被害人,或被害人未提起附带民事诉讼,或犯罪嫌疑人、被告人因经济条件不能完全赔偿导致无法达成和解或调解协议等禁止性条件限制刑事速裁程序之适用明显是不合理的。又如,将身体有缺陷的盲、聋、哑人排除在刑事速裁程序的适用之列,实乃权益特别保障下的"歧视立法",有悖于简化审理程序本身所欲实现的法益平衡功能及所应满足的诉讼主体的多样化需求。

其二,在程序简化方面,刑事速裁程序未能拉开与简易程序间的应有差距,现行二元"递简"式简化审理程序的层级、梯度特征不够明显,速裁程序内部的繁简有别未有体现。诚如部分学者所言:"审判程序内部的体系建构和区分具有不同的价值导向基础。如果说普通程序的价值取向在于司法公正,简易程序的价值取向在于兼顾公正与效率,那么刑事速裁程序的价值取向即在于实现诉讼效率。"③刑事速裁程序的试点初衷即于简易程序之外构建又一独立的简化审理程序层级,改善或解决 2012 年《刑事诉讼法》下简易程序所具有的一系列问题,从而实现"简上加简"。据此,《速裁程序试点办法》概括指出,刑事速裁程序可以进一步简化审判阶段的诉讼程序、诉讼环节和诉讼步骤,但是具体如何简化,以及可以简化到何种程度,特别是能否不开庭而进行书面审理,《速裁程序试点办法》语焉

---

① 《最高人民法院、最高人民检察院关于刑事案件速裁程序试点情况的中期报告》显示,试点期间各试点法院适用速裁程序审结的刑事案件占同期判处 1 年有期徒刑以下刑罚案件的 30.70%,仅占同期全部刑事案件的 12.82%。

② 郑瑞平:《比较法视野下我国刑事速裁程序之完善——以处罚令制度为视角》,载《中国刑事法杂志》2016 年第 6 期。

③ 汪建成:《以效率为价值导向的刑事速裁程序论纲》,载《政法论坛》2016 年第 1 期。

不详。从试点地区的运作实践来看,此一程序和普通程序、简易程序一样,无一例外地进行开庭审理,刑事速裁程序在审理方式上存在明显的"一刀切"特征,丧失了此一程序建构的独立品格与建构伊始的效率导向。从域外国家和地区的刑事速裁程序规范来看,此一程序普遍包括开庭审理与书面审理两种不同的审理方式,立法规范将可能判处刑罚之轻重作为基准,对可能判处缓刑、拘役、管制、罚金的轻微刑事案件进行不开庭的书面审理①,以最大限度地省略诉讼环节、缩短诉讼周期、减少审判资源投入。

三、部分地区试点实行的全流程刑事案件速裁程序

现行刑事立法下的简易程序与刑事速裁程序均遵行"分工负责、互相配合、互相制约"的基本运作原则。公、检、法三机关在各自分管负责的诉讼程序中鉴于其特定的阶段任务需要分别对案卷材料进行查阅和研读,于外部层面存在明显的交叉与重复工作。不仅如此,公、检、法三机关内部亦存在着多重诉讼环节,如在公安机关内部,案件会经过刑侦、预审、法制等多个部门的层层把关……而在法院内部,案件则会经过合议庭审理、院庭长审查、审判委员会讨论等多重决策环节,同一案件在同一机关内部的不同部门之间的流转时间过长②,由此导致刑事速裁程序于司法实践中呈现出时间利用率不高、案件流转消耗较多、依赖于纸质卷宗进行信息传递、共享所带来的效率低下等多重问题。为走出现行刑事立法通过单纯缩短审理周期、扩大适用范围或增设程序类型实现程序简化的固有范式,在刑事速裁程序的试点过程中,各地法院、检察院积极探索"跳跃诉讼阶段"与"全程提速、多向分流"的新型速裁模式,如郑州市的"3+2+2刑拘直诉"模式、南京市的"两提前三集中刑拘直诉"模式、北京市海淀区公安司法机关合作推出的"48小时全流程结案模式"等,尽管在具体称谓或模式内容上有所不同,但均将全程提速、在办案时间上做减法作为其基本预设,属于以认罪认罚为基础,以"跳跃诉讼阶段"与"全程提速、多向分流"的系统性思维为支撑的新型资源配置方式。

以北京市海淀区为例。北京市海淀区人民检察院、人民法院、公安分局在前期刑事速裁程序试点的基础上,总结"轻案快审"经验,努力建构"全流程提速",合作推出"48小时全流程结案模式",即公、检、法三机关在

---

① 汪海燕、付奇艺:《刑事速裁程序的两种模式——兼论我国刑事速裁程序的构建》,载《安徽大学学报(哲学社会科学版)》2016年第5期。

② 商西、程姝雯:《今年司法改革七大看点,孟建柱称将试点认罪认罚从宽制度》,载《南方都市报》2016年1月22日,第4版。

海淀分局执法办案中心设立速裁办公区,从公安机关将犯罪嫌疑人传唤到执法办案中心、制作侦查卷宗、将案件移送至人民检察院,到人民检察院讯问犯罪嫌疑人、与法律援助律师及嫌疑人进行三方量刑协商后提起公诉,最后由人民法院在速裁法庭当庭宣判历时不超过 48 小时,创造了我国刑事司法实践制度化结案的效率纪录。① 作为刑事速裁程序运行后,海淀区人民检察院积极贯彻刑事案件繁简分流制度,会同公安、法院、司法局针对认罪认罚制度作出的又一项重大尝试,"48 小时全流程结案模式"主要适用于危险驾驶罪、轻微盗窃犯罪、发票类犯罪等法定刑或宣告刑 1 年有期徒刑以下刑罚、案情简单、证据收集快捷的常见轻微刑事案件,此一模式以被追诉人认罪为始点,将刑事速裁程序的启动节点提前至侦查阶段,变原有的"审判分流"为"起点分流""全程分流",突破了原有的"流水作业"式诉讼构造,避免了"分工负责、互相配合、互相制约"的线性构造下侦查、审查起诉与审判环节的工作重叠、交叉,简化了三机关内部的办案环节,理顺了侦查、起诉与审判程序之衔接。其特征主要表现在如下两个方面:

其一,在办案时间上做减法。一方面,"48 小时全流程结案模式"强化了公安机关对适用速裁程序的选择及检察院主动提前介入侦查活动进行法律监督。对于公安机关建议适用速裁程序的,检察机关可以派员提前介入侦查活动,对证据收集等问题提出意见,避免原有分段式运行模式下的重复性审查;另一方面,通过建立"3+2+2"速裁办公区,即包括公、检、法机关的 3 个刑事速裁办公室,2 个法庭(一个是看守所内的速裁法庭,另一个是海淀区法院内的同步数字法庭),以及法律援助律师值班室和嫌疑人视频会见室,保证公检法司四机关工作人员就近办公,消减案件对外流转环节和流转时间,实现案件对外流转的无缝衔接。同时,为缩短案件在各机

---

① 以北京市海淀区人民法院 2017 年 2 月 21 日审结宣判的一起盗窃案为例,犯罪嫌疑人刘某于 2017 年 2 月 19 日 16 时被抓获,当日被传唤至公安执法办案中心。公安机关在执法办案中心进行犯罪嫌疑人、被害人笔录制作,被盗物品价格鉴定等证据收集工作。该案事实清楚,证据明晰,且被害人损失已被追回,犯罪嫌疑人刘某承认实施了盗窃行为,在征得刘某同意后,公安机关决定启动在执法办案中心的速裁程序,并为他指定了法律援助律师提供法律帮助。同时,区人民检察院派驻检察官提前介入侦查活动,对该案的证据收集、法律适用等提出了意见,避免重复性审查。2 月 20 日 18 时,公安机关完成该案的侦查工作并将该案移送至区人民检察院。2 月 21 日 9 时,值守检察官对刘某进行了讯问,随后在法律援助律师在场的情况下让刘某签署了认罪认罚从宽制度具结书,并制作表格化起诉书。当日 10 时,区人民检察院对该案提起公诉并移送至区人民法院速裁值守人员。区人民法院于当日 10 时 30 分在速裁法庭开庭审理,独任法官主要审查了被告人刘某获得法律帮助的情况,征求适用速裁程序的意见,适当听取了被告人供述并审查了必要的证据,确认刘某认罪的自愿性,询问了控辩双方量刑协商情况。庭审持续 15 分钟,该案顺利审结并当庭宣判。至此该起盗窃案的全部流程完毕。从传唤犯罪嫌疑人至公安机关到作出判决,总共历时 42 小时。

关内部的流转时间,此一模式努力实现各部门职能的进一步整合统一,其中公安机关要实现预审、法制职能合一,检察院要实现法律监督、审查批捕、审查起诉、案件管理职能合一,司法行政机关要实现法律帮助、法律援助职能合一。① 不仅如此,"48 小时全流程结案模式"充分利用信息技术,积极探索基于大数据、云计算技术的信息化支撑,用以实现刑事速裁案件办理过程中信息共享的便捷性。例如,为了适应"48 小时全流程结案模式"对卷宗快速流转的要求,2018 年 3 月,北京市海淀区人民检察院与区公安、法院,在区委政法委的统筹支持下,建成了海淀区公检法三机关内部速裁案件电子卷宗交流系统,首次以电子卷宗流转为依托,以"无纸化""无审结报告化"模式办理"48 小时全流程结案"案件。

其二,在权利保障上做加法。一方面,如前所述,"48 小时全流程结案模式"采取多重方法促进速裁程序中的案件流转,从对内和对外两个维度缩减流转环节和流转时间,客观上带来犯罪嫌疑人审前羁押期限相对缩短的保障效果。另一方面,为保证犯罪嫌疑人、被告人认事、认罪、认罚的自愿性、明知性,以及量刑协商的有效性,此一模式建立了法律援助律师全程法律帮助机制,即选任一定数量的具备刑事办案经验的律师组建专门的法律援助值班律师库,通过在刑事速裁法律援助办公室轮流值守的工作机制,以视频会见的方式向速裁程序的犯罪嫌疑人、被告人讲清该程序的规范内容以及自愿认罪认罚可能获得的量刑激励,并通过庭审环节的意见征询、陈述听取、量刑协商建议审核等方式强化对于认罪自愿性、明知性的审查。不仅如此,"48 小时全流程结案模式"将犯罪嫌疑人、被告人适用此一程序模式可能获得的量刑激励在"两高"《量刑指导意见》的基础上予以明确,将宽宥的量刑激励作为对犯罪嫌疑人、被告人最现实的保障。例如,由北京市海淀区人民法院制定的《海淀区速裁程序试点工作细则》明确提出:被告人认罪案件,适用速裁程序的,可以依法从轻处罚;积极赔偿或有其他真诚悔罪表现的,可以较大幅度依法从轻处罚;当事人和解的速裁程序案件,可以依照《刑事诉讼法》第 279 条的规定从轻处罚。② 从司法实践的现实来看,上述三种情形的从轻比例分别可以达到 10%—30%、20%—40%以及 40%以上,基本形成固定化、层次化、制度化的量刑激励体制。

---

① 北京市海淀区人民法院课题组:《关于北京海淀全流程刑事案件速裁程序试点的调研——以认罪认罚为基础的资源配置模式》,载《法律适用》2016 年第 4 期。
② 同上。

第三节　简化审理程序下的庭审证据调查

一、简化审理程序与庭审实质化的同一性省察

推进以审判为中心的诉讼制度改革和完善认罪认罚从宽制度根植于相同的时代背景,是刑事司法领域的两大重要任务。以审判为中心的诉讼制度改革强调发挥审判尤其是庭审的作用,保证庭审在查明事实、认定证据、保护诉权、公正裁判中发挥决定性作用。[①]然而,认罪认罚从宽制度似乎天然地与程序简化联系在一起,不仅法庭调查和法庭辩论可以简化,证人出庭率也明显下降,速裁程序中法庭调查和法庭辩论甚至可以直接省略。[②]鉴于此,不能回避的问题是,认罪认罚案件中的简化审理是否符合庭审实质化的基本要求。

从规范角度考察,认罪认罚案件的庭审至少具有以下功用:其一,审查认罪认罚的自愿性、真实性与合法性,以保证案件质量;其二,处理控辩双方争议点,对有争议的事实、证据以及量刑建议展开法庭调查、法庭辩论;其三,发挥庭审的修正功能以纠正错误的指控。据此,应当认识到尽管简化审理与普通审理两者在内容与方式上存在较大差别,但其要旨仍在于遵循控辩双方有效参与、法官中立、程序理性等以确保庭审和裁判的权威性和公正性。庭审起实质性、决定性作用的精神并未改变[③],认罪认罚案件的简化庭审实则是通过一种有别于传统庭审的方式实现实质审理,从而维护庭审实质化的精神。正所谓"同一本身就是差异,它只是在使自己差异化的过程中才能保持自身的同一"[④]。

二、简化审理程序下庭审证据调查的实然问题

以审判为中心的诉讼制度改革的目的是促使办案人员树立办案必须

---

① 党的十八届四中全会通过的《中共中央关于全面推进依法治国若干重大问题的决定》提出:"推进以审判为中心的诉讼制度改革,确保侦查、审查起诉的案件事实证据经得起法律的检验。全面贯彻证据裁判规则,严格依法收集、固定、保存、审查、运用证据,完善证人、鉴定人出庭制度,保证庭审在查明事实、认定证据、保护诉权、公正裁判中发挥决定性作用。"

② 参见汪海燕:《认罪认罚从宽制度视野下的"以审判为中心"》,载《中国法学》2023 年第 6 期。

③ 胡云腾:《正确把握认罪认罚从宽 保证严格公正高效司法》,载《人民法院报》2019 年 10 月 24 日,第 5 版。

④ 邓晓芒、赵林:《西方哲学史》(修订版),高等教育出版社 2014 年版,第 255 页。

经得起法律检验的理念,确保侦查、审查起诉的案件事实证据经得起法律检验。①定罪证明标准具有导向性,其不仅对审前阶段收集、固定、保存证据具有引导性,也决定了审判阶段审查和运用证据相关规则的构建。②明确认罪认罚案件的证明标准,尤其是明确被告人认罪认罚的自愿性、真实性和合法性的证明标准,是厘清简化审理程序与庭审实质化关系所无法回避的问题。

从规范角度审视,认罪认罚案件仍应坚持证据裁判原则和法定证明标准,即要求犯罪事实清楚,证据确实、充分,防止因犯罪嫌疑人、被告人认罪而降低证据要求和证明标准。③然而,司法实务却呈现出囿于具体规范阙如而无法将该标准付诸实施的复杂态势。虽然《刑事诉讼法》确立了不得强迫自证其罪原则、值班律师制度等以确保被告人认罪认罚的自愿性,但由于简化审理的法律规范都是以语焉不详的宣告式形式作出的,法官在审理过程中难以把握简化的合理限度。此外,对于被告人认罪认罚自愿性、真实性和合法性的审查,刑事司法实践中主要通过讯问和阅卷两种方式进行。以讯问为主的审查方式依靠法官对被告人进行发问,以确认其签署认罪认罚具结书是否出于自愿、对指控的犯罪事实是否提出异议以及对认罪认罚从宽制度、简化程序是否同意适用等。而以阅卷为主的审查方式则是通过审阅相关书面材料,就侦控机关是否非法取证,犯罪嫌疑人于审前环节之认罪认罚是否自愿、明知、明智和合法等问题进行审查、核验的书面审查方式。④两种审查方式本应相辅相成,共同致力于被告人认罪认罚自愿与否之证成,但一刀切式将被告人对认罪认罚具结书无异议作为自愿、真实、合法的粗疏判断标准确是实践之常态。显然,程序简化在一定程度上弱化了审判阶段的审查把关作用,证据要求和证明标准的降低更是难以确保案件的质量,导致了实践中因刑讯逼供、顶替他人认罪、事实认识错误等产生虚假认罪的情况无法被揭露。

---

① 参见习近平:《论坚持全面依法治国》,中央文献出版社 2020 年版,第 101-102 页。
② 汪海燕:《认罪认罚从宽制度视野下的"以审判为中心"》,载《中国法学》2023 年第 6 期。
③ "两高三部"《关于适用认罪认罚从宽制度的指导意见》第 3 条规定:"坚持证据裁判原则。办理认罪认罚案件,应当以事实为根据,以法律为准绳,严格按照证据裁判要求,全面收集、固定、审查和认定证据。坚持法定证明标准,侦查终结、提起公诉、作出有罪裁判应当做到犯罪事实清楚,证据确实、充分,防止因犯罪嫌疑人、被告人认罪而降低证据要求和证明标准。对犯罪嫌疑人、被告人认罪认罚,但证据不足,不能认定其有罪的,依法作出撤销案件、不起诉决定或者宣告无罪。"
④ 参见闫召华:《论认罪认罚自愿性及其保障》,载《人大法律评论》2018 年第 1 期。

三、简化审理程序下庭审证据调查的应然省思

传统司法事实认定理论认为,案件事实认定目的在于探究和发现案件事实真相,证据是探究和发现案件事实的工具,这一解释的认识论基础是传统的摹本理论,即认为:认识是客观存在在主观意识中的反映,是具体客观实在的客观对象的映像。① 司法活动是一种建立在主体理性认识基础之上的主体间的交往活动,事实并非主体探知到的所谓原始案件事实的摹本,而是司法过程中之利益主体主观建构的产物,法律事实的正当性最终要诉诸主体间在程序内达成的"共识"。② 据此,有论者提出所谓的事实建构论作为事实发现的替代性理论。法律事实建构论指出,司法活动实质上是一种建立在主体理性认识活动之上的不同主体间的交往活动,因此法律事实其实是在法定的程序空间内由多方诉讼主体依据既定的规则建构起来的一幅案件事实图景。③ 对于刑事速裁程序来说,被告人认罪认罚的自愿性在一定程度上担保了事实认定的真实性,而且其程序宗旨亦不缺诉讼效率的追求,因此法庭审理的重点势必围绕确证认罪认罚的自愿性展开,并带来自由证明可以适用的正当性和可行性空间,不仅是量刑事实可以自由证明,而且定罪事实的证明——如果还可以谓之证明——也可以适用自由证明。④ 在笔者看来,刑事速裁程序也许可能导致 21 世纪的中国法官不得不重新思考一个中世纪的英国法官难题:"依证据裁判还是依自己内心形成的事实真相裁判?"——这里的良心乃指与呈堂证据相左的事实判断(法官个人知悉案情或者法官对证据真伪判断后就案件事实形成的主观判断)。⑤ 伴随着协商性司法的兴起,哈贝马斯所主张的"真理共识论"——相信"事实就是(人们)说出来的、通过论辩能够证立的命题"⑥,已经逐渐替代证据裁判主义下严格证明所竭力捍卫的实质真实观。法庭审理不再是单纯的物理空间与诉讼程式,而是增添了许多通过理性交往而形成的诉讼共识,即通过理性论证达成的共识即是"正当"的结果和"客观"的真理。

---

① 胡军:《知识论》,北京大学出版社 2006 年版,第 308 页。
② 杨波:《法律事实建构论论纲——以刑事诉讼为中心的分析》,载《吉林大学社会科学学报》2010 年第 2 期。
③ 同上。
④ 欧卫安:《论刑事速裁程序不适用严格证明——以哈贝马斯的交往共识论为分析的视角》,载《政法论坛》2018 年第 2 期。
⑤ 侣化强:《事实认定"难题"与法官独立审判责任落实》,载《中国法学》2015 年第 6 期。
⑥ 〔德〕罗伯特·阿列克西:《法律论证理论》,舒国滢译,中国法制出版社 2002 年版,第 135 页。

笔者认为,为有效防范"为简易而简易""为认罪而认罪"的机械化司法现象发生,刑事立法与刑事司法亟须基于认罪案件庭审证据调查方式之诉讼程序要义,确立认罪认罚从宽制度下的审前证据开示制度,并以行之有效的方式规范法庭审理中对于认罪口供的实质印证。一方面,对于采用简化审理程序的认罪案件而言,庭审程序的简化使得认罪被告人在庭审过程中基本不会了解到证明自己犯罪的证据内容,现行认罪案件庭审之中的单纯告知或确认证据目录的普遍做法仅具有形式意义,被告人很少能够清楚证据目录中证据归纳的具体含义与具体内容。[①] 从保障被追诉方的证据知悉权,形塑以控辩平等为基本要义的实质性协商关系的角度出发,刑事立法与刑事司法当确立审前阶段由检察机关主导的证据开示制度。可以考虑的一种路径是,将实践中部分检察机关采取的认罪认罚案件证据开示表制度予以立法明定和实践推广。所谓认罪认罚案件证据开示表制度,是指检察机关在认罪认罚具结书签署之前,详尽列明指控犯罪嫌疑人的具体证据信息依证据之待证内容或所属之证据种类,在值班律师或辩护人在场的情况下,就开示表中的证据内容对犯罪嫌疑人进行宣读、展示就争议部分的证据内容进行辩论、释疑,并于认罪认罚具结书签署后与其他法律文书一同随卷移送审判机关的特定实践制度。[②] 此一制度旨在搭建审前阶段由"被动配合"转为"主动示证"的证据信息交换机制,消解认罪协商过程中的信息不对等问题,用以在保证犯罪嫌疑人明知、明智的基础上最大程度地换取其基于内心真实意愿的有罪供述。另一方面,不同于传统补强印证方法下补强证据既可以与主证据出自同一来源,也可以与主证据出自不同来源的证明要求,认罪案件中对于认罪自愿性的补强证据应当具有独立来源,应当能够以其不同来源的实质属性同审前形成的认罪供述一同指向特定的待证事实。[③] 笔者认为,为规范法庭审理中对于认罪口供的实质印证,刑事立法与刑事司法需要适时强化审前控辩协商过程的同步录音录像制度,认罪被告人"翻供"情形下值班律师、侦查人员、检察人员的出庭作证制度,借由交叉询问与对质询问的证据调查方式补足单一的职权询问或曰讯问方式。通过结合任意性规则与补强规则保障认罪口供作出的自愿性与真实性。

尚需指出的是,2020 年 2 月 14 日,最高人民法院印发《关于新冠肺炎

---

① 参见龙宗智、郭彦:《刑事庭审证据调查规则实证研究》,法律出版社 2021 年版,第 453 页。

② 关于《认罪认罚案件证据开示表》的相关内容,可参见鲍文强:《认罪认罚案件中的证据开示制度》,载《国家检察官学院学报》2020 年第 6 期。

③ 杜邈:《认罪案件的证明模式研究》,载《证据科学》2019 年第 2 期。

疫情防控期间加强和规范在线诉讼工作的通知》(以下简称《通知》)明确
了刑事案件可以采取远程视频方式审理的范围。2021 年 6 月 17 日,最高
人民法院正式发布《人民法院在线诉讼规则》,对在线诉讼的各个环节作
出全面规定,有效填补了在线诉讼的制度空白,由此带来认罪案件法庭审
理同在线诉讼的有机结合。"程序忠实地映射出我们时代所有的迫切需
要,存在的问题以及不断的尝试,也是对我们时代巨大挑战的客观反
映。"①认罪案件之法庭审理采取在线诉讼的特定方式进行时,其庭审证据
调查方式又当以作出怎样的适时调整即成为理论界与实务界可以关注、研
判的又一命题。

---

① 〔意〕莫诺·卡佩莱蒂等:《当事人基本程序保障权与未来的民事诉讼》,徐昕译,法律出
版社 2000 年版,第 176 页。

第五章　诉讼目的论下的认罪
案件庭审证据调查

　　"表面上来看,刑事庭审当为一种发现真实的过程,而实际上,刑事庭审更像是一个剧场,或曰一场戏剧,公众可以通过参与其中而获取如何行为的有效信息……有些程序或制度或许应当这样来加以理解:它们的目的并非获得裁判的准确性,而是为了获得裁判的可接受性。"①在笔者看来,认罪案件庭审证据调查方式的选择与建构或许就是一项这样的诉讼制度。

第一节　认罪案件庭审证据调查的价值动因

一、以公正和效率为核心的庭审价值谱系

　　作为社会工程的一部分,刑事庭审绝非单纯的冲突机制,其不仅仅是一种旨在查明案件事实真相的认识活动,更是一种选择和实现法律价值的过程,承载着更为广阔和深层的价值目标,旨在实现更为深远的社会使命。从某种程度上讲,正是这些深层的价值目标,在刑事司法活动中发挥着决定作用,深刻影响着现代各国刑事诉讼程序的设计和运行。在笔者看来,刑事庭审旨在实现的诉讼价值主要包括如下两个方面:

　　第一,公正。公正,从字面含义上来看,是公平和正义的集合性名词。反映在刑事诉讼中,公正体现的即为一种因果关系,即恰如其分地保护那些应受保护的,惩治那些应受惩治的。② 作为刑事司法的灵魂和生命,公正不仅是刑事庭审所要追求的首要价值目标,更是实现社会正义的重要保障。从内容上来讲,刑事庭审所要追求的公正主要包括两个方面:一是实体公正,二是程序公正。

　　从概念上来讲,实体公正,亦被称为结果公正,指的是特定刑事案件在

---

　　① Charles Nesson,"The Evidence or the Event? On Judicial Proof and the Acceptability of Verdicts",98 *Harvard Law Review* 1357(1985).
　　② 龙宗智:《刑事庭审制度研究》,中国政法大学出版社 2001 年版,第 24 页。

实体处理结局方面所体现的公正。依据理论界的通识观点,实体公正要求刑事庭审能够在准确认定案件事实、正确适用实体法律的基础上,依法对被告人是否有罪的问题作出认定,同时能够根据罪行相适应原则适度地进行量刑,保证刑罚的严厉程度与犯罪行为的严重性相适应。从某种意义上讲,实体公正强调和关注的实际上是刑事责任认定与刑罚裁量上的"分配正义"。在刑事诉讼中,合理分配当事人之间的权利和义务,使得有罪者得到惩治,无罪者不受追究,的确符合人类社会根植于内心深处的道德愿望。然而,受一系列主客观因素的影响,错案的发生实难避免。因此,实体公正还关注裁判的可错性和可救济性,强调对于错案或某些处理明显不公的案件能够采取补救措施使被追诉人及时得到补偿和救济。①

程序公正,又被称为过程的公正或"外观上的公正",指的是刑事司法于诉讼程序方面所体现的公正。在英美法系国家,程序公正又被称为正当程序,强调的是程序上的合法性以及程序上的人权保障。第二次世界大战以后,基于人权保障理念的不断高涨,程序公正的理念和价值得以在世界范围内传播和普及。一方面,越来越多的国家将程序公正的内容纳入其本国宪法或宪法性文件当中,以宪法的高度加以保障;另一方面,联合国以及区域性国家人权公约亦纷纷将程序公正中的诸项权利作为基本人权予以规定。作为一种看得见的正义,程序公正要求采用民主、公开、理性的诉讼程序和诉讼制度,强调诉讼主体的平等参与,尊重和维护其正当权益,以保证人们得以从程序运作本身获得对于公正的认识和信心。

作为一个历史范畴的概念,审判公正的内涵和侧重点并非一成不变,在不同国家、不同历史时期,实现实体公正和程序公正平衡的侧重点可能有所不同。例如,随着近年来犯罪形势的变化,特别是恐怖犯罪与新型犯罪类型的出现,英美法系国家加大了对犯罪的惩治力度,程序公正的理念在英美法系国家出现一定范围内的回缩。然而,这并不意味着英美法系国家对于程序公正价值的否定,只是说明随着现实状况的变化,其对于实体公正与程序公正间的平衡比重作出了适当调整而已。其实,正如英国政治学家戴维·米勒(David Miller)所言:"结果正义和程序正义在某些情况下的确可能存在冲突。究竟会产生怎样的结果,其本身属于一种主观判断问题。因此,那种非要在两种公正间作出'孤注一掷'选择的观点本身就是没有任何理由和根据的。"②对于实体公正与程序公正的相互关系,我们主张坚持两者的动态并重,即在刑事诉讼的具体运作之中追求和实现一种

---

① 陈光中等:《中国司法制度的基础理论问题研究》,经济科学出版社 2010 年版,第 419 页。
② 〔英〕戴维·米勒:《社会正义原则》,应奇译,江苏人民出版社 2001 年版,第 117—118 页。

动态的、能动的平衡。

还需指出的是,作为一种主观概念,司法公正本身是相对的,出于不同的立场和价值判断,人们对于公正的理解将不可避免地存在差异,然而基于人类社会生活的共同需要以及源自人类本性的社会心理,某些由人类社会普遍认同的公正准则却实实在在地存在着,而这些正是后文将要论述的支配刑事庭审的主要原则。

第二,诉讼效率。作为刑事庭审乃至整个刑事诉讼所追求的价值目标与制度评判标准,诉讼效率这一概念是随着自亚当·斯密以来经济学对法律学科的不断渗透,特别是法律经济分析方法的运用而出现的。随着法律经济学的不断促进和推动,诉讼效率这一概念日益受到刑事理论研究和刑事立法规范的重视,提高诉讼效率亦因此成为刑事诉讼程序所追求的价值目标之一,被纳入诉讼程序价值研究的理论范畴。就概念而言,效率一词属于"舶来品",其英文表述为"efficiency",包含着快速、节俭等含义。刑事诉讼中的效率可以简单地理解为程序主体以较快的速度、较少的资源投入有效地处理更多的刑事案件。从内容上讲,刑事诉讼所追求的诉讼效率包括两个方面的内容:

其一,诉讼经济。所谓诉讼经济,是指诉讼中所投入的诸如人力、物力、财力等司法资源与其所取得成果的比例。诉讼经济关注的实乃刑事诉讼中司法资源的投入和产出比,强调的是最大限度地达到诉讼资源配置的最优状态,即以尽可能少的资源投入,获取尽可能多的效益或成果。根据波斯纳"经济成本理论"下的诉讼效率观念,在刑事司法的过程中,理应采取必要的方式和手段对诉讼程序的运行成本加以控制。减少司法运作中的经济耗费,以最大限度地实现诉讼效益,不仅是法律程序设计或评价时所要考量的重要标准,更是刑事司法所欲追求和实现的价值目标之一。[①]

诉讼经济的要求在根本上系源于司法资源的有限性。日本诉讼法学家棚濑孝雄将诉讼经济中的投入成本分为两部分,即国家所负担的"审理成本"与当事人所承担的"参诉成本"。[②] 就"审理成本"来讲,司法制度的有效运作在很大程度上依赖于国家对于司法的投入,然而对于任何一个国家而言,其司法资源却总是有限的。面对刑事犯罪类型的日益多元化和复杂化,国家所能支配的侦查、起诉和审判资源难免有些相形见绌,这就需要我们对于这些有限的司法资源根据案件的繁简和难易程度重新进行科学

---

① 陈光中等:《中国司法制度的基础理论问题研究》,经济科学出版社 2010 年版,第 577 页。

② 〔日〕棚濑孝雄:《纠纷的解决与审判制度》,王亚新译,中国政法大学出版社 1994 年版,第 283-296 页。

合理的配置。同时,就当事人负担的"参诉成本"分析,当事人为请求司法救济而投入的诉讼成本之高低将直接影响其对于司法的接近,假使刑事诉讼要求当事人支付其难以承受的诉讼成本,实际上就等同于变相否定了其寻求司法救济的权利。从这个意义上讲,应当在实现国家司法资源合理配置的同时,适当平衡当事人在刑事诉讼中的资源投入,以节制国家司法手段,保障公民权利。

其二,诉讼及时。所谓诉讼及时,是指诉讼活动,包括审前活动和审判活动,都应当避免不必要的拖延,即诉讼活动应当在一个合理的期限内尽可能迅速地进行。诉讼及时强调以最少的时间耗费来解决纠纷,因为无论是诉讼时间的增加,还是诉讼周期的延长,都在某种程度上标志着单位时间内程序主体之活动效率的降低。就诉讼及时相关要求的确立目的而言,主要基于以下两个方面的考量:

一方面,在刑事诉讼中,案件事实的查明建立在对于刑事证据的收集、审查和判断基础之上。然而,无论是客观性、稳定性较强的实物证据,还是主观性、直接性较强的言词证据,都会随着时间的推移而变得模糊。因此,程序主体应当在证人记忆尚存、实物证据还比较清晰之时,就尽可能迅速地对其进行收集和审查判断,以避免证据的灭失等造成取证困难或证据的可信性降低,进而影响裁判者对于案件实体真实的发现,妨碍国家刑罚权的实现。另一方面,从刑事司法的社会效果来看,及时而迅速地推进刑事诉讼程序不仅有利于增强刑罚的教育和威慑效果,同时有助于增强社会公众对于刑罚的可感知性,增强社会对于刑事司法程序的信心。正所谓"惩罚犯罪的刑罚越是迅速和及时,就越是公正和有益的。犯罪和刑罚间的时间间隔越短,两者的联系在人们心中就越是持续和突出"[①]。更为重要的是,在刑事审判程序结束前,犯罪嫌疑人、被告人往往人身受限,始终处于一种被怀疑、被控告的不确定状态,不仅承受着难以忍受的精神和经济上的负担,更严重影响其正常的家庭和社会生活。而诉讼及时要求尽可能地缩短对于被追诉人人身自由的剥夺时间,尽可能迅速地将其从是否有罪的未定状态中解脱出来,从而减轻其所承受的诉讼负累。从这个意义上讲,诉讼及时还具有人权保障的积极作用。

有鉴于此,自第二次世界大战结束以来,西方国家纷纷将缩短诉讼周期、实现诉讼的及时性作为程序改革的一项重要内容。在美国,迅速审判被视为被追诉人的一项宪法权利,为美国宪法第六修正案所规定。日本

---

① 〔意〕贝卡利亚:《论犯罪与刑罚》,黄风译,中国大百科全书出版社1996年版,第70页。

《刑事诉讼法》第 1 条亦有"正当而迅速地适用刑罚"法令之规定。不仅如此,诉讼及时亦为诸多国际法律文件,如联合国《公民权利及政治权利国际公约》《欧洲保障人权和根本自由公约》等明文规定。①

需要指出的是,作为刑事庭审所追求的两大价值目标,公正和效率本身具有不同的内涵和外延,因而不可避免地具有冲突的一面。当公正和效率这两大庭审价值目标发生冲突时,就需要我们作出平衡和选择。在笔者看来,作为刑事庭审追求的首要价值目标,公正始终应当是第一位的,诉讼效率的提高必须在保障最低限度的司法公正的基础上实现,因为"每一个错误的判决都将导致诉讼资源的无效率利用"②。

二、认罪案件法庭审理的价值特异分析

认罪认罚从宽制度所承载的协商性价值显著区别于传统不认罪案件。随着认罪认罚从宽制度的全面铺开,刑事诉讼模式也逐渐由传统的"对抗性"走向"协商性"。所谓协商,在本质上是一种主体间通过积极、充分的交流、磋商就双方所欲之事达成对双方均具有约束力的共识或曰协议的交互过程。在认罪认罚框架内,"传统的程序正义理论所要求的诸如法官中立、诉讼参与、平等武装、程序理性等价值要求,在这种协商性司法程序中变得不再重要。在很大程度上,那种建立在控辩双方平等对抗基础上的程序正义理念,在这些协商性程序中似乎不再有用武之地了"③。具体到认罪案件法庭审理语境中,此一庭审样态由非认罪案件中以保留法庭调查和法庭辩论的完整形态来实现事实审理者对于案件事实的准确认定,转变为对被告人认罪认罚自愿性、明知性,以及认罪认罚具结书之合法性的确证。庭审程序的简化尤其是时代语义下诉讼模式转型形塑的"确认式"法庭证据调查方式与其背后涵摄的价值判断逻辑转向是一致的。即由诉讼公正理念下的传统"实质真实观",转向在平等对话基础上以沟通和协商寻求利益契合的"合意真实观"。

一方面,在认罪认罚司法场域中,控辩双方进行对话、协商等交互商谈行为,以最大限度获取共同诉讼利益。此一目标实然彰显了对协商性程序正义的追求。哈贝马斯在交往行为理论的基础上进一步提出了商谈理

---

① 例如,《公民权利及政治权利国际公约》第 14 条第 3 款寅项中明确提出"立即受审,不得无故稽延"的要求。
② 〔美〕迈克尔·D. 贝勒斯:《法律的原则——一个规范的分析》,张文显等译,中国大百科全书出版社 1996 年版,第 24 页。
③ 陈瑞华:《论协商性的程序正义》,载《比较法研究》2021 年第 1 期。

论,所谓商谈是指一种以论辩为基础、以理解和共识为目的的交往行为模式。就司法裁判中的法律商谈而言,哈贝马斯认为法律程序的规则将司法判决实践建制化的结果是判决及其论证都可以被认为是一种由特殊程序支配的论辩游戏的结果。①法律商谈理论为认罪案件法庭审理所追求的协商性程序性正义提供了一种全新的视角与路径。诚然,主流观点认为程序正义应当适用于控辩双方对抗的司法语境。但司法实践的经验表明,程序正义价值在认罪认罚司法程序中仍应有所体现。程序正义的含义本身丰富而多元,其基本要求是"程序正义作为人权保障的防御面向,有助于制衡公权力"②。在认罪认罚程序的场域内,控辩双方基于平等地位进行深入对话与法律商谈,尽管呈现出"确认式"庭审样态,但法院仍要进行法庭审理。认罪认罚从宽制度的适用并不意味着对被告人程序选择权的剥夺,认罪认罚所期待的协商合意司法效果全然建立在被告人真实意愿之上。换言之,对于认罪认罚、量刑建议、程序适用等协商合意的达成要确保被告人的自愿性、明知性,从而实现程序正义项下保证当事人陈述权与知情权的最低限度标准。由此可见,从认罪认罚从宽制度的实践中可以提炼出协商性程序正义的辨识诠证。

另一方面,传统的实质真实主义理念要求法官在庭审中独立调查双方当事人提出的证据或主张,并在查明案件事实的基础上作出判决。这与合作性司法所追求的协商性、自愿性、效率性价值存在逻辑悖反,无法充分契合认罪认罚程序所欲实现的诉讼公正目标。德国著名刑事法学者许乃曼就曾提出将认罪协商与实质真实捆绑是一种"自欺欺人"的做法。③为建立刑事协商制度,调和协商司法与职权主义之间的冲突,需对传统的实质真实理念作出变通,从而衍生出"合意真实"理念。④即控辩审三方在诉讼中就案件事实、适用法律以及适用程序等达成的共识或称合意即为真实,而不再一味强调法官对案件事实、证据的职权调查。"合意真实"理念虽然在理论界仍存争议,但其蕴含的合意性价值客观上充实了以传统实质真实

---

① 参见〔德〕哈贝马斯:《在事实与规范之间:关于法律和民主法治国的商谈理论》(修订译本),童世骏译,生活·读书·新知三联书店 2014 年版,第 287 页。
② 夏伟、刘艳红:《程序正义视野下监察证据规则的审查》,载《南京师大学报(社会科学版)》2019 年第 1 期。
③ 参见〔德〕贝恩德·许乃曼:《德国刑事认罪协商制度的新近发展及评析》,黄河译,载《法治社会》2023 年第 1 期。
④ 卞建林、张可:《构建中国式认罪协商制度:认罪认罚从宽制度的反思与重构》,载《政法论坛》2024 年第 4 期。

为基础的价值体系,补足了刑事协商制度的正当性缺失。①"合意真实"实质上是各方诉讼参与人在对案件事实和处理结果仔细斟酌并充分协商之后不存在争议和分歧的理性选择,在提升诉讼效率、减轻诉讼负累的同时,将法庭审理的争端解决及其正当化功能予以可视化呈现,充分保障了被追诉人对其诉讼权利的处置自由,是一种实质意义上的程序正义。"合意真实"理念所蕴含的协商性程序要素并非对程序正义的"背叛",恰恰是对程序正义理论的创新与丰富。②

更为重要的是,在认罪案件庭审证据调查制度中,主要建立在职权讯问和阅卷两种方式之上的认罪要义审查在客观层面上将法官解放出来,使其可以在单位时间内处理更多的刑事案件,保障了那些占比不高的重大、疑难、复杂的刑事案件得以繁案精审,从而在助力以审判为中心的诉讼制度改革得以深化推行的同时,平衡了公正、效率、和谐等多元社会价值,在更为宏观的层面上实现了社会"整体正义"的最大化。

或许正是基于这样的诉讼目的,一方面,不同于不认罪案件之法庭审理所一直强调的禁止使用书面证据或曰笔录证据代替言词陈述的诉讼要求,认罪案件之法庭审理基于书面证据或曰笔录证据的可用性、必要性③和经济性特征,允许将审判阶段对于认罪认罚之自愿性、真实性与合法性的审查建立在法官阅卷的特定方式之上。另一方面,基于保障底线公正,特别是保障犯罪嫌疑人、被告人认罪认罚之自愿性、明知性与合法性的规范目的,认罪案件的法庭审理中容许认罪反悔权与上诉权的行使,并可能引申出审判阶段的补充侦查,以及根据在案证据裁判等特定诉讼制度的司法适用,一定程度上打破了不认罪案件与认罪案件法庭审理于诉讼制度和证明制度适用层面的界限与藩篱。

第二节 认罪案件法庭审理中的被告人反悔权

作为认罪反悔权行使的程序效果之一,简化审理程序相应地转换为普通程序。从表面上来看,被告人认罪反悔权的行使似乎只是引起了审理程序适用的改变,但其却在实质上影响了定罪和量刑问题的证据调查方式以

---

① 参见王瑞剑:《实质真实主义的妥协——德国刑事协商制度的理论考察》,载《苏州大学学报(哲学社会科学版)》2020 年第 3 期。

② 卞建林、张可:《构建中国式认罪协商制度:认罪认罚从宽制度的反思与重构》,载《政法论坛》2024 年第 4 期。

③ 关于书面证据的必要性和可用性论证,可参见龙宗智:《诉讼证据论》,法律出版社 2021 年版,第 199-201 页。

及建立在控辩双方存有争议前提下的特定查证方式的"补充"运用。在笔者看来,认罪反悔权行使的语境之下,审判阶段的补充侦查、法官的庭外调查核实以及 2021 年《刑诉法解释》所全新确立的"根据在案证据作出判决、裁定"亦可能发生作用,此类证据制度与裁判制度不仅可以适用于不认罪案件的实质化审理或曰以审判为中心的诉讼制度改革之下,而且可以适用于认罪案件法庭审理的特定情境之下,因而值得理论研究的关注,具有认罪案件庭审证据调查范式研究主题下的研究必要与研究空间。

一、法庭审理中被告人认罪撤回的本质重述

自认罪认罚从宽制度创设以来,理论界与实务界便围绕此一制度之本体与配套展开了较为充分的讨论。数量可观的既有研究成果关注到该项制度的不同层面,如认罪案件的证明标准,认罪案件的价值基础与论理根据,认罪案件与简化审理程序的因应关系,认罪案件之自愿性、明知性、明智性保障机制等。然而,由于缺少对于此一制度之法律性质的明晰认识,司法机关时常将认罪认罚从宽视作办案机关对于被追诉人的"恩赐"①,待认罪撤回亦相应地被视作认罪被告人对于此前自愿认罪认罚的通盘否定,有悖于契约当守的诚信要求。在笔者看来,犯罪嫌疑人、被告人之认罪撤回之所以会引申出不同程度的规范疑义与实践疑难,伴随着可欲和可能之间的实然落差,其根本原因即在于理论界与实务界对于认罪撤回本质的认知不明或片面误读。词义学范畴下,"本质"一词的语义解释有四,即事物存在的根据、事物中常在的不变的形体、事物的根本性质,以及某类事物区别于其他事物的基本特质。围绕"本质"一词的词源含义展开分析,笔者认为,法庭审理中被告人认罪撤回的本质可以从如下两个方面进行重述:

其一,法庭审理中的被告人认罪撤回系被告人自我决定权的诉讼体现,昭示出认罪撤回的权利本质。自我决定权,用以指代个人按照自我意愿自由支配自我利益的特定权利,此一权利强调个人是自己命运的决定者和自己生活的作者。② 具体到刑事诉讼中,自我决定权意味着犯罪嫌疑人、被告人可以按照自己的意愿在既定的程序框架内自由抉择、自由行动、自主决定与自身利益相关的问题与事项。在被追诉人于审前阶段已然作出有罪供述,并在法庭上放弃无罪辩护的认罪案件之中,控辩双方完全可

---

① 闵春雷:《回归权利:认罪认罚从宽制度的适用困境及理论反思》,载《法学杂志》2019 年第 12 期。
② 参见车浩:《自我决定权与刑法家长主义》,载《中国法学》2012 年第 1 期。

以放弃庭审对抗,摆脱现有诉讼模式下的对立诉讼关系,转为寻求适度协商、合作。尽管学界在认罪认罚从宽制度的诉讼模式归属问题上常存争议,但客观而论,认罪认罚从宽制度的立法确立实然形成了对于我国传统刑事诉讼模式的既有冲击,突出体现在认罪认罚案件同传统不认罪案件于控诉、辩护和审理等诸多方面的差异,以及认罪认罚具结书所具有的明显的司法契约属性之上。

从社会心理学的角度讲,面对刑事追诉,犯罪嫌疑人、被告人之所以会选择认罪认罚并签署具结书,从根本上来说是因为其内心深处对于实体或程序从宽之特定处遇存在着某种期许,期望在制度规范的框架内借由认罪认罚意思表示作出的"要约邀请",换取检察机关所提出的从宽处遇方案之特定"要约",即以让渡部分己方诉讼权益,特别是以无罪推定与程序正义为核心的诉讼理念,以及那些建立在控辩双方对立立场之上的证据规则的作为协商、合作之利益兼得或曰互利共赢的基本"对价"。而从逻辑上看,既然犯罪嫌疑人、被告人有选择是否认罪认罚、何时认罪认罚的权利或曰自由,那么在认罪认罚之后,犯罪嫌疑人、被告人即有权在后续的程序阶段撤回认罪认罚。认罪认罚案件的诉讼程序之中,诉讼程序呈现动态化的特征。伴随着诉讼程序的不断推进,不仅犯罪嫌疑人、被告人的主观意愿可能发生变化,案件事实或证据材料本身亦存有"变数"可能,公安司法机关对于案件的认识亦具有渐进性和差异性。[①] 从这个意义上讲,允许被告人在法庭审理之中撤回认罪不仅符合程序推进与诉讼运行的内在规律,同时是对认罪认罚之权利性质的本体回归。

其二,法庭审理中的被告人认罪撤回承载着弥补被告人权利处分能力不足、平衡控辩双方诉讼地位差异的自愿性保障功能。与大多数旨在保证底线公正的基础上最大限度地提升诉讼效率的简易化案件处理机制类似,认罪认罚从宽制度在本质上系一种依赖认罪口供的快速定罪程序,此一制度基本上排除了犯罪嫌疑人、被告人获得无罪判决的现实可能性。[②] 由是,如何保障被追诉人于此一制度适用下的自愿性、明知性和明智性即成为定罪准确与程序正当的关键与核心。基于认罪自愿性、明知性与合法性的规范考虑,我国现行刑事立法与刑事司法建构出一系列的配套保障机制,如值班律师制度、法律帮助制度,以及权利义务告知制度等。然而,受制于诸多主客观因素,前述机制在我国当下的认罪案件的司法实践

---

① 参见汪海燕:《被追诉人认罪认罚的撤回》,载《法学研究》2020 年第 5 期。

② 郭松:《认罪认罚从宽制度中的认罪答辩撤回:从法理到实证的考察》,载《政法论坛》2020 年第 1 期。

中往往功能有限,激励型自愿供述机制在"自愿"层面形似而实不至。"认假罪"与"假认罪"现象偶有发生。

一方面,认罪认罚从宽制度之下,检察机关独享制度启动权,犯罪嫌疑人需以主动认罪认罚的实际行动而非单纯的启动申请取得检察机关对其是否适用此一制度的意见考量。司法实践中,认罪认罚从宽制度的启动通常遵循"承办检察官初步审查案件是否符合适用认罪认罚从宽制度的条件——对于符合适用条件的案件,承办检察官对犯罪嫌疑人进行讯问并征求其个人意见——征得犯罪嫌疑人同意后,检察机关再启动认罪认罚从宽制度"的基本步骤。① 制度能否适用的条件之一即在于犯罪嫌疑人是否先行认罪、悔罪,特别是是否先行供述自己的犯罪事实,于制度启动层面科以被追诉方先行认罪悔罪的前置性义务,全然不同于域外法治国家和地区之协商性司法制度中司法机关主动发起协商,用以换取被追诉人自愿供述的制度逻辑。② 另一方面,依据现行《刑事诉讼法》的规定内容,在认罪答辩通常作出的侦查阶段,面对侦查机关的讯问,犯罪嫌疑人既不享有律师在场的权利,也不享有保持沉默的权利,而是负有如实回答的义务。相应地,当讯问人员认为犯罪嫌疑人没有"如实回答"之时,强制其履行如实供述义务的司法主导型供述机制肇始发生,犯罪嫌疑人的有罪供述亦因此而带有被强迫、受压制的行政色彩。更为重要的是,即使是在认罪认罚具结书签署之后,犯罪嫌疑人、被告人的期待利益能否实现亦不确定,被追诉人依然承受着检察机关单方"反悔"的现实风险,履约促进机制下的"期许"与"信赖"在控辩双方之间的损益分配其实并不均衡。由是,一旦认罪被告人在法庭审理之中不能获得其预期的定罪从宽或量刑减让,认罪撤回的情形便会出现③,并由此导致退回补充侦查、补充收集证据、审判程序转化等程序烦琐或倒流现象的发生。表面上看,法庭审理中的被告人认罪撤回似乎会降低认罪认罚从宽制度所欲追求的司法效率,但笔者认为,就整体而言,法庭审理中的被告人认罪撤回承载着弥补被告人权利处分能力不足、平衡控辩双方诉讼地位差异的自愿性保障功能。认罪撤回的现实存在不仅有助于认罪认罚案件从程序伊始即注重权利保障,在确保案件质量的前提下推进诉讼,而且能够助力公正和效率价值在更高的层面实现统一,此即法庭审理中的被告人认罪撤回的基本特质。

---

① 杜磊:《认罪认罚从宽制度适用中的职权性逻辑和协商性逻辑》,载《中国法学》2020 年第 4 期。

② 步洋洋:《认罪案件中口供适用的逻辑与限度》,载《社会科学》2021 年第 7 期。

③ 刘静坤:《刑事审判程序繁简分流与公正审判》,载《法律适用》2016 年第 6 期。

其三,诚如本书前文提到的霍耐特的"为承认亦斗争理论",从某种层面上讲,法庭审理中被告人认罪撤回的作出可以被理解为对于此前进行的控辩协商或曰控辩合意的延续,属于典型的因"共识性正义"的偏差认知而选择作出的持续性"斗争"。其目的并非在于全盘否定此前的认罪认罚,或检察机关所认为的"恶意反悔",而是旨在通过主体间的相互"斗争"进一步趋于认同,创造商谈理论下"自由交往"境界的制度性实现可能。依据我国现行刑事立法的规范要求,认罪认罚从宽制度项下控辩双方所欲实现的"交互正义"亦只有在法院作出终局裁判之时方能落定,此一时空维度之前,基于交互行为本身所具有的反复性和持续性特征,认罪被告人为寻求"终局共识"而继续"斗争"之认罪撤回不仅是可能的,亦是正当的,而这即为法庭审理中被告人认罪撤回存在的理论根据之一。

在理论证成法庭审理中被告人认罪撤回的本质之后,我们便不得不思考这样的一个问题:在法庭审理中被告人认罪撤回所承载的昭示被告人作为刑事诉讼主体的自我决定权,弥补被告人权利处分能力不足,平衡控辩双方诉讼地位差异,以及实现商谈语义下的"共识性正义"之正向功用的本质预设之上,法庭审理中的被告人认罪撤回究竟可以引申出哪些不同于其他诉讼阶段之认罪认罚撤回的特异性实践效果。

二、法庭审理中被告人认罪撤回的三重效用

作为认罪认罚从宽制度下犯罪嫌疑人、被告人所享有的基本权利之一,法庭审理中的被告人认罪撤回本身溯源于被告人作为刑事诉讼主体的自我决定权,承载着弥补被告人权利处分能力不足、平衡控辩双方诉讼地位差异的自愿性保障功能,旨在实现商谈语义下的"共识性正义",属于典型的"为承认而斗争"。而作为认罪认罚撤回概念范畴之下的特定一种,法庭审理中的被告人认罪撤回既具有其他诉讼阶段认罪认罚撤回的一般特征和法律效用,又具有不同于其他诉讼阶段之认罪认罚撤回的特异化效果。在笔者看来,诉讼作为一种仪式,本为通过适当的程序转换社会事实,从而确定司法过程中的身份和边界,建构法律意指的秩序,使判决能够合法、正当地塑造法律文化、法律信仰和法律象征的过程。因应法庭审理的主体要素、时空要素、其所承载的证据核验与争端处置的功能要素,此种由制度、程序所确定的特定仪式于法庭审理环节即表现为一系列的由证据程式所构成的互动链结构。法庭审理之中,无论是认罪认罚自愿性、明知性与合法性的审查,还是认罪口供的当庭撤回,均需依托于由证据交换到举证、质证、认证,再到最终事实认定的特定过程,借由在控诉、辩护、审

判三方之间的来回流动、展演与交换的仪式完成从符合之物到诉讼之物的转变,获得以后定和后赋为基本内容的法律意义。① 正所谓"犯罪嫌疑人、被告人通过口供而加入制造司法事实的仪式"②,法庭审理中被告人的认罪撤回不仅打破了认罪庭审中司法机关调查和审理案件事实的双向互动性,而且有意无意地改变了认罪被告人对于法庭审理程序之主动、自愿接受的诉讼心理与诉讼态度,于实体、程序和证据的不同维度适时引申出颇具制度特色的三重特异效用。

(一)法庭审理中被告人认罪撤回的实体效用

认罪认罚从宽制度之下,犯罪嫌疑人、被告人以自愿供述并签署认罪认罚具结书的特定方式承认检察机关指控的基本犯罪事实,提供出一份"对于刑事诉讼程序的运行以及定罪量刑的确定均具有重要作用的证据"③,将控辩双方于不认罪案件中原本单纯的对抗关系转变为适度的协商、合作,由此带来法庭审理重点的明显差异。整体而言,量刑问题实乃认罪案件法庭审理的"牛鼻子"。从认罪案件法庭审理的实践运行来看,事实审理者对于量刑基础之认罪认罚自愿性、真实性与合法性的审查主要通过讯问和阅卷的两种方式进行。换言之,认罪案件的法庭审理不仅以法官职权询问或曰讯问作为证据调查的基本方式,同时允许案卷笔录等书面证据的庭审适用,全然不同于不认罪案件的法庭审理所一贯强调的"以交叉询问为主,职权询问和对质询问为补充"的庭审证据调查方式体系的建构追求。

作为认罪认罚从宽制度下犯罪嫌疑人、被告人所享有的基本权利之一,法庭审理中的认罪撤回意味着刑事被告人不再放弃以无罪推定原则和程序正义理念为核心的一系列诉讼权利。相应地,检察机关便需要承担法庭审理中被告人有罪的证明责任,并达到事实清楚,证据确实、充分的法定证明标准。具体而言,一方面,法庭审理的重点需要适时回归定罪问题的实质确定,不仅认罪案件庭审之中那些建立在控辩双方审前合意之上的形式性定罪审查方式及书面审查方式将不再适用或将被极大地限缩适用,而且需以实质化的审理方式,以证人出庭、侦查人员出庭、值班律师出庭以及播放认罪认罚具结书签署之时的录音录像等方式对于定罪事实进行实质

---

① 参见易军:《诉讼仪式的文化解释——物、空间与意义生产》,载《法律和社会科学》2019年第2期。

② 牟军:《口供中心主义之辩》,载《河北法学》2005年第12期。

③ 王敏远:《认罪认罚从宽制度疑难问题研究》,载《中国法学》2017年第1期。

化的法庭审理；另一方面，溯源于庭审认罪撤回可能引申出的事实审理者在被告人是否有罪问题上的"心证之疑"，那些原本适用于不认罪案件法庭审理的特定诉讼制度，如审判阶段的补充侦查、法官的庭外调查核实，以及 2021 年《刑诉法解释》所确立的"根据在案证据作出判决、裁定"亦可能在认罪撤回的情境之下发生作用，以补充查证、补充移送等增加证据分量的方式、方法最大限度地消解事实之疑，进而将认罪案件与不认罪案件法庭审理的实体制度与实体规范协同开来，形成制度与规范适用层面上的交叉和转化。

（二）法庭审理中被告人认罪撤回的程序效用

认罪认罚从宽制度下，犯罪嫌疑人、被告人的有罪供述实属认罪认罚的外在表现，其所带来的内在效果之一即为引起审判程序体系内部不同梯度的简化，即分别适用速裁程序、简易程序或普通程序简化审。亦即，在我国当下的认罪案件司法实践中，公安司法机关往往会因犯罪嫌疑人、被告人自愿认罪认罚而适用较为简化的审理程序。我国当下以简易程序、速裁程序为具体内容的简化审理程序普遍建立在被告人自愿认罪的前提之上，法庭审理中被告人的认罪撤回不仅会在实体层面对定罪量刑问题产生根本影响，而且会影响审判程序的具体适用，导致简化审理程序的不再适用，涉及程序转换的现实问题。具体而言，我国现行刑事立法依据被告人是否认罪建构出第一审刑事案件的程序分流机制。此一分流机制之下，假使第一审人民法院对于犯罪嫌疑人、被告人认罪认罚的案件适用简易程序或速裁程序审理，那么法庭审理中被告人的认罪撤回即意味着此一案件不再符合简易程序或速裁程序的适用条件，因而应当转入第一审普通程序进行审理，用以确保刑事被告人获得以实质化审理要义为核心内容的公正审判。司法实践中，尽管法庭审理中的被告人认罪撤回可能基于差异化的各种原因，但无论基于何种原因的认罪撤回，司法机关都不能剥夺其获得公正审判的权利。[1] 而就现行刑事立法的规范内容来看，不同于现行《刑事诉讼法》第 201 条第 2 款所确立的针对"认罚撤回"的普通程序中的"径行裁判"模式，针对法庭审理中的被告人"认罪撤回"，现行《刑事诉讼法》第 226 条确立了速裁程序中的"重新审理"模式。依据现行《刑事诉讼法》第 226 条的规定，人民法院在审理过程中，发现有被告人的行为不构成犯罪或者不应当追究其刑事责任、被告人违背意愿认罪认罚、被告人否认指

---

① 肖沛权：《论被追诉人认罪认罚的反悔权》，载《法商研究》2021 年第 4 期。

控的犯罪事实或者其他不宜适用速裁程序审理的情形的,应当按照第二章第一节(公诉案件)或者第三节(简易程序)的规定重新审理。亦即,在速裁程序的法庭审理之中,假使认罪被告人作出认罪撤回,则人民法院应当依照公诉案件普通程序或简易程序重新审理。

客观来讲,我国现行《刑事诉讼法》第226条所确立的程序转化机制带有明显的规范粗疏性特征,此一规范既没有明晰依照公诉案件普通程序或简易程序重新审理的具体步骤与方式、方法,亦没有明晰先前程序的效力。更为重要的是,现行立法对于按照简易程序审理的认罪案件,假使被告人作出认罪撤回,程序的转换又当如何更是只字未提。在笔者看来,一方面,程序的转换不同于单纯的审判组织转换。2021年《刑诉法解释》第336条所规定的"适用简易程序独任审判过程中,发现对被告人可能判处的有期徒刑超过三年的,应当转由合议庭审理"即属于典型的简易程序内部的审判组织转换。相较于程序内部的审判组织转换,程序转换所关涉的问题更为多元复杂,不仅涉及审判组织的适时调整,而且涉及先前程序的效力确认问题。而鉴于我国当下庭前形式审查与案卷材料之全案移送并未区分普通程序、简易程序和速裁程序而差异规范的现实语境,法庭审理中的被告人认罪撤回其实并不会对庭前准备与庭前审查程序产生任何实质性影响,认罪撤回影响最大的实为法庭审理之中已经进行的法庭调查和法庭辩论程序。为防止程序转换之"泛化"适用所带来的诉讼资源浪费,最大限度地衡平法庭审理中的公正与效率价值,笔者认为,一方面,在速裁程序的法庭审理之中,假使认罪被告人作出认罪撤回,独任审判员应当听取被告人本人与辩护律师对于转换后审判程序如何适用的具体意见。假使被告方同意适用简易程序,则由速裁程序的独任审判员继续在转换后的简易程序中独任审理,而在被告方不同意适用简易程序,或简易程序转化为普通程序的情形之下,刑事立法应当要求在普通程序的审理之中另行组成合议庭,防止独任审判员(或简易程序的合议庭成员)在此前审理中形成的臆断和偏见进入转换后的普通程序的审理之中。另一方面,尽管相较于刑事简易程序的"简化式",速裁程序下的法庭调查和法庭辩论可以被全然省略,具有明显的"省略式"特征,但这并不意味着速裁程序全然无须调查案件事实。速裁程序在本质上并非不调查案件事实,只是调查的程序和方式高度简化,即通常是以直接讯问认罪被告人或借由审核、查验各类书面材料,特别是认罪认罚具结书的特定方式、方法进行罢了。① 由此带来的

---

① 参见万毅:《认罪认罚从宽程序解释和适用中的若干问题》,载《中国刑事法杂志》2019年第3期。

问题是,既然简易程序与速裁程序仍需调查案件事实,那么在速裁程序或简易程序转换为普通程序重新审理之时,先前已经进行的法庭调查和法庭辩论事项是否应当重新来过?笔者认为,基于司法资源有限、诉讼价值衡平的现实考量,以协议破裂为依据的重新来过论理并不可行。可以考虑的一种方式是,由普通程序下另行组成的合议庭根据此前已经形成的庭审笔录询问被告人及其辩护人对于先前程序中法庭调查和法庭辩论事项的具体意见,对于辩方认可的诉讼事项,普通程序无须重新调查和辩论。

(三)法庭审理中被告人认罪撤回的证据效用

同法庭审理中的被告人撤回认罪伴随而生的核心证据问题即为"翻供"。作为我国刑事司法实践中较为常见的现象之一,有罪供述的撤回不仅与犯罪嫌疑人、被告人同为被追诉的对象与辩护主体的双重身份有关,也与我国当下刑事立法与刑事司法对于供述自愿性之有效的保障不足相关。2021年《刑诉法解释》第96条①尽管存有背离直接言词原则之嫌疑,但却以立法明文规定的方式宣示出法庭审理中被告人所享有的认罪撤回权,划定出翻供的证据适用后果。《认罪认罚指导意见》明确规定被追诉人在检察机关提起公诉前反悔的则具结书失效,不能作为公诉提起的依据,但却对认罪认罚具结书所涉及的有罪供述能否在审判程序中作为证据使用等问题语焉不详。

在笔者看来,尽管认罪案件中被追诉人的有罪供述主要形成于审查起诉阶段,并为认罪认罚具结书所固定、昭示。然而,从程序角度进行审视,一方面,认罪认罚具结书的签署过程实与口供收集的程序迥然有别。相较于认罪认罚具结书的签署过程较为单纯地强调犯罪嫌疑人的权利告知、控辩协商或律师有效帮助等规范要义,现行《刑事诉讼法》对于讯问犯罪嫌疑人、被告人的主体、人数、地点、内容与记录方式等则作出了较为严格、细致的规定。另一方面,面对刑事指控,犯罪嫌疑人、被告人不仅有权进行辩护,还有权选择进行何种辩护。如果"翻供"的内容是主张无罪或罪轻,其在本质上即属于被告人在法庭之上将辩护内容由有罪辩护转变为无罪辩护或罪轻辩护。在刑事诉讼的过程之中,不论犯罪嫌疑人、被告人

---

① 2021年《刑诉法解释》第96条规定:"审查被告人供述和辩解,应当结合控辩双方提供的所有证据以及被告人的全部供述和辩解进行。被告人庭审中翻供,但不能合理说明翻供原因或者其辩解与全案证据矛盾,而其庭前供述与其他证据相互印证的,可以采信其庭前供述。被告人庭前供述和辩解存在反复,但庭审中供认,且与其他证据相互印证的,可以采信其庭审供述;被告人庭前供述和辩解存在反复,庭审中不供认,且无其他证据与庭前供述印证的,不得采信其庭审供述。"

基于何种原因推翻自己此前作出的有罪、罪重供述,均应当被视作一种自我辩护。① 更为重要的是,从逻辑上来看,犯罪嫌疑人、被告人的供述改变有可能从真到假,也有可能从假到真,而真假的问题只能待审判阶段由人民法院作出最终裁决。由于我国并未在庭审前设立专门的罪状认否(认罪答辩)程序,因而只能将相关事项置于庭审中一并解决。②

　　其实,对于认罪撤回后先前有罪供述所引起的证据效用,域外法治国家和地区的刑事立法中早已形成较为一致的趋同做法,并可为我国当下的刑事立法与刑事司法所镜鉴。例如,在美国的辩诉交易制度中,"如果有罪答辩没有作出或作出后被撤回,那么辩诉交易过程之下的有罪答辩要约、有罪答辩协议,以及与此相关的有罪陈述均是不被接受的"③。法国实务界和理论界的共识是,"依《法国刑事诉讼法典》与宪法委员会所确立的无罪推定以及不得强迫自证其罪的基本精神,控辩'交易'一旦失败,被告人的口供即归于无效,因而不得用于后续的诉讼程序"④。我国台湾地区刑事诉讼有关规定第 455 条之七亦规定:"法院未为协商判决者,被告或其代理人、辩护人在协商过程中之陈述,不得于本案或其他案件采为对被告人或其他共犯不利之证据。"换言之,撤回认罪答辩即意味着"缔约"失败,控辩双方并未形成"合意",或者达成的合意"破裂",故而在协商或交易中所作的认罪供述在后续的诉讼中不得作为相关的证据使用。

　　反观我国当下的司法实践现实,有关调研报告显示,犯罪嫌疑人、被告人作出认罪撤回的,其先前的有罪供述及据此收集的相关有罪证据在后续程序中被"照单全收地适用,适用率高达 100%"。⑤ 法庭审理中被告人的"翻供"基本不被采信,司法机关将被告人不能作出合理解释,翻供理由不具有可信度或自相矛盾,且部分庭前供述和在案证据能够相互印证作为不予采信被告人"翻供"内容的主要理由。⑥ 而在翻供效果上,有些被告人仍然被认为有认罪表现,有些被告人则被认为不成立认罪⑦,法庭审理中的

① 周国均、史立梅:《翻供之辨析与翻供者人权保障》,载《中国刑事法杂志》2005 年第 5 期。
② 参见汪海燕:《刑事审判制度改革实证研究》,载《中国刑事法杂志》2018 年第 6 期。
③ 参见〔美〕伟恩·R. 拉费弗、杰罗德·H. 伊斯雷尔、南西·J. 金:《刑事诉讼法》(下册),卞建林等译,中国政法大学出版社 2003 年版,第 1067 页。
④ 施鹏鹏:《警察刑事交易制度研究——法国模式及其中国化改造》,载《法学杂志》2017 年第 2 期。
⑤ 马明亮、张宏宇:《认罪认罚从宽制度中被追诉人反悔问题研究》,载《中国人民公安大学学报(社会科学版)》2018 年第 4 期。
⑥ 樊学勇、胡鸿福:《被告人认罪认罚后反悔的几个问题——基于北京地区检察院、法院司法实践的分析》,载《贵州民族大学学报(哲学社会科学版)》2020 年第 5 期。
⑦ 参见孙某行贿案,北京市朝阳区人民法院刑事判决书(2018)京 0105 刑初 85 号;龚某某开设赌场案,北京市朝阳区人民法院刑事判决书(2017)京 0105 刑初 1520 号。

被告人认罪撤回常因明晰的定位缺失而引申出较为突出的实践差异,因而亟待刑事立法与刑事司法作出有针对性的现实回应。

三、赋权与规制:法庭审理中被告人认罪撤回的应然走向

(一)回归权利:法庭审理中被告人认罪撤回的走向之一

作为一项旨在通过特定的实体或程序利益"交换"促使犯罪嫌疑人、被告人自愿认罪的有机制度与程序整体,认罪认罚从宽本身属于一项宏观的政策性制度,具有实体性与程序性权利相统一的复合特征。① 此一制度项下,被追诉人所依法享有的以知悉权、程序选择权、认罪认罚撤回权以及上诉权为具体内容的程序性权利,不仅深刻影响乃至决定着此一制度的启动、推进及可能出现的程序回转,昭示出作为诉讼主体的犯罪嫌疑人、被告人对于刑事诉讼进程的实质影响②,也承载着弥补被追诉人权利处分能力不足、平衡控辩双方诉讼地位差异的自愿性保障功能,旨在借由程序正义和程序正当实现商谈语义下的"共识性正义"。如前文所述,在我国当下认罪认罚从宽制度的司法实践中,司法机关时常将认罪认罚从宽当成办案机关对于被追诉人的"恩赐",认罪认罚撤回亦相应地被视作认罪被告人对于此前自愿认罪认罚的通盘否定,有意无意地忽视了撤回行为所本应具有的程序性权利属性。在笔者看来,作为认罪认罚撤回概念项下的特定类型之一,法庭审理中的被告人认罪撤回不仅是认罪嫌疑人、被告人权利行使之疑虑消解的制度保障,而且有效契合了认罪认罚从宽制度本源的要义精神,符合制度本身的确立与运行规律。诚如以哈贝马斯为代表的协商民主论者所提出的论断一般,"权利既是一种'关联性的表达',又是一种'社会化合作'"③,认罪认罚从宽制度下认罪被告人所享有的认罪撤回权绝非一项单纯的个人权利,而是承载着"以权利制约权力"的某种公共属性。相应地,无论是禁止被告人于法庭审理中的认罪撤回,还是在庭审认罪撤回后仍将认罪嫌疑人之有罪供述作为特定的证据而后续使用,均可能构成对于程序法治与程序理性的实践背反,加剧法庭审理中被告人认罪撤回于规范与实践、应然与实然之间的矛盾冲突。是故,笔者认为,刑事立法与刑

① 参见顾永忠:《关于"完善认罪认罚从宽制度"的几个理论问题》,载《当代法学》2016 年第 6 期。
② 闵春雷:《回归权利:认罪认罚从宽制度的适用困境及理论反思》,载《法学杂志》2019 年第 12 期。
③ 〔德〕哈贝马斯:《在事实与规范之间:关于法律和民主法治国的商谈理论》(修订译本),童世骏译,生活·读书·新知三联书店 2014 年版,第 29 页。

事司法当基于问题明晰与问题解决的现实考量,回归认罪认罚撤回的权利本质,将法庭审理中的认罪撤回作为认罪嫌疑人、被告人于法庭审理阶段所享有的重要的程序权利加以明确,并通过审前认罪认罚具结之时的知悉权、程序选择权,以及法律帮助权的配套完善建构出认罪撤回之权利行使的配套保障机制,最大限度地保证犯罪嫌疑人、被告人认罪认罚的自愿、明知、明智和真实。

(二)有效规制:法庭审理中被告人认罪撤回的走向之二

诚然,从尊重犯罪嫌疑人、被告人的诉讼主体地位,充分保障其认罪认罚的自愿性、明知性与明智性的角度出发,刑事立法与刑事司法似乎不应对认罪认罚从宽制度下犯罪嫌疑人、被告人所享有的认罪认罚撤回权作以任何限制。然而,如前文所述,法庭审理中的认罪撤回既不同于审前阶段的认罪撤回,亦不同于法庭审理中单纯的认罚撤回,此一权利之行使必然会引申出程序适用的转换、审理重点的调整与具体证明方法的适用差异。因此,从比较法的视角来看,对认罪案件下犯罪嫌疑人、被告人的撤回权作出限制已然成为诸多法治国家和地区的通常做法。如在美国的刑事诉讼中,假使控辩双方通过辩诉交易达成协议,那么被追诉人只能在提供具体证据证明其有罪答辩的明知性和自愿性受到影响的情形下才能反悔。① 而基于"泛权模式"可能引申出的撤回权利滥用、诉讼效率降低、司法资源浪费,以及契约当守的诚信要义,笔者认为,我国现行刑事立法应当对法庭审理中被告人的认罪撤回作以适度规制,可以考虑的具体径路是:

其一,将法庭审理中被告人认罪撤回的时间限定在"法庭辩论结束前"。从我国地方试点的规范性文件来看,在开展认罪认罚从宽制度试点工作的过程中,天津市曾在试点文件中明确对犯罪嫌疑人、被告人认罪认罚撤回的时间作出限定,即"犯罪嫌疑人、被告人在一审人民法院作出裁判之前可以行使反悔权并撤回其认罪供述"②。而在类似于我国认罪认罚从宽制度的辩诉交易或控辩协商制度中,部分国家和地区更是将限定犯罪嫌疑人、被告人的认罪答辩撤回时间视作限制认罪答辩撤回的重要策略而普遍适用。正所谓"如果犯罪嫌疑人、被告人错误地选择快速审判程序,那么

---

① 参见〔美〕约书亚·德雷斯勒、艾伦·C.迈克尔斯:《美国刑事诉讼法精解(第四版)(第二卷·刑事审判)》,魏晓娜译,北京大学出版社2009年版,第172-173页。

② 天津市高级人民法院、天津市人民检察院、天津市公安局、天津市国家安全局、天津市司法局于2017年3月印发的《关于开展刑事案件认罪认罚从宽制度试点工作的实施细则(试行)》第16条规定:"犯罪嫌疑人、被告人认为前期的认罪供述有损其利益的,可以在一审法院裁判作出之前反悔,主张撤回认罪供述、撤销具结书……"

他便应当及时行使反悔权,其越晚行使则表明错误的概率越小……"①。在笔者看来,诉讼认知并非一个封闭静止的存在状态,而是一个动态发展的存续状态,随着诉讼活动的推进与主体认知的深化而不断地生成、解构与重构。通过简化审理程序之简化式的法庭调查和法庭辩论,辩方能够在当下认罪案件之证据开示并不健全的情境下更为全面细致地把握案件事实、证据与争点,能够更为理性地判断出审前控辩协商承载的期待利益与控方作为国家专门机关之信赖利益能够在多大程度上得以实现。更为重要的是,我国现行刑事立法对于审判程序项下之具体环节作出明确划分,不同的审理环节具有各自不同的功能和任务,既然证据的核验、争端的处置、定罪和量刑的认定与心证形成需要借由前后相继的法庭调查和法庭辩论实现,那么法庭审理中的认罪撤回就应当被限定在"法庭辩论终结前",这不仅符合审判程序本身的运行规律与规范要旨,也呼应了评议与宣判之后,被告人的认罪认罚撤回可以通过上诉机制得到救济的现实语义。

其二,将法庭审理中被告人认罪撤回的理由限定为"非自愿认罪""认罪依据的事实、证据发生变化"及"律师提供的法律帮助无效"三个方面。在正式的法庭审理之前(或更早的审前阶段),犯罪嫌疑人可以自由撤回认罪答辩,这既是认罪认罚撤回之权利本质的基本要求,也是犯罪嫌疑人作为诉讼主体之自我决定权的规范体现。不同于法庭审理之前认罪认罚撤回所呈现出的"无因性",法庭审理中的认罪撤回因关涉证据调查方式、法庭审理重点,特别是程序转换适用而不能任意行使,而是应当基于特定的正当理由,即遵循"有因撤回"。尽管认罪案件法庭审理的核心议题实为量刑问题,但为有效避免认罪认罚从宽制度演变为一种"为认罪而认罪""为简易而简易"的机械化司法现象,事实审理者仍需采取必要的庭审调查和庭审辩论确认被追诉人认罪认罚的自愿性、明知性、明智性与合法性。而鉴于认罪自愿性、明知性与明智性在认罪案件法庭审理中的先决地位,以及认罪撤回与认罚撤回的实质差异,笔者主张将我国法庭审理中被告人认罪撤回的具体理由限定在"非自愿认罪""认罪依据的事实、证据发生变化"及"律师提供的法律帮助无效"三个方面。一方面,自愿性构成认罪认罚从宽制度适用的基本前提。假使犯罪嫌疑人、被告人是在违背其真实意愿的情形下作出认罪认罚意思表示或具结,那么就极有可能出现"认假罪"与"假认罪"的司法现象;另一方面,诉讼认知并非一个封闭静止的存在状态,而是一个动态发展的存续状态。犯罪嫌疑人于审前阶段认罪认

---

① 参见洪浩、方姚:《论我国刑事公诉案件中被追诉人的反悔权——以认罪认罚从宽制度自愿性保障机制为中心》,载《政法论丛》2018 年第 4 期。

罚后,其所依据的认罪事实和证据可能会基于各种原因而发生变化。一旦认罪依据的事实、证据发生变化,即意味着先前的认罪事实和证据已然不能作为认罪审查的裁判基础。不仅如此,认罪案件之中,犯罪嫌疑人、被告人的人身自由可能受到限制或剥夺,加之缺乏法律知识,其能否准确理解认罪认罚从宽的内涵与法律后果,并以此为基础自愿作出认罪认罚的内心真意在很大程度上有赖于律师提供的有效法律帮助。① 基于这样的论理分析,笔者主张将"非自愿认罪""认罪依据的事实、证据发生变化"以及"律师提供的法律帮助无效"作为法庭审理中被告人认罪撤回的法定事由,以赋权与规制的双重径路将法庭审理中的被告人认罪撤回形塑成一种"备而不用、用而有效"的利益衡平机制与风险控制手段,最大限度地衡平认罪认罚从宽制度下的公正与效率价值、实体正义与程序正当。

第三节　认罪认罚从宽制度下上诉权与抗诉权的关系论

自党的十八届四中全会通过的《中共中央关于全面推进依法治国若干重大问题的决定》提出"完善刑事诉讼中认罪认罚从宽制度"以来,围绕着认罪认罚从宽制度所开展的试点工作与学术研判骤然兴起。2018 年《刑事诉讼法》再修改时,对试点工作的可行经验及学术研判的有益成果予以吸收、确认,在对认罪认罚从宽所具有的综合性、规范性和稳定性的原则指导语义予以立法明定的同时,就其制度运行的配套程序及保障机制作以框定。从既有立法规范与学术研究的指向性维度来看,既有成果多将认罪认罚从宽制度的规范与研究视角聚焦于认罪案件的价值基础与论理根据、认罪案件与简化审理程序的因应关系、认罪案件的证明标准以及认罪之自愿性、明知性、合法性的配套保障机制之上,因全局性视角之缺失而有意无意地忽视了对于实践中存在较大争议的"认罪认罚从宽制度下上诉权与抗诉权②关系"问题的论理分析。"两高三部"颁布的《关于在部分地区开展刑事案件认罪认罚从宽制度试点工作的办法》《认罪认罚指导意见》虽对认罪认罚案件中检察机关的监督职责与被告人的上诉权利作以框架宣言式规定,却始终未见对于认罪认罚从宽制度下被告人上诉权与检察机关抗诉权之明晰阐释,呈现出较为明显的叠床架屋与零敲碎打特征。更为重要的是,我国当下的刑事司法实践亦确实存在着适用认罪认罚从宽制度的被告

---

① 参见肖沛权:《论被追诉人认罪认罚的反悔权》,载《法商研究》2021 年第 4 期。
② 我国现行《刑事诉讼法》下的抗诉分为二审抗诉和再审抗诉两种。若无特别指出,本书使用的抗诉均为二审抗诉。

人于第一审判决后"投机上诉""留所上诉",检察机关则以抗诉反制上诉的特定情形,因未能厘清此上诉与抗诉之二项权能在认罪认罚案件中的特殊关系而割裂了认罪认罚从宽制度本源的协商语义,以及权力与权利之间所应具有的交涉逻辑。

辩证唯物主义认为,任何事物总是处在和其他事物的一定关系中,只有在同其他事物的关系中,它才能存在和发展,其特性也才能表现出来。① 认罪认罚从宽视阈下的上诉权与抗诉权亦是如此。笔者认为,作为认罪认罚从宽制度于第一审程序之后的自然延伸,上诉权与抗诉权于此一制度下的关系并非孤立的、简单的表征议题,更绝非司法实践所表征出的单一的矛盾样态,此二项权能因关涉认罪认罚从宽之效力固化而与制度本源的价值、指向、逻辑及运行样态等多重因素密切相关,其关系亦相应地内生和外化出多重向面。为理性演绎归纳出认罪认罚从宽制度下上诉权与抗诉权的多维关系谱系,适时消解此二项权能矛盾对立所引发的现实问题,避免制度项下之价值取向、运行构造同既有程序规则之龃龉所引发的单纯利弊多寡之争,本书拟从实然与应然两个维度对认罪认罚从宽制度下上诉权与抗诉权的关系进行论理,揭示此二项权能之间的以制衡为表象的契合语义与共生逻辑,并基于其关系项下的可限制性特征建言此二项权能得以最大程度衡平的现实路径。

一、认罪认罚从宽制度下上诉权与抗诉权的实然省察

上诉权与抗诉权的理论依据迥异,在认罪认罚从宽制度中二者之间的互动关系更具复杂性。但理论是灰色的,而实践之树常青,将理论视野转向实践视野,从实践中具有典型价值的司法案例寻找上诉权与抗诉权之间的内在联系,用理论工具将实践规律不断抽象,与理论持续对话并作适当修正,亦不失为理清此二权能之复杂性关系,实现理论创新与知识递进的崭新路径。为省察认罪认罚从宽制度下上诉权与抗诉权的实然样态,笔者采用"随机抽样法",在"北大法宝数据库"以"认罪认罚""上诉""抗诉"和"二审程序"为关键词进行检索,随机抽选出 100 则司法案例,并在对随机抽选的 100 则案例作以研判、分析的基础上,摘录出其中较为典型且说理较为充分、能够在整体上折射出认罪认罚案件中上诉权与抗诉权运行样态的 22 则案例予以列表呈现。

---

① 金炳华主编:《马克思主义哲学大词典》,上海辞书出版社 2003 年版,第 237 页。

表 5-1　认罪认罚案件中上诉权与抗诉权的运行样态

上诉类型	案号	案由	上诉		抗诉		第二审判决
			上诉理由	上诉撤回	抗诉理由	抗诉撤回	
被告人因新证据提出上诉	（2020）吉24刑终40号	开设赌场罪	因出现新证据（处于怀孕期）	否	司法协议破裂	否	改判（减轻）
	（2019）川05刑终200号	盗窃罪	因出现新证据（被害人陈述）	否	因出现新证据（被害人陈述）与司法协议破裂	否	改判（减轻）
被告人因量刑过重提出上诉	（2020）晋08刑终145号	危险驾驶罪	无具体理由	是	司法协议破裂	是	维持原判
	（2020）京02刑终238号	盗窃罪	无具体理由	是	司法协议破裂	是	维持原判
	（2020）京01刑终120号	危险驾驶罪	无具体理由	是	司法协议破裂	是	维持原判
	（2020）京01刑终123号	危险驾驶罪	无具体理由	是	司法协议破裂	是	维持原判
	（2020）京01刑终125号	危险驾驶罪	无具体理由	是	司法协议破裂	是	维持原判
	（2020）京01刑终121号	危险驾驶罪	无具体理由	是	司法协议破裂	是	维持原判
	（2020）辽10刑终31号	盗窃罪	无具体理由	否	司法协议破裂	否	维持原判
	（2020）京01刑终124号	危险驾驶罪	无具体理由	是	司法协议破裂	是	维持原判
	（2020）京01刑终122号	危险驾驶罪	无具体理由	是	司法协议破裂	是	维持原判
	（2020）冀06刑终90号	盗窃罪	无具体理由	是	司法协议破裂	是	维持原判
	（2020）京01刑终55号	开设赌场罪	无具体理由	是	司法协议破裂	是	维持原判
	（2020）皖03刑终19号	危险驾驶罪	无具体理由	否	司法协议破裂	否	维持原判
	（2019）川05刑终203号	抢劫罪	事实认定错误与认罪认罚自愿性未予保障	否	司法协议破裂	否	改判（加重）
	（2019）鄂12刑终295号	滥伐林木罪	从宽量刑情节适用不当	否	从宽量刑情节适用不当	否	改判（减轻）
	（2020）京01刑终126号	盗窃罪	无具体理由	是	司法协议破裂	是	维持原判

（续表）

上诉类型	案号	案由	上诉		抗诉		第二审判决
			上诉理由	上诉撤回	抗诉理由	抗诉撤回	
	（2019）浙07刑终1005号	危险驾驶罪	从宽量刑情节适用不当	否	司法协议破裂与从宽量刑节适用不当	否	改判（加重）
	（2019）浙07刑终988号	妨害公务罪	从宽量刑情节适用不当	否	司法协议破裂	否	改判（加重）
	（2019）浙07刑终982号	寻衅滋事罪	留所上诉	否	司法协议破裂	否	改判（加重）
	（2019）皖15刑终363号	危险驾驶罪	无具体理由	否	司法协议破裂	否	改判（加重）
	（2019）鄂09刑终346号	玩忽职守罪	从宽量刑情节适用不当	否	从宽量刑情节适用不当	否	改判（减轻）

以上诉权与抗诉权的行使为视角进行省察，笔者认为，上述实证案例所昭示的围绕认罪认罚从宽制度下被告人之上诉权与检察机关之抗诉权的核心问题有两个：

第一，在既有的认罪认罚上诉案件之中，没有提出具体上诉理由的案件占比较高，刑事被告人所享有的无因上诉权存在一定程度的滥用风险。实践中，犯罪嫌疑人、被告人在协商过程中自愿认罪认罚并签署了认罪认罚具结书，其在庭审中亦对指控的事实、罪名及量刑建议没有异议，而在人民法院基于量刑建议幅度作以从宽量刑后，获得从宽量刑的被告人仍然会以量刑过重为由提出上诉，请求减轻处罚或适用缓刑。从上诉的深层动因分析，已然获得从宽处遇的被告人之所以会提出悔罚上诉往往是基于两个方面的考量：其一，依据我国现行《刑事诉讼法》第237条的规定，在仅有辩护一方提起上诉的情况下，第二审人民法院审理后不得以任何理由或任何形式加重被告人的刑罚。上诉被告人抱有对于上诉不加刑原则的侥幸心理，企图在借认罪认罚从宽制度获取较轻刑罚之后，再以上诉救济方式寻求更为轻缓的第二审改判可能，因存有侥幸心理而"投机上诉"。其二，在以量刑过重为由而提起上诉的部分案件之中，上诉被告人的真实动因系借由上诉拖延诉讼周期，达到其留所服刑的特定目的，属于以量刑过重为名、行留所服刑之实的"留所上诉"。依据我国现行《刑事诉讼法》第264条第2款之规定，对判处有期徒刑的罪犯，在被交付执行刑罚前，剩余刑期在3个月以下的，由看守所代为执行。由此形成余刑略高于3个月的认罪被告人倾向于通过提起无任何实质诉求的上诉方式"消耗"第二审审限，以使自身的羁押期限在折抵刑期后符合留在看守所服刑的"剩余刑期在 3 个月以下的"规范条件,避免送监劳动。①

　　从既往的司法实践来看,被告人在速裁程序中认罪认罚,但第一审判决后又提出上诉的现象其实早在认罪认罚从宽制度改革试点前就曾出现过。伴随着此一制度改革试点的全面铺开,认罪认罚案件中的上诉情形则相应地在多个试点地区相继出现。客观来讲,无论是因对上诉不加刑原则存有侥幸心理而进行的"投机上诉",还是旨在借由上诉拖延诉讼周期、避免送监服刑而提出的"留所上诉",其本质均是对现行刑事诉讼法规范下上诉权利的误读与滥用,不仅背离了认罪认罚从宽制度所欲实现的优化司法资源配置、提高诉讼效率的改革初衷,而且消解了制度本源之协商范式逻辑下的契约当守要义,架空了那些真正为诉讼不利益提出上诉者的救济权益。而对于这些归因于潜在利用立法留白所形成的"技术性上诉"现象,当下的法律法规以及《关于认罪认罚从宽制度改革试点方案》等规范性文件均未作出相应规制,一定程度上加剧了司法实践之负面影响,并在客观层面引发了学界对于此一问题之如何规制的深入探讨与理念争鸣,由此形成了认罪认罚从宽制度下上诉权之全面保留论②与上诉权之限制保留论③两种不同观点。

　　第二,在既有的认罪认罚抗诉案件之中,检察机关提出的抗诉理由较为一致,普遍聚焦于抗诉制衡与抗诉监督两个方面。一方面,在适用认罪认罚从宽制度的部分上诉案件中,检察机关基于认罪被告人之上诉所引起的司法协议破裂而作出制衡抗诉。尽管在适用认罪认罚从宽制度的刑事案件中,上诉案件的比例呈现出较为一致的低位运行态势④,但认罪被告

① 董坤:《认罪认罚从宽案件中留所上诉问题研究》,载《内蒙古社会科学(汉文版)》2019年第 3 期。
② 关于认罪认罚从宽制度下上诉权之全面保留论可以参见陈光中、马康:《认罪认罚从宽制度若干重要问题探讨》,载《法学》2016 年第 8 期;陈瑞华:《认罪认罚从宽制度的若干争议问题》,载《中国法学》2017 年第 1 期。
③ 关于认罪认罚从宽制度下上诉权之限制保留论可以参见陈卫东:《认罪认罚从宽制度研究》,载《中国法学》2016 年第 2 期;臧德胜、杨妮:《论认罪认罚从宽制度中被告人上诉权的设置——以诉讼效益原则为依据》,载《人民司法(应用)》2018 年第 34 期;董坤:《认罪认罚从宽案件中留所上诉问题研究》,载《内蒙古社会科学(汉文版)》2019 年第 3 期。
④ 《最高人民法院、最高人民检察院关于在部分地区开展刑事案件认罪认罚从宽制度试点工作情况的中期报告》显示,在试点法院审结的认罪认罚案件之中,检察机关的抗诉率、附带民事诉讼原告人的上诉率均不到 0.1%,被告人的上诉率仅为 3.6%。最高人民法院、最高人民检察院的内部数据进一步表明,认罪认罚从宽制度试点工作无上诉、抗诉的案件占 96.3%,被告人上诉的案件仅占 3.6%,检察机关抗诉的案件占 0.04%,附带民事诉讼原告人上诉的案件占 0.05%。在适用认罪认罚从宽制度办理的刑事案件中,上诉案件的比例在全国范围内呈现较为一致的低位运行态势,昭示认罪认罚从宽制度实施良好,制度本源应然具有的协商合作范式语义,以及实然追求的效率提升初衷基本实现。转引自陈婧:《【探讨】认罪认罚案件中被告人"技术性"上诉问题》,载微信公众号"湖南省刑事法治研究会",https://mp.weixin.qq.com/s/yTRbKoXjodg3RB7LpSkD-A,最后访问时间:2024 年 10 月 31 日。

人在第一审判决后径行上诉的司法现象却在全国范围内均有出现。因应认罪认罚从宽制度下认罪被告人的上诉问题，各地检察机关的处理方式并非全然相同，但却较为普遍地呈现出"以抗诉制约上诉"的基本样态，有些地区甚至出台了相关文件对检察机关的此种抗诉进行明定。① 所谓"以抗诉制约上诉"，是指在认罪被告人对第一审判决提起上诉后，检察机关即以"认罪动机不纯""认罪认罚从宽处理不应适用"等为由提出抗诉的特定类型，其目的在于借由抗诉制衡认罪被告人的上诉行为，最终达到加重反悔被告人之刑罚处遇，昭示了认罪认罚从宽制度下契约当守的信赖要义。② 在检察机关看来，已然获得从宽处遇的认罪被告人在第一审判决后径行上诉不仅违反了审前环节已经达成并签署的具结协议，昭示出其本人并不真实的认罪认罚意愿，也背离了认罪认罚从宽制度以及法律正当程序的基本要旨，因不再满足自愿认罪认罚的前提条件而丧失了第一审裁判给予量刑优惠的协商基础。在认罪被告人径行上诉的语境下，其本人因适用认罪认罚从宽制度所获得的从宽处遇便不再具有合理性，第一审法院所作之裁判亦相应地反映出量刑畸轻的法律问题。在此情形下，检察机关以"因认罪认罚从宽制度之不再适用，第一审判决存在量刑畸轻问题"为由向第二审法院提出抗诉，并建议第二审法院在法定刑幅度内从重处罚③，在形式上全然符合刑事抗诉的监督语义与条件要求。

　　另一方面，在适用认罪认罚从宽制度的部分案件中，检察机关基于控审双方对于从宽量刑幅度的不同把握而作出监督抗诉。概括而言，在特定的认罪案件之下，法院同检察机关的裁量范围不尽相同，检法两机关对于量刑幅度之从宽把握可能存有差异，由此带来检察机关基于法院量刑裁量

① 大连市中级人民法院和大连市人民检察院联合制定的《刑事案件认罪认罚从宽制度试点工作实施办法（试行）》第29条规定："原审依照认罪认罚从宽制度办理的案件，被告人不服判决提出上诉的，因被告不再符合认罪认罚条件，原公诉机关可提起抗诉。"
② 广州市天河区人民检察院在审查起诉姜某某贩卖毒品一案中，首创了跟进抗诉的做法。2018年9月，广州市天河区人民检察院审查起诉犯罪嫌疑人姜某某贩卖毒品一案。姜某某在侦查、审查起诉阶段如实供述了犯罪事实，适用了认罪认罚从宽制度。人民检察院向人民法院提出从轻处罚的量刑建议，得到采纳。天河区人民法院第一审以贩卖毒品罪判处姜某某有期徒刑9个月，并处罚金2千元。判决后，姜某某以量刑过重为由向广州市中级人民法院提起上诉。天河区人民检察院认为，在证据没有发生变化的情况下，姜某某的上诉行为属于以认罪认罚换取较轻刑罚，再利用上诉不加刑原则提起上诉，认罪动机不纯，第一审时认罪认罚从宽处理不应再适用，应对其处以更重的刑罚，遂依法提出抗诉。广州市中级人民法院认为，上诉人没有提供新的证据，对原来协商的量刑表示反悔，认罪但不认罚，不符合适用认罪认罚从宽制度的条件，抗诉机关、支持抗诉机关的意见有理，应予采纳。2019年3月13日，广州市中级人民法院以贩卖毒品罪判处姜某某有期徒刑1年3个月，并处罚金1万元。
③ 周新：《论认罪认罚案件救济程序的改造模式》，载《法学评论》2019年第6期。

确有错误的认知判断而提出刑事抗诉。此种抗诉在对象上系针对法院提出的,在内容指向上系针对检察机关认为的"错误"裁判所提出的,符合现行《刑事诉讼法》第 228 条关于抗诉需要满足第一审裁判"确有错误"的条件要求,契合刑事抗诉本源的审判监督语义,其本身带有明显的监督属性或曰监督特征。

"以抗诉制约上诉"之抗诉制衡的生成逻辑即在于,检察机关将认罪被告人的上诉行为视作对于此前自愿认罪认罚的通盘否定,将此种上诉一揽子地归因于对上诉不加刑原则存有侥幸心理、借由上诉拖延诉讼周期以避免送监服刑等潜在利用立法留白的程序投机,于主观层面片面地将认罪认罚从宽制度下全部认罪被告人的上诉行为同前述的"技术性上诉"等同起来,通过"一审判决量刑畸轻"的形式抗诉理由实现制衡认罪被告人滥用上诉权的实质目的,用以形成"偷鸡不成蚀把米"的警示效果,表明检察机关在上诉权滥用问题上的基本立场,即"实践中已出现有的认罪认罚被追诉人为达到'留所服刑''试探性求宽'等目的滥用上诉不加刑原则的情形。如不加以限制,极易出现竞相效仿的诉讼秩序混乱局面,形成破窗效应。这不仅违背了制度设计初衷和原则,把蕴含司法公信的认罪认罚具结书当作参与诉讼流程的'作弊工具',同时使得刑事案件处置变得更为冗杂,案件办理效率大打折扣"①。而在被告人明确以事实认定错误等具体理由提起上诉时,检察机关仍然习惯性地延续此种逻辑。例如,在税小林涉嫌抢劫罪一案中,检察机关提出的抗诉理由即为"被告人税小林在本案证据未发生变化的情况下,以一审量刑过重为由提出上诉,企图利用认罪认罚从宽制度和上诉不加刑原则恶意换取更轻的刑罚处罚,无真正认罪、悔罪态度和意愿,其行为严重违反了认罪认罚从宽制度适用的前提条件,导致本案一审适用简易程序审理,同时错误适用认罪认罚从宽的规定对其判处刑罚,量刑不当,诉请依法予以改判"②。刑事抗诉权在一定程度上演变为制衡认罪被告人上诉权的机械手段,权利与权力之间呈现出极为明显的"矛""盾"式关系样态。

诚然,我们并不否认,在既有的适用认罪认罚从宽制度所审理的上诉案件之中,那些旨在利用立法留白所恶意提出的"技术性上诉"确实存在。但是,我们亦应当清醒地看到,认罪认罚从宽制度之下被告人的上诉原因本就具有多重性和差异性。在认罪被告人出于其真实意愿,在认为量刑裁

---

① 贾宇:《认罪认罚从宽制度与检察官在刑事诉讼中的主导地位》,载《法学评论》2020 年第 3 期。
② 参见税某某抢劫案,四川省泸州市中级人民法院刑事判决书(2019)川 05 刑终 203 号。

判确有不适、本意通过上诉维护自身合法权益的少数认罪案件之中,以抗诉制约上诉的一揽子做法在客观上架空了那些真正为己方诉讼不利益而提出上诉者的救济权益,背离了上诉制度本源的价值初衷,引发了上诉不加刑原则被虚化的现实风险。① 作为检察机关依法行使法律监督权的重要表现形式,刑事抗诉实乃一把双刃剑。此一权能之有效行使,不仅有利于维护诉讼参与人的合法权益,实现刑法法益保护与人权保障机能的动态平衡,而且有助于确保刑事司法活动的公平正义,树立并维护我国刑事司法的权威形象;而此一权能之滥用,亦会在相反向度带来有限司法资源的浪费,在消解审判权威的同时,背离刑事司法本身所欲追寻的多元价值平衡目标。是故,在认罪认罚从宽制度的规范语境下,如何审慎、理性、全面地看待认罪认罚从宽案件中被告人的上诉问题,如何保障抗诉权在认罪认罚从宽案件中的适度、正当行使,避免将此二项权能全然地对立起来,即成为关涉此一制度改革能否全面、深化施行的核心议题之一。

二、认罪认罚从宽制度下上诉权与抗诉权关系的应然证成

传统的"权力—权利"研究大多建立在"权利制约权力"的控权理论之上,旨在以强化保障公民个人权利的方式,实现限制国家权力滥用,为国家权力之适度行使划定界限的特定目的。现行《刑事诉讼法》第 227 条所确立的"无因上诉"或曰"权利型"上诉规范②即带有明显的"权利制约权力"的控权动因,将上诉权与抗诉权的行使设定在双方平等对抗、诉讼期许全然不同的语境之下,因而属于传统的"权力—权利"关系的二元范畴。笔者认为,传统的"权利制约权力"的关系理论仅仅关注到权利与权力关系项下的对立部分,有意无意地忽视了权利与权力于认罪案件协商语义之下应然且实然存在的统一部分。作为控辩双方诉讼权能行使的不同外化表现,认罪认罚从宽制度下上诉权与抗诉权的关系不同于不认罪案件中的传统样态,此二项权能于认罪案件中的关系应当具有动态性、复杂性和多样

---

① 虽然该案中二审人民法院因出现新证据而不允许其撤回上诉,并作出减轻被告人刑罚的判决,但被告人行使上诉权维护自己的合法刑事权益因"抗诉制约上诉"威慑作用而逐渐式微。该案中二审法官依职权拒绝了被告人的撤回上诉申请,但这种或然性正确并不排除"抗诉制约上诉"一揽子做法在实践中侵害被告人合法权益的潜在风险。参见石某某、王某盗窃案,四川省泸州市中级人民法院二审刑事判决书(2019)川 05 刑终 200 号。

② 现行《刑事诉讼法》第 227 条规定:"被告人、自诉人和他们的法定代理人,不服地方各级人民法院第一审的判决、裁定,有权用书状或者口头向上一级人民法院上诉。被告人的辩护人和近亲属,经被告人同意,可以提出上诉。附带民事诉讼的当事人和他们的法定代理人,可以对地方各级人民法院第一审的判决、裁定中的附带民事诉讼部分,提出上诉。对被告人的上诉权,不得以任何借口加以剥夺。"

性等多维特征。两者之间既有外在对立,又有内生契合;既有商谈合作,又有抗争制衡……实乃统摄于控辩关系转型语义之下的共生产物,因与认罪认罚从宽制度本源的价值导向、目标任务、建构逻辑、实践运行等多重因素相关而内生出"共存有据""限制有理",并可以借由机制安排协调发展、良性互动的"互补性""共生性"和"统一性"的多维关系谱系。

(一)认罪认罚从宽制度下上诉权与抗诉权的共生性论理

权利与权力的"共生"或"统一",用以指代权利—权力在具备一定基础和保障的前提下,能够彼此促进、协调发展,形成良性互动的局面。权利—权力的共生、统一建立在深厚的社会、道德、人文和法治基础之上,其所关注的重点在于如何在避免权利与权力之全然矛盾对立、此消彼长的同时,最大限度地实现具有共同基础和价值取向之权利与权力之间的良性互动,促进两者在国家—社会体系中的协调发展。① 具体到认罪认罚从宽制度之下,上诉权与抗诉权多维关系谱系下的第一层即是如此,此二项权能实则"共存有据",蕴含着制衡表象下的契合语义与共生、互补逻辑。

其一,认罪认罚从宽制度下上诉权与抗诉权的功能指向具有互补性。一方面,上诉权的功能重在救济被告人的一审不利益,其在本质上属于一种救济权。作为刑事被告人所享有的基本诉讼权利之一,上诉权于各国的刑事诉讼法中均有规定。我国现行《刑事诉讼法》第 227 条的规定在将上诉权作为基本权利予以立法明定的同时,确立了我国本土刑事法规范体系下的无因上诉制度。与之不同,抗诉权的功用则更为侧重于纠正第一审裁判在程序与实体方面的某些错误,其在本质上属于监督权,尽管两大法系国家在法文化传统与诉讼结构模式层面存有差异,但却均存有检察(控方)上诉或抗诉的权力配置与规范设定。权利与权力皆非单纯的利益表达的语言形式,而是利益能够得以保障与救助的渠道或曰方式,其背后是一套制度化的权威性建制。认罪认罚从宽制度之下,上诉权与抗诉权在价值功用及权能属性方面具有明显的互补性特征,两者共同致力于谋求具结伊始内心期许下的预期利益,两者中的任何一项缺失都势必打破理性交互所要求的平等参与与平等协商。另一方面,同抗诉权一般,认罪被告人所享有的上诉权亦非单纯的个人权利,而是承载着某些公共属性,即以哈贝马斯为代表的协商民主论者所提出的"权利既是一种'关联性的表达',又

---

① 上官莉娜:《权力—权利"共生性"缕析》,载《武汉大学学报(哲学社会科学版)》2009 年第 3 期。

是一种'社会化合作'"的论断。① 作为刑事被告人所享有的程序性救济权利,上诉权对公权力的正当行使发挥着极为重要的规范作用。根据"权利制约权力"理论,当事人在将争议提交诉讼解决的同时,保留了制约法官权力滥用的权利,其中就包括具有公共属性的上诉权。② 或许正是基于上诉权同抗诉权所具有的权能互补与属性共通,德国学者魏根特教授明确强调:"绝不能以'合意'来规避上诉法院的审查,因为这会侵犯国家对正确处理刑事案件所享有的利益。"③

其二,认罪认罚从宽制度下上诉权与抗诉权的行使共同致力于实现"共识性正义"。认罪认罚从宽制度项下的协商合作语义聚焦于国家与被追诉人之间、权力与权利之间进退互补关系的根本性调整,旨在通过讨论、商谈、选择、让步等交互行为的引入,赋予犯罪嫌疑人、被告人讨论诉讼解决方案的特定权利,用以避免认罪认罚契约沦为单纯的公权主导下的权力需求文本,促使权力与权利之间的传统单向关系向双向互动转变,并最终达成一种控辩双方所普遍认可的"共识性正义"。权利的逻辑起源亦即权力的发生学,它只有在借由主体间的商谈而达成某种"交往共识"的前提下方能实现。④ 认罪认罚从宽制度下具结书的订立过程即在一定程度上折射出控辩主体之间的商谈语义,旨在实现双方内心所期许的共识性预期利益。而在商谈所欲实现之共识性正义发生偏差,即并不完全符合契约订立伊始之双方预期利益的情况下,认罪案件中被告人上诉权与检察机关抗诉权的行使均可以被视作审前控辩交互、商谈行为的延续,其目的在于追求共识性正义终局实现的目标,即霍耐特所说的"为承认而斗争"。一方面,不同于我国当前以"存在于官方的新威权主义正义观、存在于民间的传统伦理价值观和存在于学界的规范的正义观"⑤为基本内容的正义理念,"共识性正义"所追求的既非僵死的"规则之治",亦非由现行法律所推演出来的"规范正义"或权力主体所表意出来的"独白式正义",此种正义所追求的实乃通过一系列的、反复进行的甄别、过滤、选择、论证和确认活动,逐步找到既适切于控辩期许,又适切于司法裁决的共识认知或曰共识

---

① 〔德〕哈贝马斯:《在事实与规范之间:关于法律和民主法治国的商谈理论》(修订译本),童世骏译,生活·读书·新知三联书店2014年版,第29页。

② 齐树洁:《论民事上诉权的保护与限制》,载《厦门大学法律评论》2004年第1期。

③ Joachim Herrmann, "Bargaining Justice—A Bargain for German Criminal Justice", 53 *University of Pittsburgh Law Review* 775(1993).

④ 孔明安、黄秋萍:《基于商谈的正义与基于承认的正义——哈贝马斯与霍耐特两种正义观的比较分析》,载《学术界》2018年第6期。

⑤ 段厚省:《论诉审商谈主义的民事诉讼构造观——兼及对民事诉讼法修订与完善的建议》,载《中国人民大学学报》2012年第4期。

结论,用以消解因立场冲突而带来的控辩异见,实现诉讼利益的契合与共赢。① 另一方面,共识性正义,即霍耐特哲学范畴下的承认并非"天生",而是需为之"斗争"的。霍耐特的"为承认而斗争理论"为我们描绘了这样的一种路径:通过主体间的相互斗争,逐渐趋于相互承认,进而达到"自由交往"的境界。换言之,"自由交往"不是先行存在的,而是主体间相互"斗争"的结果。必须通过一种持续的、和解与冲突交替进行的过程,主体间方能渐渐趋于相互承认,最终才能达到"自由交往的境界"。② 作为承载控辩协商合意及利益期许的法定形式或曰载体,认罪认罚具结书的效力当由人民法院依据事实和法律依法作以裁断。在现行刑事立法依然明定上诉期限与抗诉期限,赋予控辩双方以抗诉权与上诉权的规范语义下,认罪认罚从宽制度项下控辩协商所欲达成的"交互正义"及第一审裁判所能"固化"的契约效力其实尚未终局,基于交互行为本身所具有的反复性和持续性特征,控辩双方为寻求"终局共识"而继续"斗争"之抗诉或上诉不仅是可能的,亦是正当的。

(二)认罪认罚从宽制度下上诉权与抗诉权的可限制性论理

认罪认罚从宽制度项下的协商合作范式转型立足于刑事诉讼所承载的人权保障立场,围绕国家权力与公民权利的关系调整而指引控辩双方作以理性的交互行为,并保障交互行为本源之结果利益的均衡及共享。从这个意义上讲,认罪认罚从宽制度下的协商合作当是理性的、双向的、交互的,其最终应当指向某一特定的具有相互性意义的互惠利益目标,即我们所说的契约订立伊始控辩双方所欲实现的预期利益。而为了实现控辩双方在此一制度适用上所寄托的目标期许或曰预期利益,双方在反复进行的商谈、磋商过程中势必会以自愿之意思表示在诉讼权益或诉讼权能上作出部分让渡,以换取原本冲突对立方的妥协与让步,保证权力主体与权利主体的利益均在一定程度上得到体现,彼此之间没有任何一方的利益是被绝对牺牲或减损的。③ 从这个意义上讲,基于认罪认罚从宽制度下上诉权与抗诉权所具有的不可替代的功用价值及权能指向,认罪被告人所享有的上诉权利以及检察机关所承担的抗诉权不能亦不该被刑事立法或刑事司法

① 马靖云:《智慧时代商谈式刑事辩护的情境构建与司法功效》,载《安徽大学学报(哲学社会科学版)》2019年第4期。
② 孔明安、黄秋萍:《基于商谈的正义与基于承认的正义——哈贝马斯与霍耐特两种正义观的比较分析》,载《学术界》2018年第6期。
③ 吴思远:《我国重罪协商的障碍、困境及重构——以"权力—权利交互说"为理论线索》,载《法学》2019年第11期。

所全然剥夺,但却可以在合意让渡的范围内对其作部分有助于实现"交互正义"的适当限制,此即认罪认罚从宽制度下上诉权与抗诉权多维关系谱系下的第二层意涵。具体而言:

认罪认罚从宽制度之下,相较于普通的实质审理程序,认罪认罚从宽制度的特殊之处即在被追诉人可以"自愿认罪认罚"的有罪供述换取诉讼利益,既有量刑优惠,也有程序便利。"自愿认罪认罚"形式上属于被追诉人的单方声明、承诺或保证,但实质上仍属于控辩双方的诉讼合意,是被追诉人在与控诉方合理协商后所作出的理性选择。基于认罪认罚从宽制度本身所具有的控辩平等协商合作语义,其中被追诉人与人民检察院所签署的认罪认罚具结书的模式在本质上当被定性为一种司法"契约"模式。在笔者看来,契约理论于认罪认罚从宽案件中的核心意义即在于,控辩双方于具结契约之上所达成的合意内容,已然不再是纯粹的直觉观念产物,而是双方经由要约邀请、提出要约、作出承诺等一系列互动、商谈行为所达成的一致认知。因为是一致的认知,所以不再是飘忽不定或千人一面的东西,而是一个具体的、可以把握的东西……①尽管从形式层面看,认罪案件中上诉权与抗诉权的行使可以被视作认罪认罚从宽制度于第一审之后的程序延伸,但在人民法院已然根据检察机关所提之指控罪名及量刑建议作出裁判的情形下,上诉权与抗诉权的行使在实质层面打破了第一审程序于认罪认罚具结书的固化效力,其在本质上应当被定性为"反悔"。此种"反悔"不仅违背了契约当守的诚信要义,虚置了认罪认罚具结书所承载的合意预期,同时背离了认罪认罚从宽制度的适用初衷。

作为建立在利益兼得基础上的制度调整,认罪认罚从宽制度项下控辩双方之互惠利益目标的实现,有赖于双方对于理性交互行为之结果利益的履行和兑现。制度项下旨在取代传统模式"要么全部,要么没有"之零和博弈,协商合作不仅应为形式上的,而且应当具有实质性。据此,为避免权力与权利之间的交互关系沦为单纯的形式宣言、协商语义蜕变成徒有外表而丧失灵魂的形式产物,从保障协商合意之结果利益得以履行和兑现的特定目的出发,刑事立法和刑事司法亟待对此种在主观上归因于控辩双方的"反悔"行为作出客观规制。不仅如此,作为一种理性的交互行为,协商合意之达成势必以各自的权益或权能让渡作为交换代价,控辩双方预期利益的满足与实现本身即蕴含着双方就某些他益的放弃或减损。而在笔者看来,基于认罪认罚从宽制度本源的价值导向、目标任务、建构逻辑、实践现

---

① 段厚省:《诉审商谈主义——基于商谈理性的民事诉讼构造观》,北京大学出版社 2013 年版,第 52-55 页。

实等多重考量,上诉权与抗诉权在此一制度项下的适度限制即属于典型的因权益或权能让渡而必然引申出的他益减损,两者不过是在限制"维度"与限制"径路"上存有不同罢了。

三、控辩关系视阈下上诉权与抗诉权的衡平

检察机关同时承担追诉职能和法律监督职能,具有公诉与监督的二元职权,这既是我国刑事诉讼理论关于检察机关职能的基本判断,也是基于宪法规范的文义解读。作为宪法赋予人民检察院的一项职权,"对刑事诉讼实行法律监督"实乃我国《刑事诉讼法》特有的立法条款。纵览现代各国刑事诉讼立法以及联合国刑事司法准则,始终未见关于检察机关行使审判监督职能的规定,检察机关享有审判监督权亦因此成为一个中国式的理论命题。而作为刑事审判监督的特定形式,二审抗诉在法律性质上实与被告人的上诉相对应,两者同为二审程序启动的条件之一,统摄于双方诉讼主体地位下的职能语义,属于控辩职能于第一审审理后的必要延伸。依据我国现行《刑事诉讼法》,第二审抗诉与上诉一样,并不具有否定第一审法院裁判的当然效力,检察机关认为第一审法院的裁判"确有错误",仅是检察机关在公诉主张未能获得法院确认情况下表明的"不接受"意愿或态度,裁判的对与错,尚需由第二审法院通过重新审理作出裁断。① 第二审抗诉在本质上应当系属控方的诉权范畴,属于公诉权的必要延伸和应有之义。

基于这样的分析与判断,笔者认为,认罪认罚从宽制度下上诉权与抗诉权之多维关系谱系的形成不仅可以归因于表层的认罪案件本源的价值动因、协商语义及交互逻辑,更可在深层上溯源于此二项权能所应然归属的控辩关系范畴,折射出控辩关系范畴语义下的多重样态。从历史发展的角度进行省察,控辩关系在我国大体经历了扭曲、失常、对抗与合作的四个不同样态阶段②,并最终趋向于控辩衡平的理想样态。认罪认罚从宽制度下上诉权与抗诉权所应意含的商谈要义、交互逻辑以及为达成共识性正义而持续展开的持续协商,所呈现出的以共生、互补、制衡为基本内容的关系谱系,在本质上即属于控辩关系范畴下对抗与合作之具体样态的外化映像。在笔者看来,因应此二项权能于控辩关系范畴之下的本源归属,认罪认罚从宽制度下上诉权与抗诉权的关系论理应同控辩关系之发展趋向

---

① 刘计划:《检察机关刑事审判监督职能解构》,载《中国法学》2012 年第 5 期。
② 冀祥德、张文秀:《从对抗转向合作:中国控辩关系新发展》,载《中国司法》2011 年第 12 期。

一般,将衡平作为其多维关系谱系下制度内生与人为建构所欲追求和实现的理想关系样态,用以最大化消解协商性司法所实然存在的"信息不对称""资源不对等"的"结构性风险"。

"司法制度和司法体系自身的可欲与可能之间常存落差,它所遇到的问题和挑战,却常常被忽略。"①我国刑事司法实践所普遍存在的因潜在利用立法留白所形成的"技术性上诉"现象以及检察机关为彰显"偷鸡不成蚀把米"的警示效果所采取的"以抗诉制约上诉"等一揽子做法,将本是多维的认罪上诉权与抗诉权的关系谱系异化成简单的矛盾关系样态,片面地忽视了此二项权能在商谈、交互、共识以及功能指向上的共生、互补关系,由此带来认罪上诉权与认罪抗诉权的双重滥用风险。为消解认罪上诉权与认罪抗诉权之间矛盾对立、此消彼长的现实异化问题,复归其该当的衡平关系,笔者认为,刑事立法和刑事司法当基于此二项权能应然具有的共生性及可限制性语义,在保留认罪案件被告人之上诉权与检察机关之抗诉权的基础上,分别就制度项下的上诉权和抗诉权作出不同程度及不同径路的限制。

其一,在适用速裁程序审理的认罪案件中确立上诉审查机制,将原有的"权利型上诉"改造为"裁量型上诉",用以识别认罪被告人的上诉目的,化解因对上诉不加刑原则存有侥幸心理而进行的"投机上诉",以及以量刑过重为名、行留所服刑之实的"留所上诉"等上诉权滥用问题。不同于普通刑事案件的法庭审理程序,认罪认罚案件,特别是适用速裁程序审理的认罪认罚案件,其程序动因在于案多人少的司法现实,基于优化司法资源配置、实现繁案精审的目标考量,在保证底线公正的基础上,最大限度地提升诉讼效率。从诉讼效率提升的全流程语境出发,适用速裁程序审理的认罪案件对于诉讼效率的导向追求不仅应当体现在此一程序的第一审之中,同时需要延伸到此一程序的第二审程序当中。而在我国现行《刑事诉讼法》第 227 条所确立的无因上诉或曰权利型上诉的规范语义下,上诉权的行使与第二审程序的启动之间存在着一种必然性联结,上诉的提出会带来第二审启动的当然效果。在被告人已然于第一审程序中认罪服判并获得从宽量刑处遇的现实情境下,其所提出的无理由、无条件之上诉势必将折损认罪认罚从宽制度所欲实现的效率价值,严重浪费第二审法院本就十分有限的司法资源。据此,基于我国当下将被告人是否认罪及案件严重程度作为决定程序适用的逻辑线索,刑事立法和刑事司法有必要对适用普

---

① 马长山:《新一轮司法改革的可能与限度》,载《政法论坛》2015 年第 5 期。

通程序审理的案件与适用速裁程序审理的认罪案件在上诉权的规范建构问题上区别对待。可以考虑的一个选项是,在适用速裁程序审理的认罪案件之中,将现有的"权利型上诉"改造为"裁量型上诉",确立第二审程序正式启动前,第二审法院对于认罪被告人上诉理由的书面审查机制,以"出第二审程序"的方式及时过滤掉那些无正当理由、理由模糊抑或明显属于利用立法留白提出的"技术性上诉"案件,借由法院识别认罪被告人的上诉目的,真正发挥认罪案件上诉权在第一审裁判定罪或量刑有误、第一审程序严重违法,以及认罪并非自愿、明智、明知等不利益情形下的救济功用,最大限度地实现诉讼经济功能与权利保障功能的衡平。需要指出的是,鉴于救济程序之紧迫性同初审裁判之正当性所具有的此消彼长关系,适用速裁程序审理的认罪案件中所确立的裁量型上诉审查机制需以证据开示、值班律师、律师在场等多维并举的方式最大限度地保障初审裁判的正当性程度,避免犯罪嫌疑人、被告人之认罪认罚并非源于"对抗基础上的合意",而是"弱者向强权的屈服"。①

其二,以列举方式对认罪案件中检察机关可以提出抗诉的情形作出明定,用以规制当下"以抗诉制约上诉"的一揽子做法,保障那些真正为己方诉讼不利益而提出上诉者的救济权益。在确立认罪案件上诉审查机制的前提下,认罪被告人所享有的上诉权已然受到一定限制,此时若允许检察机关以认罪反悔为由随意提出抗诉,势必会加重认罪被告人的心理负担,使其迫于保有第一审认罪认罚量刑优惠的实际考量,在确有正当上诉理由的情形下亦不敢上诉。② 为打消认罪被告人的上诉顾虑,保障那些真正为己方诉讼不利益而提出上诉者的救济权益,复归第二审程序本源的救济功能与运行逻辑,认罪认罚从宽制度下上诉权与抗诉权的衡平除了需要对认罪上诉权作出裁量审查型改造外,尚需对高悬在认罪被追诉人头顶之上的"达摩克利斯之剑",即检察机关的抗诉权作出必要限制。而基于控辩双方在诉讼能力、诉讼资源以及诉讼条件等方面存在不均的现实语义,同认罪上诉权的限制程度相比较,认罪抗诉权的限制程度必然更高。如果将前述认罪上诉权的裁量审查描述成一种近似于"法无禁止即自由"的样态模型,那么认罪抗诉权的行使即带有明显的"法无授权即禁止"的范式特征。从教义学的角度进行分析,现行法规范下的第二审抗诉指称对象特定为人民法院,其指向内容特定为"确有错误"的第一审裁判,刑事抗

① 郭烁:《二审上诉问题重述:以认罪认罚案件为例》,载《中国法学》2020年第3期。
② 牟绿叶:《认罪认罚案件的二审程序——从上诉许可制展开的分析》,载《中国刑事法杂志》2019年第3期。

诉不应亦不能超出此种规范限定扩大到因由特定的人或事有针对性地提出。无论是检察机关所认为的悔罪悔罚改变了认罪认罚从宽的适用条件，还是其所提出的上诉行为本身动摇了继续认罪认罚从宽的基础造成原审判决错误的基本论断，似乎都不能当然推导出第一审裁决确有错误的必然结论。而在认罪被告人之特定上诉理由或曰上诉目的已然交由法院作出上诉审查的规范前提之下，"以抗诉制约上诉"的现行做法亦相应失去了其本就不尽合理的逻辑生成的动因空间。是故，笔者认为，刑事立法可以借鉴现行《刑事诉讼法》第 201 条关于人民法院"一般应当采纳"量刑建议的规范范式，确立认罪案件中的检察机关"一般不应抗诉"原则，将认罪认罚从宽制度下刑事抗诉权的行使限定于诸如"未有法定情形人民法院在作出判决时未采纳人民检察院指控的犯罪罪名或量刑建议：起诉指控罪名与审理罪名不同，以致对被告人量刑畸重，第一审程序严重违法"等确有实体或程序错误的情形，切实避免以"第一审判决量刑畸轻"的形式抗诉理由制衡认罪被告人的上诉权利，在虚置上诉不加刑原则同时，为认罪认罚从宽制度冠以"强职权主义"之名。

第六章 诉讼证明论下的认罪
案件庭审证据调查

认罪案件之中,视认罪认罚为犯罪嫌疑人、被告人人身危险性降低之信号而相应降低证明难度,据此适用同案件难易、复杂和控辩对抗程度相适应的轻缓型诉讼措施和宽松型诉讼程序。① 庭审样态不同,相应的事实认定结构、证据规则、证据调查方式亦必然产生分化与差异。然而,从刑事司法实践的现实来看,认罪认罚案件所采用的证明模式、适用的证据规则并未体现其制度本身的独特性,认罪案件与不认罪案件在庭审程序、证据规则之规范运行层面趋于相似,未能有效发挥出"繁者有其繁、重者有其重"的分流效果。具体而言,对于适用简化审理程序所审理的认罪认罚案件,基层法院多是按照各自对制度的理解进行一定程度的简化。而所谓的"一定程度的简化"实则在证明模式、证据规则上同未适用此一程序审理的案件并无明显区别,唯一的区别或许即在于适用简化审理程序的案件增加了对于被告人认罪认罚自愿性的形式审查过程。②

第一节 认罪案件庭审证据调查中的自由证明

一、严格证明与自由证明理论概述

作为大陆法系国家证据法上的基本概念,严格证明与自由证明的概念界分最早由德国学者迪恩茨于 1926 年提出,而后由德国传至日本以及我国台湾地区,并在学说和判例中得以发展。作为刑事证明的两种基本方式、方法,严格证明与自由证明的界分主要是基于刑事诉讼证明对象的不同而对证明作出的不同要求。就概念而言,严格证明指对具有证据能力的法定证据调查程序的证明。严格证明之下,不仅事实认定依据的证据必须是法律明确规定的证据且具备证据能力,证明的过程或程序亦必须严格依

---

① 汪海燕:《认罪认罚从宽案件证明标准研究》,载《比较法研究》2018 年第 5 期。
② 龙宗智、郭彦:《刑事庭审证据调查规则实证研究》,法律出版社 2021 年版,第 430 – 431 页。

照法定的调查程序,且能够达到排除合理怀疑的证明标准。自由证明与之相对,此一概念并非一种特定的立法术语,而是一种法解释概念,其内涵系在与严格证明相对的意义上被阐释而生。简言之,自由证明指除严格证明之外的其他证明。自由证明之下,证明的根据、程序或标准不受上述严格限制,法官可以采用更为宽泛的证据材料或采取灵活机动的方法来完成证明,且不必达到排除合理怀疑的证明标准。① 自由证明的证据是否在法庭上出示,出示以后用何种特定的方式进行调查,全凭法院自由裁量。② 依据严格证明的方法要求,对于涉及刑事被告人重大实体权利和基本权利的案件事实,必须由具备证据能力的证据经过合法的证据调查程序予以证明。尽管我国在法律传统上更接近大陆法系国家,但在刑事诉讼证明制度上却并未形成严格证明理论,因此亦不存在针对不同待证事实而规定的不同证明方式的证明制度。③ 而伴随着对于实体公正与程序公正的渐高性要求,现代刑事诉讼中,我国刑事立法与刑事司法对于证据资格、证据调查程序的严格要求亦相应地成为实然趋势④,由此导致严格证明的适用范围与适用场域不断延展,客观上限缩或曰制约了自由证明方式的司法适用。我国现行《刑事诉讼法》第55条第2款⑤关于"证据确实、充分"的条件规定即是依据严格证明的方式、方法所作出的具体的规范要求。考察我国当下既有的关于严格证明与自由证明的研究成果便可发现:一方面,学者们普遍偏重严格证明的探讨,而对自由证明着墨不多;另一方面,既有的研究成果多将此一议题之论理分析同审判中心或曰庭审实质化改革的规范语境结合开来,着力探讨审判中心语境下严格证明的司法适用,一定程度上忽视了自由证明同认罪案件法庭审理程序内生和外化出的联结要义,忽视了此种证明方法于认罪案件法庭审理之中能否适用、怎样适用等问题的论理分析。相应地,在我国当下的认罪案件法庭审理之中,往往存在着证明方式、方法的"错位"现象。即虽然制度上一贯强调严格证明的普遍适用性,但实践中却普遍存在着自由证明的随机适用现象或曰问题。⑥

① 闵春雷:《严格证明与自由证明新探》,载《中外法学》2010年第5期。
② 〔日〕田口守一:《刑事诉讼法》,刘迪等译,法律出版社2000年版,第219-221页。
③ 纵博、郝爱军:《刑事诉讼严格证明的若干问题》,载《西南政法大学学报》2010年第1期。
④ 参见罗海敏:《刑事诉讼严格证明探究》,北京大学出版社2010年版,第34页。
⑤ 根据现行《刑事诉讼法》第55条第2款的规定,证据确实、充分应当符合以下条件:定罪量刑的事实都有证据证明;据以定案的证据均经法定程序查证属实;综合全案证据,对所认定事实已排除合理怀疑。
⑥ 周成泓、廖荣兴:《论自由证明规则的构建》,载《湖南警察学院学报》2013年第2期。

表 6-1   严格证明与自由证明的区别对照

	严格证明	自由证明
证明要求	法定证据方法的限制	无此限制
	法定调查程序的限制	无此限制
心证标准	排除合理怀疑的标准	不必达到排除合理怀疑的标准
主要适用范围	实体争点	程序争点

二、认罪案件法庭审理中自由证明何以适用

从历史发展的角度来看,自由证明是作为填补严格证明与释明之空隙的特定证明方式而产生,其司法确立之目的是缓和严格证明的僵硬性,追求诉讼程序的灵活性和迅速性,从而在提高诉讼效率的同时,实现个人权利与国家权力之间的价值衡平。① 自此一证明方式、方法确立、运用以来,自由证明便与"自由证明将司法证明过程交由法官自由裁量,诉讼结果会因为法官的个人素质等因素而变得不确定,诉讼结果的不可预测性使得诉讼公正缺乏制度性保障,很有可能会对当事人的诉讼利益造成损害"的观念质疑相伴而生。② 笔者认为,诉讼结果本身所具有的不确定性,以及由此可能带来的当事人诉讼权益之损害结果,不仅可能存在于自由证明的方式、方法之下,而且可能存在于严格证明之中。从自由证明模式之下的神示证据制度到不自由证明模式之下的法定证据制度,再到相对自由模式之下的自由心证制度,现代刑事司法中的证据调查与事实认定,乃至整个法庭审理活动无不伴随着事实审理者的自由裁量。"严格证明与自由证明的差别其实并不在于两者所获得的心证结果或曰事实认定结论,其核心差别主要在于形成心证结果或曰事实认定结论的具体途径。"③严格证明与自由证明的适用范围亦并非一成不变,在不同国家和地区,甚至在同一国家和地区的不同时期两者的侧重点也有所不同。以比较法的角度审视,对于适用普通程序审理的不认罪案件采用严格证明,适用简化审理程序审理的认罪案件采用自由证明已为域外法治国家和地区的刑事立法与刑事司法实践所普遍认同。在笔者看来,认罪案件法庭审理之中,自由证明能够适用的原因主要聚焦于以下几个方面:

其一,认罪案件本身所具有的协商性司法特征。协商性司法作为一种

---

① 周成泓、廖荣兴:《论自由证明规则的构建》,载《湖南警察学院学报》2013 年第 2 期。
② 林艺芳:《论法定证明与自由证明——兼论新刑事诉讼法的证据制度改革》,载《广西大学学报(哲学社会科学版)》2013 年第 5 期。
③ 吴宏耀、魏晓娜:《诉讼证明原理》,法律出版社 2002 年版,第 52 页。

新的程序主义,强调通过对话与协商实现纠纷的有效解决。以哈贝马斯有关交往理性与共识的理论作为分析工具,法律事实的认定、法律证据的采信以及法律责任的归结等方面,进行平等理性的沟通与商谈,最后达成理解,形成共识。在此过程中形成的共识是由多个主体共同参与的,经过商谈而成的,因此具有合法性与可接受性。在事实认定的问题之上,协商性司法的最大特点就是在承认当事人的程序选择权的基础上,以所谓的“程序合意”重新阐述事实证明的原理及其正当性。这也是协商性司法能够引导程序分流、提高事实效率的重要理据。① 从这个意义上讲,被告方对于控方指控或者描述的案件事实的同一性认识,构成了认罪案件法庭审理程序的基础,由于简化审理程序的适用普遍建立在犯罪嫌疑人、被告人自愿认罪认罚的前提之下,因此可以说,没有控辩双方对于案件事实的共识,就没有认罪案件审理程序的适用和启动。而在笔者看来,此种先有事实认定合意,后有事实确证程序的事实认定模式,极大地颠覆了传统司法认识及其正当性理论,消解了严格证明项下的法定证据调查之程序要求,反映出严格证明所要求的法庭调查程序的功能需求不足。而基于刑事证据制度依附于刑事诉讼程序的现实语境,在诉讼程序随着社会发展而不断变革之时,我国的证据立法与司法亦需要逐步发展以应时变,适时提出并运用与刑事诉讼模式、刑事司法实践相契合的证据规则、证据原则与证据调查方式、方法。②

　　其二,认罪案件以量刑问题为核心的法庭审理内容。刑事庭审围绕着被告人之定罪和量刑这两个核心议题展开。由于简化审理程序普遍建立在被告人自愿认罪的基础上,因而与普通程序将被告人定罪问题作为量刑先决问题的审理模式不同,简化审理程序对于认罪事实基础之审查具有明显的形式和象征意义,这一程序本身所欲解决的其实就是量刑问题。由于英美法系国家的刑事审判实行定罪与量刑二分的审理模式,因此在被告人认罪的案件中,经过专门的起诉认否程序可以直接进入到量刑程序之中,省去了陪审团的事实认定阶段;而在大陆法系国家,尽管在简化审理的认罪案件中,合议庭和独任法官仍要对被告人是否有罪进行审查,但审查的重点则主要集中在量刑方面。一般认为,对于定罪事实,要采用严格证明的方法;对于量刑事实,允许进行自由证明。从程序上来看,严格证明的模式要求法庭对于证据的调查严格依照法定程序的要求进行,即应当经历

---

① 欧卫安:《论刑事速裁程序不适用严格证明——以哈贝马斯的交往共识论为分析的视角》,载《政法论坛》2018 年第 2 期。
② 参见王超:《中国刑事证据法学研究的回顾与转型升级》,载《法学评论》2019 年第 3 期。

完整的举证、质证、辩论、认证等诉讼环节,并受到证据裁判原则、公开审判原则、直接言词原则、疑罪从无原则以及其他相应证据原则、规则的约束。① 从这个角度上讲,采用简化审理程序处理犯罪嫌疑人、被告人认罪认罚的案件已然不再符合严格证明的程序性要求。以刑事速裁程序为例。被告人当庭认罪、同意量刑建议和适用速裁程序的,不再进行法庭调查和法庭辩论,这实际上宣告了严格证明对于案件事实认定之约束的解放。就刑事速裁程序而言,被告人认罪认罚的自愿性在一定程度上担保了事实认定的真实性②,而且其程序宗旨亦承载着对于诉讼效率的价值追求,因此一味要求采用严格证明的方式、方法不仅不符合认罪案件本身所承载的在底线公正基础上对于诉讼效率的价值追求,同时与简化审理程序下法庭调查与法庭辩论"简化式""省略式"的规范内容产生悖反。如果说对于定罪事实的严格证明体现了证据法对于权力的制约功能,那么对于量刑事实的自由证明则是综合考虑了减少诉讼成本、明确主要争点,以及扩大有利于被告人之量刑资料的适用机会等多重因素。自由证明的方式、方法本身即表达了诉讼程序与诉讼制度对于诉讼经济的适当关照,用以缓解以严格证明限制国家权力同以适当成本解决纠纷之间不可避免的紧张关系。③

其三,证据裁判原则于认罪案件法庭审理中的应然松动。如前文所述,我国当下的证据裁判原则其实带有浓厚的客观主义色彩,过分强调证据对于事实认定的垄断性、唯一性作用,执着于案件事实认定所仰赖的证据必须达到全面化和充分化的程度要求。依据当下的证据裁判原则,事实认定的场域之下,不仅每一个要件性或争议性的待证事实均需有证据证明,而且需要在整体上形成稳定的证据组合形态,证据的数量和质量能够达到确保待证事实之最高程度的信度标准。反映在刑事司法实践中即表现为,每一个待证事实的认定均要求"证据与证据之间的相互印证"。质言之,同一待证事实需要得到多个不同证据(尤其是主观证据与客观证据)间的相互信息支持,证据与证据之间应当满足"指向同一"或"内含信息同一"的基本要求,并且不能存在矛盾或无法解释之处。由是,就每一个具体的待证事实而言,"孤证",即使是查证属实的单一证据亦不得作为定案的依据。④ 笔者认为,高度乃至过度客观化的证据裁判原则因片面关注

---

① 闵春雷:《严格证明与自由证明新探》,载《中外法学》2010 年第 5 期。
② 欧卫安:《论刑事速裁程序不适用严格证明——以哈贝马斯的交往共识论为分析的视角》,载《政法论坛》2018 年第 2 期。
③ 参见康怀宁、康玉:《刑事程序法事实的证明方法——自由证明及其具体运用的比较法研究》,载《社会科学研究》2009 年第 3 期。
④ 左卫民:《反思过度客观化的重罪案件证据裁判》,载《法律科学》2019 年第 1 期。

法庭审理对于案件事实的查验功能而有意无意地忽视了此一原则项下的争端处置的正当化功能，实与我国当下案件处理与纠纷解决的实践样态相背离。

高度客观化的证据裁判原则之下，除非特殊的司法认知，一切事实认定皆需经过证据证明，尤其是有关犯罪与刑事责任的事实需要严格证明以确保其正当性。从这个意义上来说，严格证明方法项下对于证据资格、证据调查程序与心证程度三个方面的要求，实与证据法上的证据裁判原则密切相关。在笔者看来，伴随着协商性司法的兴起，哈贝马斯所主张的"真理共识论"已然在逐步替代证据裁判主义下严格证明所竭力捍卫的实质真实观。在我国当下之直接言词审理原则本就不足的情境之下，认罪案件本身所伴随的简化审理程序适用迫使事实审理者不得不重新思考严格证明作为判决之事实形成基础或者事实建构模型的必要性与正当性；认罪案件审理程序对于以证据裁判原则为依托的严格证明的消解已然成为事实审理者所不得不面对的现实问题之一。[①] 换句话来讲，认罪案件的法庭审理之中，案件事实认定目的已经不再是单纯地探究和发现案件事实真相，而是借由协商、合作等商谈机制实现协商性司法理念下的"事实共建"目标。此一目的之下的刑事司法活动建立在不同主体之间的交往活动之上，追求的是在法定的程序空间内由多方诉讼主体依据既定的规则建构起来的合意式的案件事实图景。而此种合意式的案件事实图景绝非主体探知到的所谓原始案件事实的摹本，而是司法过程中诉讼主体之主观建构的产物，其正当性需要诉诸主体之间在程序之内所能达成的"共识"。[②] 此即哈贝马斯所一贯认为的，通过理性论证达成的共识即是"正当"的结果和"客观"的真理。由于认罪案件之法庭审理建立在犯罪嫌疑人、被告人已经承认指控犯罪事实的基础上，因此那些原本适用于不认罪案件之法庭审理，旨在防止庭审形式化，避免法官臆断、偏见的证据规定已无明显必要。尽管认罪案件之法庭审理仍需适用一定的证据规则，但与不认罪案件之法庭审理相比，无论是在控辩对抗程度，还是在庭审证据调查之证据基础，抑或在犯罪嫌疑人、被告人的权利要求上，两者都存有较大程度的差异，这就使得不认罪案件之法庭审理所一贯奉行的建立在证据裁判原则之下的、全面而严格的证明要求在认罪案件之法庭审理之下有所弱化或松动。

---

① 参见欧卫安：《论刑事速裁程序不适用严格证明——以哈贝马斯的交往共识论为分析的视角》，载《政法论坛》2018 年第 2 期。
② 参见杨波：《法律事实建构论论纲——以刑事诉讼为中心的分析》，载《吉林大学社会科学学报》2010 年第 2 期。

三、认罪案件法庭审理中自由证明如何适用

自由证明之"自由"实乃相对自由,而并非完全自由。自由证明并非完全不受证据能力或证据调查程序的限制要求,此一证明方法的采用亦应当基于我国现有的程序与制度规范,注重在提高诉讼效率的同时实现对于认罪被告人的基本权利保障,用以最大限度地避免公正与效率之间的价值失衡。① 而基于自由证明同严格证明涵摄要求的相对语义,从严格证明之下以法定证据方法、证据能力,以及以法定调查程序为具体内容的核心要旨出发,笔者认为:

一方面,就法定调查方法的要求而言,法院不必如不认罪案件法庭审理一般对于每个证据都进行严密的审查和庭证,而是可以根据具体情况适用更简便、灵活自由的证据规则和证明方法来审查证据。② 以直接言词原则为例,作为大陆法系国家证据立法所普遍适用的基本原则之一,此一原则要求诉讼各方必须出席参与法庭审判,并将法官裁决之形成建立在其亲自审理与以口头方式进行的言词陈述、辩论的基础上,原则上不应以书面陈述代替法庭之上的相互质辩,不允许以审前阶段控诉方提交的书面卷宗材料作为法庭裁判的依据,用以保证事实审理者对于各类证据所承载信息的直接感知,控辩双方对于庭审证据调查的实质参与,避免了书面证据因人为加工、过滤而呈现出片面性、主观性甚至失真性。而在认罪案件之法庭审理所采用的自由证明方法下,被害人或控方证人等言词证据作出者则并非必须出庭接受询问,法官对于证据调查的方法和程序享有较为充分的自由选择,认罪案件之法庭审理并不为事实审理者探知证据数据所适用的特定方法或特定步骤特别设限。当然,基于自由证明与严格证明的内生适用逻辑,即"仅须经自由证明之事项,法院亦得郑重其事地以严格证明程序来证明,反之,应经严格证明之事项,则不得仅经自由证明程序而证明"③。认罪案件的法庭审理之中,对于控辩双方存有争议的部分书面或曰笔录证据,法官亦应当基于其传闻证据的本质属性,依照审判职权或控辩双方之申请传唤其制作者、见证者、讯(询)问者与被讯(询)问者等出庭作证,接受控辩双方的质辩和询问,从而将单向认知理论与双向认知理论结合开来,助力认罪案件之法庭审理实现制度本源的"最大化真实"。

---

① 参见樊崇义、李思远:《认罪认罚从宽制度的理论反思与改革前瞻》,载《华东政法大学学报》2017年第4期。
② 参见步洋洋:《论认罪案件法庭审理中的自由证明》,载《中国刑警学院学报》2024年第2期。
③ 林钰雄:《严格证明与刑事证据》,法律出版社2008年版,第18页。

另一方面,就法定调查程序的要求而言,不同于严格证明项下法定调查程序要件对于庭审证据调查需要经历较为完整的举证、质证、辩论、认证等诉讼环节,需要遵循证据裁判原则、公开审判原则、直接言词原则、疑罪从无原则,以及其他证据原则、程序规则的约束要求①,自由证明的方式、方法之下,不仅庭审证据调查可以被适时简化,而且事实审理者可以将证据调查延伸至庭审之外,从而将原本作为庭审证据调查之必要补充的庭外调查核实方式正当化。具体而言,作为事实审理者履行其案件事实查证责任的一种特殊方式,庭外调查核实从本质上来说属于审判职权的积极运用,是法官审判权以及审判权所包含的事实查证权的一种表现,因而带有较为明显的职权属性。作为一种旨在消除庭审疑惑,履行查证职责而不得已采取的一种调查方式,庭外调查核实不仅具有防止诉讼的当事人倾向造成证据信息遮蔽,于特定情形之下的"拾遗补阙"作用,同时具有平衡控辩双方取证能力失衡的"补足"作用。然而,以审判为中心的诉讼制度改革之下,庭外调查核实却常因难以摆脱法官职权扩展调查范围、主动追查犯罪的追诉倾向,有悖于审判中立和审判公开的基本诉讼法理,同时脱离了特定的庭审时空,规避了审判程序下的各种监督制约机制,未能厘清其与庭审的基本关系定位而为多数学者所否定、批评。② 自由证明之下,由于直接原则与审判公开等证据原则和诉讼原则的要求松动,事实审理者不仅可以对证据调查程序的通则进行缩减,而且可以对各种证据调查方法之特有程序进行缩减,在符合立法规范要求的前提之下,遵循其自由裁量与判断,采用包括庭外调查核实在内的一系列原本为审判中心制度改革所严格限制的方式、方法。当然,自由证明的适用亦不能忽略对于当事人,特别是认罪被告人的程序权利保障。刑事立法与刑事司法应当赋予并充分保障各方主体的知情权、异议权和救济权,并以心证公开制度为当事人寻求上诉或申诉救济提供依据。

客观来讲,我国当下的庭审证据规范已然经历了从无到有、从粗疏到精细、从简单到复杂的变革过程。此一变革过程中,学界与实务界似乎更多聚焦在对于证明规范本身的以教义学为典型的论理分析层面。相较而言,现有的研究成果对于这些日益精细化、复杂化和体系化的证明规范当以怎样的前提而适用,事实审理者又当以怎样的方式进行展开等问题却在一定程度上被忽略,或者说仅得到了有限关注。具体到认罪案件法庭审理中自由证明的适用议题之下,一方面,自由证明需以较为完善的,如独立的

---

① 参见闵春雷:《严格证明与自由证明新探》,载《中外法学》2010 年第 5 期。
② 步洋洋:《审判中心语境下的庭外调查核实权新探》,载《湖北社会科学》2018 年第 6 期。

司法运行模式、健全的证据开示制度、完备的法律援助制度与辩护制度等诉讼制度为依托,此类制度不仅在客观上发挥着对于法官自由裁量权的制约功能,同时为自由证明的合理运行创设出较为可靠的诉讼环境。① 而反观我国当下的刑事立法与刑事司法,此类配套制度于我国当下似乎并不健全,严重掣肘自由证明的实践应用。另一方面,现行刑事立法不仅并不明晰自由证明的方式、方法,引发自由证明之司法适用中的"名不正、言不顺"的现实问题,而且缺少对于域外证据理论与实践中实然存在的,介于严格证明与自由证明之间的第三种证明范式,即"适当的证明"的论理研判。不仅如此,从实践层面的个案情况来看,认罪案件的法庭审理之中,除依据规范要求确定的法定证明对象外,为查明重要的辅助性案件事实,事实审理者往往还倾向于根据个案情况设立裁量性证明对象。而对于此类辅助性案件事实,或曰裁量性证明对象而言,司法证明不仅允许采用自由证明的方式进行,而且对于纳入考量的事实认定材料、推论方式与确信程度,刑事立法与刑事司法均未作出严格要求。具体到刑事司法实践之中,事实审理者在认罪被告人翻供或曰反悔的情境之下,往往更加倾向于基于诉讼效率的价值考量要求控辩双方作出合理解释,借由印证的方式审查审前供述与庭审供述的差异性,而非直接进行补充性的证据查证。亦即,印证证明方式与主观化的事实认定方法在认罪案件法庭审理的个案处理上亦存有适用的空间可能,而这部分内容即成为本章后文论述的重点。

第二节　认罪案件庭审证据调查中的印证证明

一、印证证明于认罪案件中的理论概述

就司法证明而言,印证体现的是证据与证据之间独特的相互校验关系。假使证据 A 与证据 B 在内容上具有同一性,或者证据 A 和证据 B 所包含的事实信息完全重合或部分交叉,证据 A 和证据 B 即属于相互印证,共同证明特定的待证事实 C。亦即,证据 A 与证据 B 之间的相互印证,使得 A 与 B 所共同指向的待证事实 C 具有了可信性。② 不同于证据与待证事实之间的单向度关系,"印证"描述的并非证据对待证事实的单向揭示,而是两个或两个以上证据之间的双向验证关系。相应地,印证在本

---

① 参见林艺芳:《论法定证明与自由证明——兼论新刑事诉讼法的证据制度改革》,载《广西大学学报(哲学社会科学版)》2013 年第 5 期。

② 栗峥:《印证的证明原理与理论塑造》,载《中国法学》2019 年第 1 期。

质上属于一种特定的证据分析方法,用以反映静态的证据之间、证据与案件事实之间的关联关系,是将复杂的案件事实与证据及证据之间的关系进行典型化、类型化概括与归纳的结果。印证证明强调的是两个以上的证据对于同一待证事实的共同指向或曰协同关系,即两个以上的证据能够彼此证成,不仅不存在证据与证据之间于事实信息层面上的矛盾、冲突,而且其共同指向之协同关系所"聚合"出的证明价值实然大于两个以上个体证据的证明力之和。①

从历史发展的角度来看,"印证"概念的提出可以被追溯到20世纪90年代。而自2004年龙宗智教授于《法学研究》发表题为《印证与自由心证——我国的刑事诉讼证明模式》一文开始,理论界与实务界对于"印证"证明的分析与探讨便呈现出雨后春笋般的态势。时至当下,"印证"概念已然成为刑事诉讼理论界与实务界的高频话语之一,甚至被提升为一种有中国特色的司法证明模式。而从既有的学术研究成果来看,学界对于印证证明的研究普遍聚焦于以审判为中心的诉讼制度改革的语境,将印证证明的论理分析与完善优化同刑事庭审实质化结合开来,强调对于审判中心下法官自由心证的技术性回归与实现②,一定程度上割裂了此一证明方法同认罪案件的内在联结,有意无意地忽视了印证证明方法于认罪案件中同样能够适用的司法现实,以及相较于不认罪案件而言,此一证明方法于认罪案件中所应然内生与实然外化出的适用特异性。由是,为深入探究印证证明方法于认罪案件中何以适用的客观因由,抽象概括此一证明方法于认罪案件中的具体适用样态,进而凝练此一证明方法于认罪案件之中的差异化优化径路,本书拟就印证证明于认罪案件中的司法适用展开分析,用以拓宽既有印证学术成果的研究视角,供给认罪认罚从宽制度常态化适用的本土智识需要。

二、印证证明于认罪案件中的适用因由

从表面上来看,印证证明方法在理论层面和实践层面均具有较强的本土生命力。按照印证证明的建构逻辑,此一证明方法可以适用于我国当下的各类刑事案件。③ 而在笔者看来,印证证明之所以会具有以普遍适用性为具体内容的本土生命力,能够适用于认罪认罚的案件之中,其原因主要

① 吴洪淇:《印证的功能扩张与理论解析》,载《当代法学》2018年第3期。
② 参见周洪波:《刑事庭审实质化视野中的印证证明》,载《当代法学》2018年第4期;杨波:《审判中心下印证证明模式之反思》,载《法律科学》2017年第3期。
③ 参见龙宗智:《刑事印证证明新探》,载《法学研究》2017年第2期。

在于印证方法下的"孤证不立"之义同认罪案件中的口供补强要求相互契合,印证证明所具有的进阶性和似真性特征同认罪案件所欲追求和实现的共识性正义彼此因应,以及认罪案件中可能出现的翻供情形为印证证明的司法适用创设空间的三个方面。

其一,印证证明下的"孤证不立"之义同认罪案件中的口供补强要求相互契合。如前所述,印证证明描述了两个以上证据之间的相互验证关系,此一证明方法的基本特征之一即证据信息支撑的双向性与相互性。而作为印证证明方法的概念对立面,刑事司法实践中的"孤证"往往不立。从理论上来讲,"孤证"之所以不立,并非在于"仅有一个证据"的数量问题,而是源于该单一证据可能无法与其他任一证据形成观照关系,致使由其所涵摄的证据信息无法通过证据之间的相互支撑而向外传递,同时也难以获得其他证据信息支撑的有效输入。① 长久以来,我国本土语境下的刑事证明方法执着于事实认定所依赖的证据必须达到全面化和充分化的程度要求,片面强调证据证明的"外部性"而不注重"内省性"。一方面,依据我国当下的证据裁判原则,事实认定的场域之下,每一个要件性的待证事实均需有证据证明,证据与证据之间需要形成稳定的证据链条,不存在所谓的证据矛盾或无法解释之处。亦即,同一待证事实需要得到多个不同证据的相互信息支持,强调证据种类的广泛化、体系化。"孤证",即使是查证属实的单一证据亦不得作为定案的依据。② 另一方面,我国始终秉承客观性优先于主观判断的认识立场。此一立场之下的证明方式体系及其具体方式、方法并不着眼于事实审理者的主观感受,即"内省性";而是强调证据的"外部性",即两个以上证据信息指向的一致性,用以形成比较客观的、外观可见的、多点支撑的证据结构,满足刑事二审与刑事再审所具有的事实审理的复审特征,以及不同机关与不同审理者之间对于事实认定的重叠性共识,从而保证事实认定的稳定性、共识性和可检验性。③ 反观我国认罪案件的规范与实践,犯罪嫌疑人、被告人的供述内容同认罪案件中公安司法机关所欲调查核实的案件事实呈对应关系,整个认罪案件所具体适用的诉讼程序,或曰对于案件事实的调查核验就等同于对认罪口供的补强和验证。相较于不认罪案件所一贯重申的口供补强要求,认罪案件对于口供补强的要求其实更高。认罪案件之中,公安司法机关对于口供补强的要求并非简单地遵循"不轻信口供"的规范要旨,更是基于因轻信口供可能

---

① 栗峥:《印证的证明原理与理论塑造》,载《中国法学》2019 年第 1 期。

② 步洋洋:《论"根据在案证据裁判规则"》,载《法商研究》2022 年第 4 期。

③ 参见龙宗智:《"印证"的治理》,载《法学家》2022 年第 2 期。

带来的口供失范,特别是假认罪、认假罪的现实可能,以及为最大限度地避免认罪认罚从宽制度演变为一场"为简易而简易""为认罪而认罪"的机械化司法现象的现实考量。就这点而言,笔者认为,认罪案件中的口供补强要求其实可以被视作印证证明下"孤证不立"之义的典型特例之一。所不同的是,口供补强规则仅仅针对口供证据而论,而印证证明方法下的"孤证不立"则可以被适用于全部的证据种类,属于证明体系下的一种一般性证明要求。

其二,印证证明所具有的进阶性和似真性特征同认罪案件所欲实现的共识性正义相互因应。一方面,印证并非完备的证明,而是基于静态的证据之间、证据与案件事实之间的关联关系,将复杂的案件事实与证据及证据之间的关系进行类型化概括与归纳的结果。在印证证明的始点与终点之间,印证始终保持着不同梯度的递进性。相互印证的证据数量越多,印证的可信度就越高,但即使再多证据之间的相互印证也不必然得出如证明一般的无可辩驳的结论。[①] 这也就是我国当下的印证证明在规范与实践层面始终强调证据种类的广泛化、体系化,以及证据数量的最大化原因之一。另一方面,就证明理论的本质而言,事实求证的过程之中,裁判者依照任何一种证明方法而进行的评判行为都并非纯粹的理性分析,而是具有很大程度的不确定性。就这点而言,笔者认为,印证证明于我国当下其实同样具有某种理性化的色彩。质言之,印证证明打破常规的依照司法三段论形成心证结论与裁判结果的固有范式,此种证明方法试图依靠证据间能够彼此印证的估算概率值初步建构一个具有倾向性的"模糊"结论,并依循内心的方向性判断着力寻找到能够相互印证的证据理由,将印证的效力着落在印证的广度和厚度之上,其所达到的证明程度,或曰似真程度(似真性)[②]同印证的进阶程度成正比。具体到认罪案件之下,犯罪嫌疑人、被告人通过口供而加入形成司法事实的特定仪式。作为一种"求真认识论"的社会性建构实践,事实与价值、描述与评价,在事实查验中往往交织在一起。刑事诉讼场域下的事实、真相及正义其实正是基于某种特定的主观认知而因应建构的。认罪案件之中,此种主观认知即为控辩双方内心期许的共识性预期利益,或曰"共识性正义"。换句话说,认罪口供的主动作出,不仅将原本对抗的控辩关系转变为适度协商合作,而且将本为单向的、

[①] 栗峥:《印证的证明原理与理论塑造》,载《中国法学》2019年第1期。

[②] 所谓"似真性",是指即使推论的所有前提都是真的(可接受的),也不能保证其结论是真的(可接受的)。似真推理通过权衡各种可获得的选择,并将其命题与其认知基础的持续性和稳定性相比较来评估命题。参见〔美〕道格拉斯·沃尔顿:《法律论证与证据》,梁庆寅等译,中国政法大学出版社2010年版,第113页。

由被追诉人被动承受的刑事诉讼程序转变为一种公安司法机关同被追诉人的双向互动,由其主动乃至自愿接受的一系列诉讼活动,传统诉讼目的论下的"实质正义"观念亦相应地转变为一种由控辩双方所普遍认同的,能够适切于控辩期许的"共识性正义"。① 更为重要的是,认罪案件所欲追求和实现的共识性正义并非"天生",而是需要为之"斗争"的。在共识性正义发生偏差,即并不完全符合控辩双方预期利益的情形之下,认罪案件中被追诉人所享有的反悔权,以及检察机关所依法行使的刑事抗诉权均可以被视作审前控辩协商行为的延续,其目的在于追求"共识性正义"的进阶实现。② 从这个意义上讲,认罪案件本身所欲追求和实现的共识性正义实与"印证"证明所具有的进阶性和似真性特征相互因应,此即印证证明能够适用于认罪案件的原因之二。

其三,认罪案件中可能出现的翻供情形为印证证明的司法适用创设了空间。尽管我国理论界与实务界对于认罪认罚从宽制度之下犯罪嫌疑人、被告人是否享有反悔权和撤回权存有"肯定说"与"否定说",导致刑事司法实践中呈现出不同地区不同做法的"个别化"现象。但"两高三部"《认罪认罚指导意见》却用专门一节明晰了认罪认罚从宽制度下犯罪嫌疑人、被告人认罪认罚的反悔和撤回的处理规范,此节规范带有较为明显的司法应对特征,规范着力点似乎旨在确立刑事司法实践中对于认罪认罚撤回和反悔的程序应对机制,而非保障被追诉人于认罪认罚从宽制度下所应享有的"为承认而斗争"的进阶性权利。在笔者看来,作为认罪认罚从宽制度下犯罪嫌疑人、被告人所享有的基本权利之一,认罪认罚的反悔和撤回本身源于犯罪嫌疑人、被告人作为刑事诉讼主体的自我决定权,承载着弥补被追诉人权利处分能力不足的自愿性保障功能,旨在实现协商语义下的"共识性正义"。"翻供"作为认罪认罚反悔和撤回概念范畴之下的特定形式之一,当属认罪案件中最有可能出现的情形,属于典型的同认罪认罚反悔和撤回相伴而生的证据问题。"翻供"的发生不仅与我国当下犯罪嫌疑人、被告人同为辩护主体与被追诉对象的双重身份有关,而且同供述取得之自愿性保障不足的司法现实关联密切。总体来说,在我国当下的刑事司法实践中,当同一主体提供的前后证据,特别是言词证据相互矛盾时,事实审理者采用的总体原则是"采信能够与其他证据相互印证的证据"。一方面,2021 年《刑诉法解释》第 96 条于规范层面明确重审翻供情形之下印证证明方法的地位与功用,将印证证明

---

① 步洋洋:《认罪案件中口供适用的逻辑与限度》,载《社会科学》2021 年第 7 期。
② 步洋洋:《认罪认罚从宽制度下上诉权与抗诉权的关系论》,载《法学杂志》2021 年第 4 期。

作为审查供述反复与前后矛盾的基本证明方法。① 另一方面,从刑事司法实践的现实来看,认罪案件中的供述改变主要表现为审前供述的反复与审前供述同庭审供述不一致两种情形。在审前供述反复的情形之下,只要被告人于审理中作出的有罪供述能够同其他证据相互印证,事实审理者便可采纳其有罪供述。而就审前供述同庭审供述不一致的情形而言,只要被追诉人在审前作出的有罪供述有证据印证,即使在审理之中进行翻供,事实审理者也会采信其审前作出的有罪供述。② 不仅如此,在刑事司法实践中,司法机关往往将犯罪嫌疑人、被告人不能作出合理解释,其翻供理由不具有可信度或自相矛盾且部分供述和在案证据能够相互印证作为不予采信被告人翻供内容的主要理由。③ 亦即,无论是翻供的证成还是证伪,也不论是采纳审前供述还是庭审供述,现行刑事立法与刑事司法均要求事实审理者既审查认罪供述能否获得其他证据的实质印证,又审查翻供理由、无罪辩解是否不能获得其他证据的实质印证,用以最大限度地保障供述的真实性和可信性,消除因供述反复与前后矛盾而在事实审理者和案件事实之间形成的心证认知屏障。④ 就这点而言,认罪案件中可能出现的翻供情形已然为印证证明的司法适用创设出潜在的规范和实践空间,因而可以被看作印证证明能够适用于认罪案件的原因之三。

三、印证证明于认罪案件中的适用样态

长久以来,我国刑事立法与刑事司法对于口供在印证证明方法下的具体适用始终保有较为审慎的态度。此种审慎态度不仅体现在理论界与实务界对于重视口供抑或依赖口供所存在的天然警觉与误读倾向之上,在现行刑事法律规范亦有明确规定。⑤ 然而,不同于不认罪案件中口供适用的"可有可无"中,认罪案件的刑事司法活动主要围绕着能够直接指向被追

---

① 2021 年《刑诉法解释》第 96 条规定:"审查被告人供述和辩解,应当结合控辩双方提供的所有证据以及被告人的全部供述和辩解进行。被告人庭审中翻供,但不能合理说明翻供原因或者其辩解与全案证据矛盾,而其庭前供述与其他证据相互印证的,可以采信其庭前供述。被告人庭前供述和辩解存在反复,但庭审中供认,且与其他证据相互印证的,可以采信其庭审供述;被告人庭前供述和辩解存在反复,庭审中不供认,且无其他证据与庭前供述印证的,不得采信其庭前供述。"

② 参见陈瑞华:《刑事证据法的理论问题》,法律出版社 2015 年版,第 182 页。

③ 樊学勇、胡鸿福:《被告人认罪认罚后反悔的几个问题——基于北京地区检察院、法院司法实践的分析》,载《贵州民族大学学报(哲学社会科学版)》2020 年第 5 期。

④ 参见汪海燕:《印证:经验法则、证据规则与证明模式》,载《当代法学》2018 年第 4 期。

⑤ 相较于其他证据的印证证明,2021 年《刑诉法解释》第 141 条对于口供定罪的印证证明作出了更为严格的规定,即"根据被告人的供述、指认提取到了隐蔽性很强的物证、书证,且被告人的供述与其他证明犯罪事实发生的证据相互印证,并排除串供、逼供、诱供等可能性的,可以认定被告人有罪"。

诉人有罪的供述展开,认罪口供不仅在应然层面构成认罪案件证据体系之核心,而且在实然层面引申出印证证明于认罪案件之中的能够区别于不认罪案件之司法适用的特异性样态特征。

第一,认罪案件中的印证证明遵循"由供到证"的整体印证思路。在以口供为印证证据之一的印证模式下,印证的整体思路被理论界分为两种类型:一是"由证到供"的印证思路,二是"由供到证"的印证思路。长久以来,基于口供适用的天然警觉与防范态度,在需要进行口供印证的案件之中,我国刑事立法与刑事司法历来强调遵循"由证到供"的整体印证思路,此为传统印证证明的外观特征之一。就概念而言,所谓"由证到供"的印证思路,指侦查机关先行收集犯罪嫌疑人、被告人实施犯罪行为的其他证据(通常是实物证据),并在以前述证据为基础而取得被追诉人有罪供述的前提下,借由前述先行收集的有关证据验证被追诉人有罪供述的真实性。在我国司法证明的传统实践中,"由证到供"思路下的主要印证方式即体现为"勘验笔录印证口供"。① 认罪案件中的印证思路则与之不同。此一案件并不遵循传统的"由证到供"的印证思路,而是采用"由供到证"的整体印证思路。亦即,在犯罪嫌疑人、被告人认罪的情况下,侦查人员首先将认罪供述作为核心证据进行审查,并围绕认罪供述展开对于其他证据的调查、收集工作,而后再以调查、收集到的物证、书证等其他证据反向验证被追诉人认罪供述的真实性。

具体而言,"由供到证"的印证思路依照先有"供"再找"证",进而"以证验供"的两个步骤展开。其一,在"由供到证"的第一个环节中,认罪口供需要满足证据适格的基本要求,同时具备证据能力与证明力。笔者认为,作为口供印证的逻辑前提,口供适格的司法判断可以围绕供述内容的完整性与供述逻辑的融洽性两个方面展开。简言之,犯罪嫌疑人、被告人的有罪供述不仅需要完整地陈述犯罪事实的具体过程及其细节,涵盖犯罪构成要件事实的客观方面和主观方面,而且需要在陈述内容上前后一致,未有供述反复情形的发生。② 其二,在"以证验供"的第二个环节中,"供"是否能被采纳的关键即在于能否找到与其相对应的特定之"证",缺乏特定之证的有罪供述很有可能成为"孤证"。"由证到供"的传统印证思路下,侦查人员在固定、收集到其他相关证据后,由于证据信息已然为被追诉人所知悉,犯罪嫌疑人、被告人很有可能会基于各种原因按照侦查机关

---

① 参见龙宗智:《聂树斌案法理研判》,载《法学》2013 年第 8 期。

② 参见王宇坤:《口供印证的类型化研究——基于我国刑事审判实践的思考》,载《浙江工商大学学报》2020 年第 1 期。

已然收集到的证据信息作出认罪供述,甚至出现由侦查人员倒逼被追诉人作出同已经收集到的证据信息内容相同之认罪供述的不法情形。① 在笔者看来,作为认罪案件中最为完整和最为全面的一类直接证据,认罪口供实则有助于提高口供印证的可行性与可信性。此一证据在将何人、何事等犯罪构成要件的基本要素完整廓清的同时,最大限度地避免了"人为印证""虚假印证"等违背认罪认罚之自愿性、明知性、明智性与合法性现象的发生。当然,不同于不认罪案件中单纯以客观性、关联性与合法性,或者说以证据能力与证明力为依托的口供印证内容,认罪案件之"以证验供"的环节需要同步实现对于被追诉人认罪认罚自愿性的印证审查,用以保证犯罪嫌疑人、被告人认罪认罚行为的有效性。对此,可以考虑的方式是:将认罪认罚的自愿性、明智性与事实基础问题置于同一层面,遵循自愿性—明智性—事实基础的印证顺序,借由印证证明方法逐步实现对于认罪认罚自愿性、真实性(事实基础)的确认,以及对于认罪认罚效力的综合评价。②

第二,认罪案件中的印证证明依照单向度的印证逻辑进行,兼采证立与证伪两重印证方法。从法律规定与经验分析的角度来看,印证证明方法下的印证逻辑实则有二,即单向度的印证证明和双(多)向度的印证证明。其中,单向度的印证证明指某个证据(本证)由于自身存有瑕疵,或具有特殊价值功用,需要其他证据对其进行弥补或填充。只有在本证得到其他证据的支持,并与之得出较为一致或具有相同指向的结论之时,本证才有可能成为支撑整个印证证据链条的适格个体,进而为事实认定与裁判形成提供支持。③ 在单向度的印证逻辑之下,本证均为主观性较强的言词证据。此类言词证据因提供主体本身的特殊性,如年幼、精神上有缺陷或与本案处理存在利害关系,而需要借由其他证据在证据的证明力方面进行支持、补强或校验,用以消解其可信度较低的个体证据特征。双(多)向度的印证逻辑与之不同。此种印证逻辑之下,两个或两个以上的证据均为本证,也互为印证证据。对丁双(多)向度的印证逻辑而言,作为组成元素的个体证据的证明力只有在与本案其他证据的相互作用中才有可能得到确定,即单个证据的证明力来源丁案件证据的总体判断④,全然不同于单向

① 参见王宇坤:《口供印证的类型化研究——基于我国刑事审判实践的思考》,载《浙江工商大学学报》2020年第1期。
② 参见孔令勇:《刑事印证规范解读:从证明方法到证明规则》,载《环球法律评论》2020年第6期。
③ 汪海燕:《印证:经验法则、证据规则与证明模式》,载《当代法学》2018年第4期。
④ 参见〔美〕米尔吉安·R.达马斯卡:《比较法视野中的证据制度》,吴宏耀等译,中国人民公安大学出版社2006年版,第69—71页。

度的印证逻辑之下,只有一个本证,其他证据均为印证证据,且只有在本证证明力确定之后,方能进一步对于案件事实作出总体判断的逻辑特征。① 具体到认罪案件中的印证证明之中。认罪案件所遵循的"由供到证"的印证思路即属于典型的单向度印证。此一印证思路将认罪口供作为印证证据链条中的本证使用,其他证据的固定和收集始终围绕着此一证据的具体线索展开;公安司法机关对于其他证据的固定与收集的目的亦主要聚焦于对于认罪口供的补强、校验和支持;作为本证使用的认罪口供只有在得到其他证据,特别是实物证据的补强、支持时,方能作为有罪认定的事实依据,并以此为基础进一步作出案件事实的总体判断。借由单一证据(本证)的审查与评价,建构出不同于双(多)向度印证证明之"整体主义",具有"原子主义"色彩的特异性证明模式特征。

　　诚如部分学者所言:"'印证证明方法'于我国具有明显的整体主义倾向,强调相互印证之证据链条能够形成一组包含相同或相似事实信息的统一整体。"②根据传统印证证明方法,在判断某一单一证据的证明力时,我们并不能直接根据此一证据本身得出结论,而是要结合其他证据,与之进行比较和对照,以证立的方法证成此一证据同其他证据之间的指向一致、内容吻合。③ 相应地,整体主义进路之下的中国式印证证明历来便较为重视以证立的方法实现印证的客观目的,一定程度上有意无意地忽视了印证的另外一种方法——证伪。在笔者看来,作为一种具有普适性特征的证明方法,印证证明本身并不排斥理论上的反向印证,即证伪。证伪方法的现实存续,不仅有利于消解单纯以证立方法进行印证可能产生的实践困难,而且在供证反复或矛盾,以及共同犯罪案件的印证实践中发挥着极为重要的作用。或许正是考虑到认罪案件本身的特异性与证伪方法的功能考虑,现行刑事立法在框定认罪认罚自愿性印证之规范样态④的同时,明定法庭审理中认罪认罚自愿性印证的积极条款与认罪认罚自愿性印证的消极条款⑤,将证立和证伪适时地结合起来,协同运用于认罪案件的印证证明之中。

---

① 汪海燕:《印证:经验法则、证据规则与证明模式》,载《当代法学》2018 年第 4 期。
② 薛爱昌:《为作为证明方法的"印证"辩护》,载《法学研究》2018 年第 6 期。
③ 参见谢澍:《反思印证:"亚整体主义"证明模式之理论研判》,载《华东政法大学学报》2019 年第 3 期。
④ 关于认罪认罚自愿性印证的规范样态,参见现行《刑事诉讼法》第 15 条、第 162 条和第 174 条。
⑤ 关于认罪认罚自愿性印证的积极条款,参见《认罪认罚从宽指导意见》第 39 条第 1 款第 1 至 5 项;关于认罪认罚自愿性印证的消极条款,参见《认罪认罚从宽指导意见》第 39 条第 2 款。

第三，认罪案件中的印证证明适用"真理符合论"的印证强度标准。我国传统上的印证证明强调对于客观真实的诉讼追求，要求司法工作人员在证据审查与事实认定的过程中秉持审慎的态度，禁止在没有其他证据印证的情况下对"孤证"加以认定，期望通过证据之间的相互印证消弭证据矛盾与事实本身的模糊性，即以整体信念的"真"或"有效"证立单个信念的"真"或"有效"①，呈现出极为明显的"真理融贯论"的强度标准特征。在笔者看来，基于既往印证证明的实践分析，传统印证证明对于以客观真实为具体内容的"融贯论"之坚守，确实发挥了错案防范的积极作用，能够有效回应诉讼程序本身的程序理性特征。然而，刑事司法证明本为通过现在的"物"（证据载体）证明已然发生的、不可复现的过去"事"的系列过程。司法证明并非证据载体的简单堆砌，而是基于证据载体本身，运用一系列的证明方式、方法，逐步建立各项证据与证据之间的推论性关系，并最终形成一个能够涵盖案件事实的叙事建构过程。一方面，如前文所述，印证证明并非完备的证明，此一证明方法本身具有进阶性和似真性特征。再多的证据之间的相互印证也并不必然得出无可辩驳的事实认定与裁判结论。如果不加区分地将以客观真实为具体内容的"真理融贯论"作为印证证明所必须达到的印证强度"标准"，不仅可能导致司法证明的僵化与异化，而且可能催生部分案件中人为、刻意"制造"证据链条以达到"形式真实"的司法现象。② 另一方面，无论是从控辩对抗程度，还是从证据调查的证据基础，抑或是从犯罪嫌疑人、被告人的权利保障要求上看，认罪案件与不认罪案件均存有较大程度的差异。正所谓刑事案件的性质不同，证据审查、判断的方式、方法与程度标准也不同。因应认罪案件本身所带有的协商性司法特征，此类案件多适用简化审理程序审理的效率导向等因素，传统印证证明所一贯强调的以客观真实为具体内容的"真理融贯论"于认罪案件之中或许并无必要。更为重要的是，印证证明方法本身即具有似真性的内在特征，此一证明方法将印证的效力着落在印证的广度和厚度上，其所能达到的证明程度，或曰似真程度（似真性）实与印证的进阶程度成正比。据此，笔者认为，应当适度弱化或曰降低印证证明方法于认罪案件之中的强度标准，转为适用"真理符合论"的印证强度标准，用以呼应事实构建本身所带有的经验性、模糊性与似真性，借由印证强度之"清晰"到适度"模糊"的转变，彰显法律真实对事实似真性的理性认同。

---

① 侯学勇：《融贯性论证的整体性面向》，载《政法论丛》2009 年第 2 期。
② 谢澍：《迈向"整体主义"——我国刑事司法证明模式之转型逻辑》，载《法制与社会发展》2018 年第 3 期。

四、印证证明于认罪案件中的适用完善

在明确了认罪案件中印证证明之应然适用样态的同时，我们亦应当清醒地看到，在我国当下的认罪案件司法实践中，印证证明之可欲和可能、应然与实然之间其实常存落差。为有效革除认罪案件中印证证明方法所内生和外化出的上述问题，我国刑事立法与刑事司法至少应当在如下两个方面作出优化调整：

其一，改变现有的"权力主导型"口供形成机制，保证"由供到证"的充分正当化。目前我国刑事诉讼程序仍然处在治罪模式之下，以实现刑罚权为最终目的。治罪模式下我国认罪认罚从宽制度仍是权力主导型的刑事程序，并未以制度的形式确立控辩协商机制。审查起诉阶段，检察机关决定着认罪认罚程序的启动和推进，处于绝对的优势地位，其向被追诉人告知认罪认罚的法律规定以及各项诉讼权利后，听取被追诉人的意见，进而在被追诉人表现出认罪悔罪意愿、如实供述基本犯罪事实、作出认罪口供的基础上启动认罪认罚程序。简言之，被追诉人作出认罪口供是检察机关启动认罪认罚程序的前提和基础。这就使得被追诉人认罪口供的形成程序完全由检察机关把控，呈现出强烈的公权力色彩。此外，在我国司法实践中，囿于审前羁押期限较长、证据开示制度不健全、信息不对称、辩护律师介入认罪认罚案件较少、值班律师作用有限等因素，被追诉人与检察机关在审前阶段的地位不平等，被追诉人认罪口供的自愿性、真实性自然会受到质疑。认罪案件所属的认罪认罚从宽制度从试点施行伊始即将认罪认罚的自愿性作为制度适用的重心与基础，而现有的"权力主导型"口供形成机制却在"自愿"层面上形似而实不至。从比较法的视角进行考察，域外法治国家和地区的协商性司法制度普遍遵循司法机关主动发起协商，以换取犯罪嫌疑人、被告人自愿、积极供述的运行逻辑。而基于改变我国当下的"权力主导型"口供形成机制，保证"由供到证"的充分正当化的问题意识，笔者认为，一方面，刑事立法和刑事司法应当基于改变当下"权力主导型"口供形成机制，促进供述自愿形成的目的考量，赋予认罪被追诉人以沉默权，将认罪犯罪嫌疑人、被告人从先行认罪悔罪的前置义务，以及强制性供述义务的现实束缚中解放出来，并以此为基础借由审前证据开示制度的配套机制的确立最大限度地换取犯罪嫌疑人的主动、自愿、积极供述。[1] 另一方面，为保证"由供到证"的充分正当化，刑事立法与刑事司法

---

[1] 参见步洋洋：《认罪案件中口供适用的逻辑与限度》，载《社会科学》2021年第7期。

应当强化审前取证阶段的控辩参与性和对抗性,不仅允许辩方在审前阶段对侦控机关的证据收集提出意见,而且明定辩方证据在事实认定过程中的基础地位,将辩方证据作为口供印证的主要信息来源与事实认定的证据基础,尽可能地消解侦控机关在案卷传递过程中片面筛选证据收集和证据信息的可能,确保认罪案件中"由供到证"的完整性和正当性,借由权力与权利相对平衡的证据形成机制为印证证据的生成奠定理性基础。

其二,确立精细化的口供印证机制,实现口供印证过程的"自由心证"。认罪案件的证明内容、方法和普通案件存有差异,在证据规则上体现出一定的灵活性。被追诉人的口供在认罪案件中处于核心地位,口供的真实性是证明被追诉人有罪的最直接证据,决定了整个认罪案件中证据体系是否可靠。当口供不足以形成"心证"时,口供的真实性存疑,亟须通过印证证明来对其真实性进行判断。是故,在认罪案件中,口供印证是最重要的证明过程。2021年《刑诉法解释》规定,认定被告人有罪和对被告人从重处罚应当适用严格证明,将对被告人从宽处罚排除在外,即在认罪案件中,有利于被告人的从宽量刑事实可以适用自由证明。在调查方法和证据规则上,认罪案件既无须遵循传统的一物一证或者一物一质的调查方法,亦无须遵守不认罪案件所要求的全面性证据规则。而2021年《刑诉法解释》虽规定了口供印证规则,但只规定了一般原理,对于不同类型案件中口供印证证明并未细化,且由于前述调查方法和证据规则的差异,认罪案件中印证规则相较普通案件有适度简化,认罪案件中的口供印证机制呈现非精细化和形式化。认罪案件中口供印证过程往往只是对各种证据进行简单列举、总结、归纳,不再对证据进行主观性的认定与考量,一定程度上导致了"假认罪"与"认假罪"的现象。正所谓"对以主观证据为核心的案件的事实认定,刑事立法与刑事司法需要根据案件证据的特点与规律进一步拓宽证明的路径"①。在认罪案件的特点决定了被追诉人的有罪供述是案件事实查证的核心证据,此类案件因强调法律真实对事实似真性的理性认同而适用"真理符合论"的印证强度标准的语境之下,笔者认为,我国当下的认罪案件理应确立精细化的口供印证机制,实现口供印证过程的"自由心证"。一方面,认罪案件之下的口供印证应当走出传统印证证明的"整体主义"误区,重视印证过程中对于单个证据的审查判断。质言之,在口供印证的过程之中,司法机关不仅应当重视对于单个证据与单个证据之间能否彼此印证的关联查验,而且应当强化对于单个证据的证据能

---

① 向燕:《性侵未成年人案件证明疑难问题研究——兼论我国刑事证明模式从印证到多元"求真"的制度转型》,载《法学家》2019年第4期。

力的逐一审查,明确单个证据于口供印证中的具体印证内容,并在综合全案单个证据形成一定程度的内心确信后,再与认罪口供进行比照验证,通过证立和证伪两重印证方法实现对于犯罪嫌疑人、被告人认罪认罚之事实基础的有效校验。另一方面,在口供印证的过程之中,刑事司法应当允许司法机关根据"情理推断""合理解释"等主观性证明方法作出事实认定,从追求外在的、客观的、唯一的审查尺度向容许内在的、存有主观推断的、多维的审查尺度转变,降低以客观真实为具体内容的过高印证强度标准。只要事实审理者认为,通过程序的检验与辅助证据的印证能够对认罪口供的自愿性、真实性与合法性形成内心确信,并且综合全案证据对所认定的案件事实能够排除合理怀疑,即可认定被告人有罪。[1] 通过口供印证过程中动态性证据与形成性证据的合理并用,借由图示法、概要法、叙事法、时序法等为具体内容的多元的、精细的证据分析方法[2],实现口供印证过程的"自由心证",在契合认罪案件本身的证据构造特点的同时,最大限度地降低侦控机关遵循"由供到证"的整体印证思路所引发的证据过度生产。更为重要的是,基于认罪案件本身的类型多样性,除了前述的实质印证与形式印证方法外,理论界与实务界尚需对认罪犯罪嫌疑人、被告人翻供情形下"双(多)向度"的印证证明逻辑,以及共犯犯罪中认罪口供的对比印证等印证理论作出研判与证析,用以回应认罪案件之司法实践的现实需要。而这必将是一项更为广阔的系统工程。

第三节　认罪案件庭审证据调查中的主观化证明

一、客观化与主观性证明的关系

作为证据法的基本原则之一,证据裁判原则以其理性证明功能在我国当下的刑事司法实践中占据主导地位。追求"客观证明"而排斥"主观证明"似乎已然成为实务界不言自明的司法传统。"客观证明"作为贯穿我国刑事证明制度的一个重要而隐性的主题,"以客观性为认识支撑点,不仅强调证据本身的客观性,而且强调证明方法的客观性,强调证据与证据之间的客观印证"[3]。现行《刑事诉讼法》与司法解释中所规定的定罪量刑的

---

[1]　参见向燕:《性侵未成年人案件证明疑难问题研究——兼论我国刑事证明模式从印证到多元"求真"的制度转型》,载《法学家》2019 年第 4 期。

[2]　关于多元的、科学的、精细的证据分析方法,参见杨波:《审判中心下印证证明模式之反思》,载《法律科学》2017 年第 3 期。

[3]　龙宗智:《印证与自由心证——我国刑事诉讼证明模式》,载《法学研究》2004 年第 2 期。

事实都有证据证明、证据相互印证、形成完整的证明体系、结论具有唯一性,以及司法实践中所形成的孤证不能定案、证明的七何要素"等规则,都是我国当下诉讼证明过于客观化的现实映像。① 在笔者看来,中国式的证据立法之所以会遵循以限制证据证明力为核心的"客观证明"理念,除了对于唯物主义认识论的理解偏差,即仅从存在第一性、思维第二性的决定论角度机械地去理解诉讼证明外,更在于决策者与社会公众对于事实审理者抱有的内心不信任,担心"排除合理怀疑""内心确信""自由心证"等所谓的"唯心主义"带来证明过程中的主观臆断,甚至形成冤假错案。②

而在此种诉讼证明偏重客观化而有意无意地忽视主观化证明的现实语境下,理论界与实务界对于"证据确实、充分"持有一种高度客观化的理解。不仅要求刑事证明以客观真实为指导,诉讼证明结果与实际发生的案件事实相互吻合,将事实审理者对于被告人定罪量刑的判断全然建立在是否具有足够数量之证据支撑的基础之上,以绝不妥协的适配特征强化对于特定证据数量之充分性和全面性的实践要求,而且将以证据的客观状态及其包含的信息作为判断标准,具有易把握、可检验特点的印证证明作为我国当下主流甚至是唯一的证明方法。相应地,在此种严格的证据主义立场之下,然而,诉讼证明作为一种主体性的认识活动,不可避免地会涉及事实审理者的主观判断。在刑事司法裁判与纠纷解决的实践之中,证据从来都不是,也不可能是唯一的事实认定手段,刑事立法与刑事司法不应也不能将证据裁判绝对化地理解为"唯证据论",进而忽视主观性证明所具有的"拾遗补阙"作用。具体而言:

一方面,客观证明与主观证明具有不同的逻辑特点。客观证明项下的印证证明具有典型的"外部性"特征,强调通过两个以上独立证据之间的相互支持关系达到证明目的,而主观化证明则具有明显的"内省性"特征,即所谓的"心证",或曰内心求证。两种证明方法在证明效用上能够彼此校验,不仅能够实现演绎推理与归纳推理、逻辑法则与经验法则的协调并用,而且有助于特定案件中的事实认定经受住包括经验、情理、合理可接受性等在内的"综观式验证"③。另一方面,如前文所述,证据裁判原则于

① 纵博:《印证方法的不足及其弥补:以多元证据分析方法体系为方向》,载《法学家》2020年第6期。
② 参见施鹏鹏:《刑事裁判中的自由心证——论中国刑事证明体系的变革》,载《政法论坛》2018年第4期。
③ 相较于只注重证据的相互印证而忽略印证事实与其他证据、确凿事实及经验法则的协调而言,"综观式验证"是对全案证据的综合分析和验证。参见龙宗智:《刑事印证证明新探》,载《法学研究》2017年第2期。

认罪案件的法庭审理之中应然松动,基于被告人的自愿认罪认罚,抗辩双方对已达成合意的犯罪事实不再严格遵循举证、质证的证据调查方法,根据规则是适用相较此前案件呈现出明显的从简性、自由性与灵活性。相应地,在认罪案件的法庭审理之中,假使认罪被告人当庭翻供或反悔,事实审理者应基于效率价值的考量要求控辩双方作出解释,在借由印证证明审查审前供述与庭审供述之差异性的同时,辅以经验法则或情理推断等主观化证明方法,用以判断其解释的合理性与可信性,进而将印证事实合理镶嵌于案件事实之整体建构的故事版本之中,形成既注重依证据裁判的客观证明,又兼容情理推断、经验法则等主观证明,从而达致客观证明方法与主观证明方法并重的平衡型事实认定机制,避免过度依赖印证、片面追求刑事客观证明导致的事实认定僵化,以及由此带来的诉讼目的难以实现的妨碍后果。

二、主观化证明的基本范畴

"主观化证明"又称证明方法的主观化,此一概念是相对于"以客观性为认识支撑点,强调证据本身与证明方法之客观性"的"客观化证明"而提出的。作为贯穿我国刑事证明制度的一个重要而隐性的主题,"客观化证明"旨在通过"证据确实、充分"的客观证明标准排除自由心证可能带来的各种恣意(有时是不自觉地预断或偏见,有时是过失心态下的随意,有时是故意歪曲事实),并以此实现发现案件事实真相的目的。诚然,在刑事诉讼的证明活动中,基于防范主观恣意的现实考量,事实审理者应然且实然地应当强化客观证明在事实认定中所具有的附条件的优先性,即能够以客观证据证明的要件事实,不能随意以主观证明替代。但问题在于,诉讼证明毕竟不同于科学证明,此种证明是对过去已然发生事实的回溯性认识过程。此一认识过程之下,无论如何强调诉讼证明的客观化,事实审理者对于证据的判断与事实的认定均难以褪去其本源的主观色彩,其在本质上始终无法摆脱主观范畴所带有的判断性特征。[①] 换言之,刑事证明活动之下的证据判断与事实认定根本不可能实现哲学意义上的纯粹"客观化"。更为重要的是,刑事立法与刑事司法对于客观化证明在事实认定中所具有的优先性之强化,其实并不排斥主观化证明的"补充"作用,客观化证明所具有的优先性亦不必然、绝对,特定的证明场域与证明情境之下,事实审理者全然可以基于案件的不同性质、控辩的对抗程度,以及证明的难易衡平,在

---

① 参见龙宗智:《中国法语境中的"排除合理怀疑"》,载《中外法学》2012 年第 6 期。

遵循诉讼证明规律的基础上,适时采用包括推定、司法认知、情理推断与经验法则在内的一系列具有"内省性"特征的主观化证明方法。

（一）推定

推定,在日常生活语言中具有"经推测而断定"的含义,涵摄推理、推论、假定、推断等多重意思。作为证据证明的替代性方法,推定指根据法律规定或者逻辑经验法则,当基础事实已被确认时,据以推断出未知的结果事实存在。推定的核心特征即在于,基础事实的成立是推定事实成立的前提,而推定事实的成立,并不是通过举证方提出证据证明的,而是由法律通过推定而自动成立的。① 就内容而言,推定表示的是两个事实之间的关系。推定的结构之下,一个是已知前提基础事实 A,另一个是未知的推定事实 B,运用推定方法就是在前提基础事实 A 和推定事实 B 之间建立一条法律纽带,该法律纽带原则上基于前提基础事实与推定事实间的常态联系而确定,而此种常态联系正是人们在长期的社会实践中所归纳总结出的事物之间的某种内在联系。②

作为主观化证明的特定一种,推定的核心功能在于提高事实认定的效率,缓解特定案件中的证明困难,其在本质上属于一种效率型证明。"证明意味着不确定性的消除。此种不确定性的消除既可以通过正向的证明,即获得证据证实待证事实而实现;也可以通过反向的途径,即通过证伪其他的事实可能性而使各种合理怀疑得以消除。"③其中,正向证明可采取充足律的证明方式,将待证事实证明至符合法定证明标准的程度。反向证明则可采取矛盾律的证明方式,用以推翻控方的证明体系。在上述两种理想的证明结果之间,实际上常存一种"真伪不明"的中间形态,即综合全案证据,事实审理者对于系争事实的存在与否仍无从把握④,此时便可遵循三段论推理的逻辑结构,由事实审理者基于基础事实的成立,以及基础事实与推定事实之间的常态联系,推定出推定事实的自动成立。需要明确的是,由于前提基础事实与推定事实之间的联系具有或然性,基于前提基础事实而推定出来的推定事实其实并非必然发生,相应地,推定可以被反驳或被推翻。

---

① 陈瑞华:《论刑事法中的推定》,载《法学》2015 年第 5 期。
② 魏虹主编:《证据法学》(第 2 版),中国政法大学出版社 2019 年版,第 312 页。
③ 参见龙宗智:《"大证据学"的建构及其学理》,载《法学研究》2006 年第 5 期。
④ 吴宏耀、魏晓娜:《诉讼证明原理》,法律出版社 2002 年版,第 297 页。

(二)司法认知

司法认知,又称审判上的知悉、审判上的确认或司法确认,其英文表述为 judicial notice,指法院在审理过程中以裁定的形式直接确认特定事实的真实性,及时排除没有合理根据的争议,确保审理顺利进行,从而提高诉讼效率的一种诉讼证明方式。通说认为,证据法上的司法认知最早可以追溯到古罗马法和寺院法时代,它直接起源于古罗马法的"显著之事实,无须证明"这一古老法谚,并在 1872 年印度《证据法》①中首次作为一项明确的成文法规则被予以规定。经过证据法学的不断发展,无论是英美法系国家还是大陆法系国家的法律,都存在着对众所周知的、当事人双方没有争执的事项由法院直接认知的规定,以求得诉讼上的迅速快捷,用以提高诉讼效率。

从证据法的角度来讲,司法认知应当被理解为证据裁判原则的例外,即"司法认知授权事实发现者,在审判法官的指导下,接受某些事实为真而无须正式证明"②。同推定和证据证明一样,司法认知也是证明特定案件事实的诉讼行为,它与证据证明及推定一同建构起完整的诉讼证明的方法体系。所不同的是,经法院司法认知的事实,法律上的真实性得到确认,当事人无须举证证明,法院也无须进一步调查和审查。除非一方当事人提出合理的反证,或者法院发现了新的事实,法院可以直接依据司法认知的事实作出定案结论。③ 就内容而言,司法认知可以划分为对事实的司法认知和对法律的司法认知两种,此一诉讼证明方式仅适用于法院管辖权限内人所共知的事实或当事人就其准确性不能提出合理争辩的事项。就性质而言,一方面,司法认知在静态上属于法官应当履行之义务,其本身构成法官自由裁量权的合理限制,司法认知的根据是众所周知的、没有争议的、内容确定的事实和国家的法律,法官在进行司法认知时,需排除个人认知、自我道德标准;另一方面,司法认知在动态上属于司法证明环节中的认证环节,其本身属于一种特殊的认证形式,即在对当事人的举证、质证予以省略或简化的前提下,径直由事实审理者作出判定,打破了建立在当事人举证、质证基础上的常态化认证模式。④

---

① 1872 年印度《证据法》第 56 条规定,"认知无须举证"。第 57 条则对包括法律、印度政府的公章、公报、行政区划、历史、文学、科学和艺术等在内的 13 项法院必须认知的事项予以明确。

② Graham C. Lilly, *An Introduction to the law of Evidence*, West Publishing Company, 1978, p. 13.

③ 樊崇义主编:《证据法学》(第 6 版),法律出版社 2017 年版,第 336 页。

④ 阎朝秀:《司法认知研究》,中国检察出版社 2008 年版,第 22-35 页。

相较于运用证据确定待证事实的常态化事实认定方式,司法认知实乃一种非常态化的认证方式,因而在认知对象或曰认知范围上呈现出特定性特征,法院只能对特定的事实采取司法认知。所谓"特定事实",指明显的事实或当事人不能提出合理争议的事实。法院不能对需要进一步证明(不明显)的事实及存在合理争议的事实适用司法认知。不仅如此,在司法认知的过程中,事实审理者应当在司法认知作出前后给予当事人对司法认知之事项提出反驳的机会,即部分学者所称的"认知结果的可反驳性"。① 而就价值功能而言,司法认知与推定的价值功能基本相同。在笔者看来,无论是推定还是司法认知,其基本价值功能都在于补足常态的证据证明方式,用以减轻当事人的证明责任、简化审理程序、提高诉讼效率。

（三）情理推断

《淮南子·说山训》有言,"以小见大,见一叶落,而知岁之将暮;睹瓶中之冰,而知天下之寒",此为情理推断在生活中的运用。就概念而言,情理推断也可谓合乎情理的推断或不违情理的推断。作为事实判断与认定的方法之一,情理推断指以已知事实的存在,依据一定的情理性因素而推断待证事实的存在或者成立的特定证明方法。以教义学的方法展开分析,情理推断概念项下的核心要点有二:一为情理,二为推断。其一,情理推断的判断依据在于情理因素。情理,简言之就是人之常情、事之常理。其中,"常情"多源于人之普遍的内心情感,即"通人情""富人情味"。"常理"则更多地指向社会普遍认同的经验和道理。"常情"与"常理"具有一般化和普遍性的特点,属于具有一定规律性的经验和认识。② 其二,从哲学认识论的视角来看,情理推断过程之下的推理活动需以推论(inference)的方式进行,此一推理过程遵循归纳推理、演绎推理与溯源推理的基本推理方法。不同于法律推定,情理推断方法下的基础事实并不必然推导出待证事实,亦即情理推断存在确定性依据不足的特点。但这并不妨碍情理推断的事实推论作为案件事实认定的基础。

一方面,经验主义的哲学思想为情理推断的合理可接受性提供了理论基础与事实基础。作为情理推断依据的"常情""常理"并不是个人所独有的、个别的认知和经验,更不是主观臆测性的信念和偏见,而是能够为社会

---

① 参见潘金贵主编:《证据法学》,法律出版社 2022 年版,第 284 页;张保生主编:《证据法学》(第 4 版),中国政法大学出版社 2023 年版,第 412 页。

② 参见李滨:《情理推断及其在我国刑事诉讼中的运用检讨》,载《中国刑事法杂志》2015 年第 1 期。

普遍认同的,具有普遍性和一般性特征的经验、道理;另一方面,情理推断能够以其以小见大、见微知著的特性为事实审理者创设出刑事司法实践中解决证据判断与事实认定疑难的证明"良方"。如前文所述,我国当下的印证证明片面注重证据之间的一致性或曰整体性审查,不仅有意无意地忽视了对于单个证据的独立分析,而且容易导致司法证明的僵化,特殊情形下甚至可能出现表面印证与虚假印证现象。情理推断的方法注重事实认定者的内心确信,虽然主观性较强,却同时具有简洁、灵活与有效的特点。此一证明方法认可如表情、语气、神色、目光等环境证据的运用,应然可以作为认罪案件法庭审理之中印证证明于证明方法层面的有益补充,用于克服印证证明的固有缺陷与部分案件事实的证明困难。[1]

(四)经验法则

经验法则一词最早出现在 1893 年弗里德里希·斯坦(Friedrich Stein)关于法官内心认知的著作中,其被认为是"经验上升为法则的结果"。[2] 作为一种法律术语,经验法指从日常经验或专门领域中归纳概括出的关于事物因果关系或性状的知识和规律。我国现行法律规范下,经验法则一般被视作事实推定的构成要件,以及事实审理者进行事实认定所不可或缺的方法之一。[3] 尽管经验法则并非事实,但却可以在审判程序中被用作推论事实存在与否的大前提,对证据的"三性"及"两力"的判断、事实真伪及存否、当事人诉争内容的明确等,均以经验法则作为三段论推理的大前提。[4] 从刑事司法实践的运行现实来看,经验法则的基本功能有二:一是验证性功能,即以经验法则为判断标准,对证据事实的真实可靠性进行检验,用以确证或证伪证据事实;二是佐证性功能,即在证据印证不够充分,特别是直接证据不足的情况下,使用经验法则对间接证据和间接事实进行判断,用以佐证事实认定。[5] 经验法则之所以能够被用于证据评价与

---

[1] 参见李滨:《情理推断及其在我国刑事诉讼中的运用检讨》,载《中国刑事法杂志》2015 年第 1 期。

[2] 参见〔意〕米歇尔·塔鲁否:《关于经验法则的思考》,孙维萍译,载《证据科学》2009 年第 2 期。

[3] 参见谭世贵、陆怡坤:《论经验法则在证据证明力评价中的运用——以刑事司法为视角》,载《华南师范大学学报(社会科学版)》2021 年第 5 期。

[4] 参见雷万来编著:《民事诉讼法》,台湾空中大学 2005 年版,第 200-201 页。

[5] 特定情形下,一方面,即使一方当事人无法提出相关的证据来证明其所主张的事实,法院依然可根据与此相关的经验法则对待证事实作出判断;另一方面,当一方当事人提供的证据不足以证明其事实主张,并且该事实主张已被确定为案件的待证事实时,法院可根据已有的证据,并结合与此相关的经验法则对待证事实作出判断。参见龙宗智:《刑事证明中经验法则运用的若干问题》,载《中国刑事法杂志》2021 年第 5 期。

事实认定,从根本上来说,是因为其内容符合当时、当地的人们乃至当事人的一般认知。经验法则的确定基础即在于事物之间的"常态关系"。而判断某项常识是否属于经验法则,则应当同时考虑共识性与法则性两项标准。即某些常识是否属于一般性知识,是否为公众所知晓,是否能够为常人所感知或者感受,以及它是否能够得到人们的普遍承认,并成为人们普遍遵守的规则。①

　　作为一种特殊的证明方法,经验法则透过不同的生活视角折射出作为小前提的具体事实,借以满足特定案件事实得以被证明的实践需要。而作为一种应然性与实然性的定在关系,除非有证据能够充分地证明经验法则不适用于某一特殊情形,从而构成经验法则的例外,否则在欠缺强有力的反证条件下,为获得某种证明效果,事实审理者应根据事物发展的常态对待证事实作出推认。② 尽管如此,我们亦应当清醒地看到,经验法则其实并不等同于某一待证事实本身,两者之间实际上存在着证明与被证明的关系。一方面,作为事物发生的一种常态现象,经验法则本身具有特定的高度盖然性③,这也就是法律允许当事人对经验法则提出疑问、反证,甚至推翻根据经验法则所作事实认定的原因。另一方面,事实判断本质上即是一种经验判断,经验的运用可谓无处不在。但并非所有的经验判断皆可归为经验法则的适用。很多时候,对于某一特定案件事实的查证,只有在出现缺乏充分证据,或者获取充分的证据存在客观上的障碍、超出合理的成本等情形时,事实审理者才有必要将经验法则作为一种证明方法加以适用。④ 如当两个证人提出相反证言而无其他证据佐证且不能运用逻辑法则排除时,法官就要考虑借助经验法则,根据证人与案件当事人的亲属关系或者利害关系来决定采纳或者排除某一证人的证言。⑤

三、主观化证明于认罪案件法庭审理中的适用现状

　　(一)应然可用与实然在用、慎用与需用之间的矛盾突出

　　从历史发展的角度来看,世界范围内的司法证明模式实际上经历了

---

① 张中:《论经验法则的认识误区与实践困境》,载《证据科学》2011 年第 2 期。
② 毕玉谦:《经验法则及其实务应用》,载《法学》2008 年第 2 期。
③ 按照盖然性高低的标准来划分,经验法则可以被划分为具有极高盖然性的经验法则、具有较高盖然性的经验法则,以及具有一般盖然性的经验法则。
④ 参见龙宗智:《刑事证明中经验法则运用的若干问题》,载《中国刑事法杂志》2021 年第5 期。
⑤ 张中:《论经验法则的认识误区与实践困境》,载《证据科学》2011 年第 2 期。

一个否定之否定的发展过程,即由神示证据制度下的自由证明到法定证据制度下的不自由证明,再到自由心证之下的相对自由的证明。需要明确的是,即使是在欧洲中世纪的法定证据制度之下,司法证明亦非绝对排斥自由心证,此一证据制度不过是将自由心证放在"依证据裁判"的辅助或次要地位使其基本不能发挥作用而已。① 作为司法证明的核心,事实认定并非单纯的认识活动,而是包含着一系列价值判断的规范性评价。② 证据的审查、取舍和判断,案件事实的认定,始终无法回避以事实审理者之"确信""心证"等为具体指称的主观性判断内容。正因为如此,无论是大陆法系国家的"内心确信"标准,还是英美法系国家的"排除合理怀疑"标准,均不排斥事实审理者以证据为基础的合情推理,而是肯定合情推理在填补证明漏洞、分析证据矛盾并据此认定案件事实方面的作用,允许事实审理者将其推理建立在诸如推定、司法认知以及合理解释等主观化证据评价和事实认定的方法之上,只要此一推理结论能够经受住"合理性"标准的检验即可。③ 相应地,前文所述的各种主观化证明方法不仅常存于各类刑事案件的诉讼证明过程之下,而且方法与方法之间往往交叉共用,协同致力于证明效率的提升与证明困难的消解。例如,情理推断的大前提多为隐性的经验知识;合理解释中的"合理"应当符合逻辑法则与生活经验等。

　　反观我国现实,我国现行的刑事证明体系围绕确定性证明的核心理念而建构。证明制度的核心功能在于发现客观真实,保障事实认定的准确性,因过于强调证据与证据之间的相互印证而禁锢了证明方法的外延。基于严格的证据裁判的客观立场,我国刑事立法与刑事司法较为排斥推定、情理推断、经验法则等主观化证明方法,严格限制事实审理者采取建立在相对自由之经验主义立场之上的主观判断与心证形成方法。由是,主观化证明方法于我国当下的认罪案件法庭审理之中便呈现出一种应然可用与实然在用、慎用、需用、误用与滥用并存的"矛盾化"的现实镜像。以情理推断为例,如前所述,我国刑事证明体系奉行客观真实的司法证明观,旨在追求事实认定的确定性,因而始终强调并依赖以印证证明为代表的客观化证明方法。④ 相应地,我国现行刑事制定法与印证证明模式并没有包容情

---

① 参见马贵翔:《论证据裁判主义与自由心证的衡平》,载《北方法学》2017年第6期。
② 参见王星译:《情理推断在刑事证明中的规范运作——以事实证成理论为分析框架》,载《中外法学》2022年第1期。
③ 参见李昌盛:《证据确实充分等于排除合理怀疑吗?》,载《国家检察官学院学报》2020年第2期。
④ 陈虎:《制度角色与制度能力:论刑事证明标准的降格适用》,载《中国法学》2018年第4期。

理推断的运作空间。但反观刑事司法实践,情理推断的证明方法却在认罪案件的审判实践中广泛而隐性地适用。具体而言:一方面,情理推断在主观要件事实和量刑事实的认定过程中普遍存在。量刑问题作为认罪案件法庭审理的核心议题,因其并不涉及罪与非罪的入罪、出罪问题,事实审理者在证据判断和事实认定的过程之中,全然可因认罪案件本身所具有的协商性因素、庭审程序的简化,以及证明方法与证据规则的松动特征而适时减轻由其所承担的查证职责与查证负担,故而实然存有情理推断方法的运用可能。另一方面,作为内心确信的组成部分,情理推断不仅内显于事实审理者的认知思维之中,而且因应认罪案件法庭审理的特异性特征而"非常态化"地适用于客观要件事实的认定,呈现出较为明显的"后台化"运用特征。更为重要的是,情理推断在刑事司法中的合理可接受性立足于自由心证制度下内心确信的事实认定,但受制于我国刑事立法与刑事司法下自由心证制度的规范缺失,在认罪案件的法庭审理之中,假使仅有间接证据而无其他证据可相佐证,即使借助情理推断能够建立起被告人有罪的心证确信,基于认罪认罚自愿性、明知性与合法性于认罪案件之下所具有的前提基础作用,事实审理者往往也不敢轻易定罪,由此带来了情理推断方法在依间接证据认定案件事实过程之中的现实运用困难。[①]

（二）保障与约束机制阙如,"不自由心证"与"自由心证"现实并存

主观化证明于认罪案件中的司法适用,不仅因应然可用与实然在用,慎用与需用之间的突出矛盾而引申出何以适用的合法性危机,同时由于缺乏相应的保障机制和约束机制,主观化证明方法之司法适用亦有可能陷入被裹挟、被滥用的正当性危机。从某种意义上说,主观化证明于我国当下具有明显的事实审理者之常识与理性受到极大压抑的"不自由心证",与几乎未有有效约束机制加以限制的"自由心证"并存的本土特征。[②]

第一,因保障机制功能有限而内生出的方法适用"不自由"。"情法两平、情法两得、情法兼到"是司法者所欲追求的圆满境界。[③] 然而,在刑事司法实践中,情理、事理与法理的交融却时常因审判独立之保障机制的阙如而陷入"怪象":面对诉讼中的证明困难,事实审理者往往"被迫"选择适

---

①　参见李滨:《情理推断及其在我国刑事诉讼中的运用检讨》,载《中国刑事法杂志》2015 年第 1 期。

②　参见王星译:《情理推断在刑事证明中的规范运作——以事实证成理论为分析框架》,载《中外法学》2022 年第 1 期。

③　参见霍存福:《中国传统法文化的文化性状与文化追寻——情理法的发生、发展及其命运》,载《法制与社会发展》2001 年第 3 期。

用具有外在的证明要求与评价标准的印证证明,因一系列主客观因素而不得不放弃主观化证明方法的现实适用。而在这一系列影响主观化证明方法之司法适用的主客观因素中,笔者认为,最为核心的当为影响审判独立的现实因素。我国《宪法》第 131 条确立了审判独立原则,党中央的相关文件①也多次强调应当确保这一原则的实现,并通过设立跨行政区划的人民法院,改革司法机关的工作机制和人、财、物的管理机制,建立领导干部插手、干预、过问案件的记录通报与责任追究制度等多种方式保证这一原则的具体实现。尽管如此,在我国当下的刑事司法实践中,此项原则的贯彻依然不能尽如人意,妨碍和制约审判独立的内外部因素依然存在。②

就法院的内部因素而言,上下级法院间的请示、汇报制度,院庭长的案件审批制度以及审判委员会讨论疑难、复杂、重大案件的制度的存在,使得刑事审判中的"内行干预"问题严重。这些制度的存在及常态化不仅违背了"让审理者裁判,让裁判者负责"的审判要求,而且使得我国的刑事庭审模式带有了强烈的"科层式"的行政特征。更为重要的是,我国现有的考核追究机制往往围绕着案件承办人展开,具有明显的个体指向性。从绩效考核的实际指标来看,虽然包括德、能、勤、绩、廉五个方面,但其中最为核心的指标即为"绩",表现为办案数量和办案质量。由于现行审判管理制度将审判人员的奖惩、评价和晋升与片面的定罪率、快速结案率、二审改发率、上诉率、调撤率等一系列办案指标挂钩,加之案件质量的不确定性,司法本身所具有的较高风险系数,在趋利避害的自然法则驱使下,简化审理程序的独任法官或承办法官往往更倾向于适用印证证明方法,用以形成比较客观的、外观可见的、多点支撑的证据结构,满足刑事二审与刑事再审所具有的事实审理的复审特征,以及不同机关与不同审理者之间对于事实认定的重叠性共识,从而在保证事实认定的稳定性、共识性和可检验性的同时,利用现有制度降低职业风险。③ 由是,在这样的现实语境下,面对审判程序之中的证明困难,事实审理者往往只能"屈从"弱化心证认知,"被迫"选择适用以可重复性、可检验性与可操作性为具体特征的印证证明,由此产生了主观化证明之人为限缩与印证证明之过度依赖的双重实践效果。

第二,因约束机制缺失而外化出的方法适用"恣意"。如前所述,客观

---

① 参见《关于全国深化人民法院改革的意见——人民法院第四个五年改革纲要(2014—2018)》(法发〔2015〕3 号)。

② 步洋洋:《刑事庭审实质化路径研究》,法律出版社 2018 年版,第 34 页。

③ 参见龙宗智:《"印证"的治理》,载《法学家》2022 年第 2 期。

证明与主观证明具有不同的逻辑特征。两种证明方法的协调并用不仅能够将演绎推理与归纳推理、逻辑法则与经验法则、"外部"与"内省"之间的彼此校验结合开来，同时有助于特定案件中的事实认定能够经受住包括经验、情理、合理可接受性等在内的"综观式验证"，此即主观化证明的积极功用。尽管如此，我们亦应当清楚地看到，情理与经验的判断，以及心证的运用不仅可能因人而异，而且深受时空场域、论争程度、证据多寡等诉讼条件的现实影响，存有因约束机制阙如而形成恣意与滥用的风险。

以经验法则为例，从本质上来讲，经验法则是事物发生的一种常态现象，它具有特定高度的盖然性。根据相对论理论，常态现象与非常态现象并存，它体现了事物的双重个性与两个极端的发展趋势。在特定的时空内或不同的环境条件下，无论是事物发展的常态现象或者非常态现象均有其必然性。因此，为有效避免因经验法则的盖然性特征所引发的关于事实认定的裁判争议，事实审理者不仅应在经验法则之择取、适用与审核等环节慎之又慎，而且应当尽量选择那些盖然性相对较高，并较能获得各方认同的经验法则。与此种论理层面的应然期待所不同，认罪案件的法庭审理之中实然存在着事实审理者误将不同类型的经验法则同等对待的现实情境。质言之，事实审理者要么未能注意到不同经验法则间的盖然性区分，要么未能虑及同一经验法则的不同适用情境之分，普遍存在对经验法则证明功能的单一性认识错误；即使是裁判者注意到了某一经验法则的应然适用条件，但出于司法责任制或主客观卸责的考虑，仍可能有意将本身即存在较大解释空间的某一经验法则作为其裁判说理的重要组成部分。① 而对于此种本身即存在较大解释空间的特定经验法则，其合理的可接受性并未在证明程序中得到充分检验，经验法则适用的正当性也鲜少在裁判文书中得到论证。更为重要的是，作为"经验上升为法则的结果"，部分经验法则实则源于地方实务部门的办案经验，后经司法解释之规定成为具有约束力的"法则"。由于我国独特的"立法模式"②承继了专门机关办案经验中潜藏的认知偏差，僵化、机械地适用办案经验不仅可能阙顾个案与个案之间的差异化情境，而且容易带来经验法则于司法适用层面上的恣意性。③ 例如，在结合逻辑法则进行从已知事实到未知事实的事实推定时，为得出事实审理者所意定的心证结论，其往往未能全面考虑作为经验法则适用前提

---

① 琚明亮：《论经验法则司法适用的可能及限度》，载《贵州师范大学学报（社会科学版）》2021年第4期。

② 参见汪海燕：《"立法式"解释：我国刑事诉讼法解释的困局》，载《政法论坛》2013年第6期。

③ 参见龙宗智：《比较法视野中的印证证明》，载《比较研究》2020年第6期。

的基础事实是否充分,以及基础事实与未知事实之间的联系是否紧密等,而是简单地将经验法则作为沟通基础事实与推定事实的可行性思维工具,因误用或滥用经验法则而形成部分关乎定罪量刑之重要间接事实的认定错误。①

四、主观化证明于认罪案件法庭审理中的适用优化

司法证明是兼具实践性与理论性的宏大命题,证明方法、证明标准以及认识主体等多重因素交错其中。主观化证明方法于认罪案件的法庭审理之中如何规范运作并非单纯的操作性问题,而是关涉证明基础理论与证明体系自洽性的系统难题。② 主观化证明与印证证明均为有效且可行的证明方式,两者分别契合于不同的证明逻辑与实践惯性,均为证据裁判原则实现的特定路径可能。如前文所述,在我国当下的认罪案件法庭审理之中,印证证明方法的司法适用具有其合理性、现实性和特异性,而主观化证明方法的司法适用则可以作为印证证明的有益补充,在弥补印证证明方法之僵化性、过度依赖性的同时,契合认罪案件本身于诉讼模式、诉讼程序、诉讼目的以及诉讼证明层面的特殊性因由。然而颇为遗憾的是,苦于观念、规范、制度与实践的多重不适,主观化证明于认罪案件的法庭审理中呈现出各种问题。依笔者所见,主观化证明方法之应然可用与实然在用,慎用、需用、误用与滥用,"不自由心证"与"自由心证"实际并存的"矛盾化"现实既非孤立,亦非偶然,而是多重因素综合所致,因而需要刑事司法与刑事司法从观念、规范、程序、制度等多个维度客观、审慎地直面问题本身,积极探索出主观化证明方法于我国当下的认罪案件法庭审理之中如何优化的"通幽曲径"。

(一)转变诉讼理念,正视心证的司法功用

司法证明并非纯粹的认识活动,而是借助证据、经验等证明方法回溯性地建构并证成事实的一系列活动。诚然,受证据规则、证明法则、程序设置等法律规则的约束,司法证明具有形式上的外部规范性,因而可以从一种典型的"外部视角",采用印证证明方法描述法定证据与证据之间的静态关系。然而,基于司法证明的本质与规律展开分析,司法证明所具有

---

① 琚明亮:《论经验法则司法适用的可能及限度》,载《贵州师范大学学报(社会科学版)》2021 年第 4 期。

② 参见王超:《中国刑事证明理论体系的回顾与反思》,载《政法论坛》2019 年第 3 期;吴洪淇:《证据法体系化的法理阐释》,载《法学研究》2019 年第 5 期。

的此种形式上的外部规范性却并非其基本属性的完整界定。在笔者看来，依托于刑事庭审这一特定的充满模糊性、不确定性、开放性的事实认定与心证形成场域，司法证明所具有的规范性还应在实质上体现为一种包含价值判断的经验性推论的聚合。换句话来说，司法证明实乃"一种事实的推导，是对证据性事实与要件事实之间相关性联系的确证或断定，是一个逻辑地推想和论证的过程"①。此一过程之下，证据本身仅为证明手段，不仅不能等同于事实，而且需借助事实审理者之经验推导完成证据的审查、判断与案件事实的庭审认定。从某种意义上讲，我国当下的印证证明模式正是以一种典型的"外部视角"，基于司法证明的形式上的外部规范性，对证据与证据之间的静态聚合关系展开的论证分析，"证据之间互相印证"所欲追求的是外部的、表面的效果，而非"发现并证成事实"的沟通式关系，此一证明方法不甚重视"从证据推导出事实"这一内在的、实质的结构与过程。② 具体而言：一方面，受制于"证据确实、充分"之刑事证明标准对于客观真实的司法追求，我国当下的证明方法外延严重受限，一定程度上催生了僵化的"唯证据论"与机械的印证证明模式。另一方面，印证证明方法在实质上架空甚至取代了刑事证明标准，实践中往往将证据与证据之间的形式印证效果与证明标准的规范要求等同开来。③ 相应地，事实认定的确定性被证据印证的形式效果所取代，证明标准的主观判断转而诉诸客观证明方法的外部机制。

　　然而，受制于一系列的主客观原因，司法证明活动通常并不能达到发现客观真实的绝对确定状态。刑事司法实践中，证据短缺、事实模糊、证明困难往往是常态。在似真性证明的规范语境之下，事实审理者对于案件事实本身的确信程度，既可能是肯定性的确信，也可能是否定性的确信，还可能"存疑"。而在内心存疑之时，事实审理者需要遵循良心、道义、经验与逻辑适时作出评判与选择。④ 更为重要的是，就证据种类而言，不同于不认罪案件中指向犯罪嫌疑人、被告人犯罪事实的证据种类多样，认罪案件的刑事司法活动主要围绕着能够直接指向被追诉人有罪的供述展开。作为认罪案件庭审证据调查与事实认定所依赖的核心证据，有罪供述的内容

---

① 张保生：《推定是证明过程的中断》，载《法学研究》2009 年第 5 期。
② 参见王星译：《情理推断在刑事证明中的规范运作—以事实证成理论为分析框架》，载《中外法学》2022 年第 1 期。
③ 参见吴洪淇：《印证的功能扩张与理论解析》，载《当代法学》2018 年第 3 期；杨波：《我国刑事证明标准印证化之批判》，载《法学》2017 年第 8 期。
④ 〔美〕亚历克斯·斯坦：《证据法的根基》，樊传明等译，中国人民大学出版社 2018 年版，第 15、19-20 页。

与形成过程均具有极强的主观性。在此种主观性证据的塑造和运用过程如果缺乏外部机制的监督与制约，又未建立各类经验性证明规则的适当引导，则不仅可能无法实现客观性的证明目标，而且可能形成证据裁量行为以一种"潜隐化""后台化"的运行方式彻底脱离程序规范的控制而随意运行的现实局面。①

正是基于这样的论理分析和判断立场，笔者主张在认罪案件庭审证据调查的问题上适时转变诉讼理念，正视心证的司法功用，确立一种平衡型的事实认定机制。在不"唯证据"进行事实认定，肯定心证之正向司法功用的同时，放弃刑事立法与刑事司法对于证据体系化、客观化，以及证明标准"唯一化"的过度追求，重构包括证据生成、证据过滤、证据对抗与证据裁判机制在内的证据收集、证据运用和证据评价方法，用以形成一种既注重依证据裁判的客观证明，又兼容推定、司法认知、情理推断、经验法则等主观证明，即客观证明方法与主观证明方法并重的平衡型事实认定机制。

(二)完善主观化证明的配套制度保障

第一，完善审判独立所需的内外部条件。为改变事实审理者"屈从"弱化心证认知，"被迫"选择适用印证证明方法，因一系列主客观原因而不得不放弃主观化证明方法的现实局面，笔者认为，刑事立法与刑事司法亟待完善审判独立所需的内外部条件。具体而言：一方面，应当从制度层面改变我国当前的"司法工匠制"职业模式，强化我国法官的任职身份保障，提高其薪酬和待遇水平，并适时走出"裁判结果中心主义"的责任追究怪圈，以落实法官办案责任制，实现法律职业化。② 详言之，刑事立法应当改变现有的"承办人责任制"，强化对于审判主体的整体考核，建立以合议庭为单位对合议庭成员进行集体考核的责任评价机制，通过建立合议庭考核细则合理建构与合议庭负责制的相关制度，以使合议庭组成人员的权责相适应。例如，在考核法官业绩时，合议庭成员对于合议庭审结的案件，无论是否作为承办人，都应计算在内；在责任追究时，实行责任自负，对被确定为错案或存在瑕疵的案件，发表正确意见的合议庭成员不承担责任，发表错误意见导致错判的多数成员分别承担责任，出现违法违纪行为的则由

---

① 参见左卫民：《反思过度客观化的重罪案件证据裁判》，载《法律科学》2019 年第 1 期。
② 步洋洋：《刑事庭审实质化路径研究》，法律出版社 2018 年版，第 34-37 页。

直接责任人个人承担。① 与此同时,刑事立法对于法官的责任追究机制应当走出"裁判结果中心主义"的怪圈,绝不能单纯地将上诉发回重审的案件、再审程序撤销原审裁判的案件视为错案,而应当转换思维方式,将"错误裁判结果"改为"违法裁判结果",即原审法官所作裁判被证明违反了现有法律要求,且造成了严重的法律后果。② 另一方面,应当通过相关法律加强媒体对于案件报道的规范引导,避免社会舆论以带有明显倾向性和预判性的表述煽动民意③,实现司法与民意的良性互动,在树立司法权威的同时,营造出与法官中立、审判独立相适应的社会容纳环境。同时,适时通过主流观念之引导强化司法机关对待社会舆论的理性与适度,防止过分追求尊重民意所带来的社会效果造成刑事审判迁就社会舆论,甚至"舆论绑架司法"现象的发生。

　　第二,强化对于主观化证明方法运用的裁判说理。主观化证明方法下的事实认定是事实审理者内心确信的结果,此一内在的推理过程不仅需要满足事理、法理、学理、情理和文理④,而且需要接受社会公众之普遍性社会经验与逻辑规则的检验。据此,最高人民法院于 2018 年 6 月颁布的《关于加强和规范裁判文书释法说理的指导意见》第 4 条规定:"裁判文书中对证据的认定,应当结合诉讼各方举证质证以及法庭调查核实证据等情况,根据证据规则,运用逻辑推理和经验法则,必要时使用推定和司法认知等方法,围绕证据的关联性、合法性和真实性进行全面、客观、公正的审查判断,阐明证据采纳和采信的理由。"将主观化证明方法,特别是经验法则的运用作为裁判文书认证说理的核心之义予以明晰。反观现实,我国当下主观化证明方法运用的裁判说理呈现出较为明显的千篇一律、含糊其辞、说理不当或不敢说理等特征。事实审理者往往仅在列明证据后,简单说明该证据"能否相互印证""是否符合经验法则",最后作出"上述证据经庭审举证、质证,证据来源、表现形式合法,内容客观真实,与本案具有关联性,本院予以确认"的结论,有意无意地忽视了对于主观化证明方法的运用理由,以及证明力评价的推理过程的详述阐释。⑤ 而基于保证主观化证明方法运用的可行、合理与正当考量,从防范主观化证明可能引申出的恣意、

---

① 姜树政:《合议制审判权行使的异化与回归——以审判权集体行使为视角》,载《人民司法》2014 年第 7 期。

② 陈瑞华:《法官责任制度的三种模式》,载《法学研究》2015 年第 4 期。

③ 汪海燕:《论刑事庭审实质化》,载《中国社会科学》2015 年第 2 期。

④ 参见胡云腾:《论裁判文书的说理》,载《法律适用》2009 年第 3 期。

⑤ 谭世贵、陆怡坤:《论经验法则在证据证明力评价中的运用——以刑事司法为视角》,载《华南师范大学学报(社会科学版)》2021 年第 5 期。

滥用,强化证据证明力评价过程有效监督的角度出发,笔者主张,在认罪案件的法庭审理程序之下,适时强化裁判文书对于主观化证明方法的运用理由、运用情境、合理接受性评判、此一证明方法同印证证明的校验关系,以及推理过程本身何以合乎逻辑、经验等多个方面的论理阐释,借由方法适用的可视化、可异议化实现心证公开与异议回应对于主观化证明方法之司法运用的反向约束功能。

第七章　认罪案件庭审证据调查方式的优化完善

"无论法律制定得多么周详，它毕竟只是一套形诸文字并由概念和规则交织复合而成的逻辑系统或曰准逻辑系统，繁复庞杂的社会事实不可能与之天然吻合。"①依靠检察机关移送的各种案卷笔录材料，人民法院看似能够对犯罪嫌疑人、被告人认罪认罚的自愿性、真实性、合法性及其所依托的事实基础作以分析判断，但此种预设实则过于单纯与理想。一方面，检察机关移送的案卷笔录通常只展现审前阶段的"部分"信息，在一系列主客观因素的综合作用下，此一案卷笔录材料的内容极有可能并不完整，与当庭展现的信息相比，以书面形式呈现的犯罪嫌疑人、被告人之认罪信息在全面性方面实然有所欠缺。②另一方面，认罪案件所采用的确认式庭审对于认罪认罚自愿性、认罪认罚具结书的真实性与合法性的审查程序过于简单、粗疏，在效率优先的价值衡量下，法官通常不分情形地缩短庭审时间，放宽对于此一问题的审查判断，一刀切地将被告人对认罪认罚具结书无异议作为自愿、真实、合法的判断标准，致使那些证据不足，但被追诉人因各种原因而作出认罪认罚意思表示案件亦得以确认，埋下认罪被告人后续悔罪悔罚，甚至形成错案的伏笔。在笔者看来，将认罪认罚的自愿性、认罪认罚具结书的真实性与合法性审查确立为认罪案件的审理对象仅为第一步，更为重要的是确立一种适合于我国国情的自愿性、真实性、合法性审查方式并付诸施行。

刑事庭审证据调查方式的优化本身即属于兼具制度内在发展与人为建构相结合的过程。立足于我国当下关于刑事庭审证据调查方式的框架性规范，在借鉴域外法治国家和地区于此一制度建构的相关规范与改革经验的基础上，笔者认为，我国刑事庭审证据调查方式的完善应当从问题意识出发，沿着优化制度本体与完善配套制度的双重进路展开。概括而言，一方面，在庭审证据调查的制度本体层面，刑事立法与刑事司法应当于

---

① 桑本谦：《理论法学的迷雾——以轰动案例为素材》，法律出版社 2008 年版，第 51 页。
② 参见孔令勇：《被告人认罪认罚自愿性的界定及保障——基于"被告人同意理论"的分析》，载《法商研究》2019 年第 3 期。

观念层面走出口供中心的认知误区,重塑对于认罪案件中口供适用的理性认识。于立法层面确立形式审查与实质审查相结合的笔录类证据审查模式,强化认罪案件中口供印证的实质性,提升认罪认罚自愿性、真实性与合法性的审查质效;并于司法层面扩大主观化证明方法的现实适用。另一方面,刑事立法与刑事司法当以一种整体性思维优化与认罪案件庭审证据调查相关的配套制度,如确立认罪认罚从宽制度下的控辩协商制度与审前证据开示制度,保障认罪案件下律师帮助的实质性,完善认罪认罚具结书形成过程中的程序保障机制,以及强化认罪案件审判程序下刑事法官的庭前阅卷职责等程序、制度、规范,以最大限度地实现认罪案件庭审证据调查本源的价值初衷及规范意蕴,重构出既符合中国本土特色,又适恰于刑事司法实践的认罪案件庭审证据调查方式体系。

第一节　认罪案件庭审证据调查方式的本体优化

一、观念层面:走出口供中心的认知误区

我们并不否认,过分追求口供、过度依赖口供的理念和做法可能形成种种司法乱象,对侦查、起诉、审判等一系列司法活动施以或显或隐、或大或小的功利性、实用性和非理性影响。然而,我们亦应当清楚地看到,相较于不认罪案件中口供适用的"可有可无",认罪案件之中承载认罪意思表示的口供适用应当具有不可替代的独特价值。不同于不认罪案件中指向犯罪嫌疑人、被告人犯罪事实的证据种类多样,认罪案件的刑事司法活动主要围绕着能够直接指向被追诉人有罪的供述展开。而作为认罪案件证明链条的核心与关键,认罪案件中的口供适用即成为当下刑事立法和刑事司法所必然涵摄的议题之一。作为认罪案件中最为完整和最为全面的一类直接证据,口供在认罪案件的整个证据体系中居于核心地位。此一证据不仅将何人、何事、何时、何地、何情、何故等犯罪构成要件所需之基本要素完整廓清,助力认罪案件在实体和程序层面的功能目标实现,而且在证明理念、证据法之规范建构等多重证据层面形成裨益,助推认罪协商语义下证据法的因应转型。

第一,认罪口供的实体功用。刑事司法的实体目标即在于解决犯罪嫌疑人、被告人的定罪和量刑问题。统摄于罪刑法定原则的基本要义,定罪问题构成被追诉人不认罪案件的核心与根本,定罪问题实乃量刑问题的先决问题。而与之不同,在犯罪嫌疑人、被告人自愿认罪的刑事案件中,刑事

司法对于认罪、认罚事实基础之审查具有明显的形式和象征意义,此一程序本身所欲解决的就是量刑问题。在认罪案件之中,被追诉人以认罪口供的特定方式承认控方指控的基本犯罪事实,客观上提供出一份"对于刑事诉讼程序的运行以及定罪量刑的确定均具有重要作用的证据"①。此一证据翔实、充分,不仅将被追诉人是否实施犯罪,犯罪的具体内容、情节和动因等犯罪要件涵盖其中,同时较为有效地发挥出对于认罪核验与量刑确定的引导作用。

从认识论的角度来看,人的思维特点系感性认识优先于抽象推理,由于作为直接证据的有罪供述逻辑清晰、内容明确,符合人类认识事物的通常习惯,司法人员会本能地优先运用这一证据类型框定出整体的案情线索②,进而遵循由宏观到微观、由一般到具体的顺向深入逻辑,全面、客观地核验认罪口供的真实性和合法性,并在定罪议题得以确认的基础上,通过量刑建议的方式固化和确定认罪案件中具有合意特征的量刑议题。更为重要的是,作为被追诉人主动改过自新、换取从宽处遇的一种表现形式,犯罪嫌疑人、被告人的有罪供述不仅在一定程度上表征出其本人对于犯罪行为的内心悔悟与认罪认罚的真诚态度,同时为诉讼双方,包括加害方与被害方原本相互冲突对立的诉讼立场与诉讼利益带来了契合一致的可能性,在打破现行刑事司法制度对于各方利益实现之"瓶颈效应"的基础上,最大限度地助力恢复已被犯罪行为所侵害的整体法益秩序,实现刑事司法在犯罪预防与犯罪控制,以及定分止争方面的实体目标。

第二,认罪口供的程序功用。为有效应对刑法扩张、重刑化、犯罪数量增加、刑事司法体系超负荷等共性难题,确保刑事司法在社会治理中的实效作用,世界各国不得不转为关注程序经济,注重刑罚的实际效果,进而在刑事司法体系中注入恢复性司法理念,引入如认罪、协商、简易等制度或程序。③ 因应我国犯罪圈不断扩大,犯罪结构发生重大变化的司法现实,从解决刑事案件总量居高不下与司法资源有限性之突出矛盾的考量出发,刑事立法和刑事司法适时确立认罪认罚从宽制度,以在现有的程序规范框架内寻求"入罪出刑"之分流作用的有效途径。而作为一项旨在通过特定的实体或程序利益"交换",促使被追诉人自愿认罪的有机制度和程序整体,认罪认罚从宽本身呈现出较为明显的协商性司法特征。

---

① 王敏远:《认罪认罚从宽制度疑难问题研究》,载《中国法学》2017 年第 1 期。
② 杜邈:《认罪案件的证明模式研究》,载《证据科学》2019 年第 2 期。
③ 杨先德:《认罪认罚从宽量刑建议精准化的域外启示》,载《检察日报》2019 年 7 月 16 日,第 3 版。

　　具体到认罪案件之中,被追诉人以认罪口供的特定方式对于案件所涉之基本犯罪事实予以承认,控辩双方的关系即由不认罪案件中的单纯对抗转为适度合作。一方面,"被追诉人通过口供而加入制造司法事实的仪式",实际上使得司法机关调查和审理案件事实的单向性活动,变成司法机关与被追诉人对案件事实认知上的互动活动,被追诉人对于司法程序所进行的调查和审理亦相应地由被动承受,变为主动乃至自愿地接受。① 口供的自愿表达与作出不仅使刑事司法活动的推进得以更为迅速、有效,而且在一定程度上提升了认罪案件处理结果的合理性、权威性和可接受性,因审前的合意、明知与认可,审判的尊重与认同而最大限度地降低了认罪被告人的上诉风险,有效减少了诉讼成本中的"运行成本"与"参加成本"。另一方面,在认罪案件之中,被告人认罪认罚自愿性、真实性和合法性是法庭审理的焦点,法庭对符合标准的具结书中所达成的量刑建议一般予以采纳。表面上看来,人民法院似乎通过此种流于形式的法庭审理,放弃了实质的裁判者地位,失去了审判应然具有的独立性。但实际上,此种"流于形式"的法庭审理,却在客观上将刑事法官解放出来,使其可以在单位时间内处理更多的刑事案件②,从而借由认罪口供实现认罪案件之审前程序与审判程序的联动,助力认罪案件的全流程提速。

　　第三,认罪口供的证据功用。认罪案件中的口供适用强调依自愿、合法、真实之口供即可定案的现实可能性,此一预设将口供置于认罪案件证据体系的核心地位,在证据规范省察与证据理念更新的不同层面产生正向影响。

　　其一,以认罪口供为核心的证据体系建构有助于革新我国当下的补强证据理念及口供补强规则。现行《刑事诉讼法》第 55 条第 1 款所确立的补强证据规则并未区分认罪案件与不认罪案件,两类案件中的供述均需由外部证据全面补强。客观来讲,此种不区分认罪案件与不认罪案件的"一揽子"式的补强规范确实有利于保障口供的真实性,提高事实认定的准确性,但却在无形中加大了认罪案件中侦控机关取证的难度。③ 在笔者看来,现行《刑事诉讼法》所确立的补强规范要求在犯罪嫌疑人、被告人自愿作出有罪供述,特别是可能判处轻刑刑罚的认罪案件中确属非必要。不同于不认罪案件中补强证据需要能够独立证明案件事实,并达到某种质、量

---

① 牟军:《口供中心主义之辩》,载《河北法学》2005 年第 12 期。
② 陈瑞华:《刑事诉讼的公力合作模式——量刑协商制度在中国的兴起》,载《法学论坛》2019 年第 4 期。
③ 秦宗文、叶巍:《认罪认罚案件口供补强问题研究》,载《江苏行政学院学报》2019 年第 2 期。

要求的规范要义①,认罪案件中的补强证据只需满足具有"倾向于证明陈述真实性的实质独立的证据"的要求即可,而并不苛责要求必须具有能够证明犯罪实体的佐证。② 案件的审理模式不同,相应的事实认定结构、证据规则、证据调查方式也必然产生差异。认罪案件中以口供为核心的证据体系建构在适时助推差异化、层级化的口供补强规则之规范设定的同时,使得证明理念由过去的单纯强调证据数量之以多元证据分段、分片印证补强,向重视证据质量之以认罪口供为中心发散式印证补强的转变成为可能。

其二,以认罪口供为核心的证据体系建构有利于推动确保口供适格规范的落地推行。就概念而言,证据的适格性又称为证据能力或曰证据资格,意指某一材料能够被允许作为证据加以调查并得以采纳的属性。作为英美证据法上的核心问题,证据的适格性于英美法系国家为证据的可采性要求所涵摄,并为英美成文法或判例法所体现的各类排除规则所反向规定。大陆法系国家对于证据的适格性一般亦不作积极的规定,而只是消极地对无证据资格或限制证据资格的情形作出规定。客观来讲,我国现行《刑事诉讼法》下确有一系列旨在保障口供证据能力的制度及程序规范,但从司法实践的现实来看,其成效不彰。一方面,现行刑事立法下的非法证据排除规则基本"休眠"。此一制度之现行规范设计不仅强加辩方以基本无力承担的初步证明责任,而且赋予侦控机关以"自证合法"之特权,加之权力同源下法官自由裁量之偏向性,排除的调查程序难以开启,排除的成功结果难以取得。另一方面,现行《刑事诉讼法》第 52 条对于不轻信口供的态度、立场予以重申,并通过"不得强迫任何人证实自己有罪"条款的立法确立,反对强迫被追诉人自我归罪,维护犯罪嫌疑人、被告人的基本人权,但同为该法的第 120 条却要求犯罪嫌疑人对侦查人员的提问如实回答,在形成规范体系内部之规范与规范间的抵牾冲突的同时,为某些极端情况下以刑讯逼供为代表的非法取证行为创设空间。在笔者看来,由于认罪案件中的口供适用以确保口供的自愿性、合法性及真实性为前提,强调对于口供形成过程中的各种内外部因素的实质审查,因而对于保障认罪口供的适格性提出了相较于不认罪案件中口供适用的更高要求。而这些要求即为走出现行证据排除规范之国家权力本位的思想藩篱,为确保口供

①　参见〔日〕田口守一:《刑事诉讼法(第七版)》,张凌、于秀峰译,法律出版社 2019 年版,第 494 页。

②　参见〔美〕麦考密克:《麦考密克论证据(第五版)》,汤维建等译,中国政法大学出版社 2004 年版,第 279 页。

适格规范的真正落地生根提供了契机。

　　尽管口供适用在实体、程序与证据等多个层面为认罪案件带来了裨益,但认罪案件中的口供适用却常伴这样的一种隐忧:将口供作为整个认罪案件证据体系的核心,并以此革新相应的程序及证据理念、规则,不仅强化了人们对于口供重要性的固有观念,而且它所反映的口供适用中具有的决定性功效,很有可能误导口供操作,容易导致非法取供以及忽视其他证据运用的负面效应①,甚至引起"口供中心主义"之传统积弊在认罪案件中的"复燃"。笔者无意否认口供之过度运用和过度依赖在诉讼结构异化、道德成本增加、冤假错案形成等方面可能带来的潜在弊害,只是强调上述弊害本身并非认罪口供的内生客观属性,而是司法实践中办案人员基于功利性、实用性目的而人为催生的"口供情结"的主观外化表现。重视或依赖口供,其实并非我国刑事司法的独有现象。以过分追求口供、过度适用口供为特征的口供依赖在世界范围内普遍存在,但此种现象却在我国的刑事司法实践中呈现出极为不同的复杂性和特殊性,深刻反映出刑事立法与刑事司法于口供适用问题上的多重演绎冲突。而基于认罪口供与认罪认罚具结书的内在联结、认罪口供同协商性诉讼模式的契合语义、认罪口供和简化审理程序的因应关系等多重分析,笔者认为,刑事立法与刑事司法在认罪案件之中应当较为坚定地走出口供中心的认知误区,理性审视认罪口供于认罪案件法庭审理中的核心地位与司法适用。

二、立法层面:确立形式与实质相结合的笔录类证据审查模式

　　诚如意大利法学家皮罗·克拉玛德雷所言,"法官从来就不是司法过程的唯一角色。这一过程不是独白,它是对话和交流,是建议与回答的提出、采纳,是起诉与答辩、攻击与回应、主张与反驳的互动"②。认罪案件的法庭审理之中,尽管因应认罪案件本身所带有的协商性司法特征、定罪问题于此类案件审理中的形式特征、此类案件多适用简化审理程序审理的效率导向,认罪案件的庭审证据调查当以区别于不认罪案件"以交叉询问为主,职权询问和对质询问为补充"的调查方式体系内容,在总体上形成"以职权询问方法为主,交叉询问方法和对质询问方法为补充"的框架性方式体系。但基于底线司法公正与认罪案件本身始终强调认罪事实基础,或曰认罪认罚自愿性、明知性、合法性审查的现实考量,刑事立法应当在确立形式审查与实质审查

---

① 参见牟军:《口供中心主义之辩》,载《河北法学》2005 年第 12 期。
② 〔意〕皮罗·克拉玛德雷:《程序与民主》,翟小波、刘刚译,高等教育出版社 2005 年版,第 55 页。

相结合的笔录类证据审查模式的同时,强化认罪案件中口供印证的实质性,提升认罪认罚自愿性、真实性与合法性的审查质效。具体而言:

其一,如前文所述一般,笔录类证据在本质上系一种书面传闻,其本身是对言词陈述的再加工,因不可避免地打上笔录制作者的主观标签而存在着信息和内容方面的失真可能性。为有效规制笔录类证据的诉讼适用,大陆法系国家与英美法系国家分别确立了直接言词原则和传闻证据规则。此二项证据法则虽系属于不同的刑事诉讼模式,却在排除可信性较低的传闻证据、强调证据需要庭审质证等方面具有异曲同工之效。作为认罪案件法庭审理的正当化基础,被追诉人认罪认罚的自愿性审查应当具有实质性。从排除传闻及有效质证的角度来看,似乎以认罪认罚具结书为代表的各类笔录制作主体均需出庭陈述,用以提高法官全面获取案件事实信息的能力。然而,刑事诉讼中的程序模式本为多样,全然贯彻直接言词的出庭质辩绝非在每一种情形之下都是最佳程序模式。笔者认为,基于认罪案件之确认式庭审样态的特定功能、目标,从防范认罪认罚之自愿性审查虚置旁落的考量出发,刑事立法与刑事司法应当在笔录类证据的审查问题上将形式审查与实质审查结合起来。一方面,对于控辩双方不存在争议的笔录类证据,庭审调查无须采取严格证明的方法,完全可以维持现行的形式审查模式。质言之,法官可以允许检察机关直接提交各种笔录证据、书面"情况说明"以及相关人员的证言笔录,经由简单的出示、宣读,并听取控辩双方的确认性质证意见,法官便可以将其作为定案的事实依据,借由形式审查将控辩双方无争议的各种笔录材料直接转化为庭审证据。另一方面,对于控辩双方存有争议的部分笔录类证据,刑事法官则应当基于其传闻证据的本质属性,依照审判职权或控辩双方的申请传唤笔录制作者、见证人、讯(询)问者与被讯(询)问者等出庭作证,使其庭审接受控辩双方的质辩和询问,以保证事实审理者能够根据庭审实质调查所形成心证印象作出裁断,在防范笔录类证据内容失真的同时,保障辩方的对质权。以认罪认罚具结书为例,在确认式庭审之下,检察机关通过出示、宣读具结书内容说明被追诉人之自愿、真实且合法的认罪认罚意思表示,但需由法官通过审核案卷材料、讯问认罪被告人、职权证据调查,以及借助社会调查报告制度等多种方式,就认罪的事实基础、量刑建议的适当性、认罪程序运作的规范性等内容进行确证。假使辩方不认同或曰质疑认罪认罚具结书形成过程的自愿性、真实性与合法性,人民法院即应当通知司法机关工作人员、值班律师、见证人等诉讼主体出庭作证,以对此一"过程性"笔录证据的形成过程实质审查。

　　其二,尽管从表面上来看,认罪案件中的口供印证可以基于简化审理程序的具体适用而作出相应简化,即单纯依照数量上或外观上满足部分信息相符要求的口供与其他证据的印证情况判断口供的自愿性、真实性与合法性,进而提升诉讼效率。然而,如前文所述,不同于不认罪案件中口供适用的可有可无,认罪案件中承载认罪意思表示的口供始终处于此一案件的证据核心。认罪案件之中,不仅"由供到证"的整体性印证思路需要依照先有"供"再找"证",进而以证验供的递进步骤进行,此一案件所适用的单向度的印证证明逻辑亦将认罪口供作为支撑整个印证证据链条的本证使用,强调其他证据的固定和收集围绕此一证据的具体线索,聚焦于认罪口供的补强、校验和支持的特定目的而展开。在笔者看来,无论是从认罪案件中口供本身的核心性,还是从印证证明方法于认罪案件中的内在特异性要求,抑或从认罪认罚自愿性、真实性与合法性审查对于制度适用的前提性基础来看,认罪案件中的口供印证实际上都具有实质性,而非单纯的囿于数量上或外观上满足部分信息相符的"形式印证"要求。具体而言,认罪案件之中,其他证据对于认罪口供的印证不再以单个证据与认罪口供作以简单对比,而是在逐一审查单个证据的证据能力,明确单个证据于认罪口供的具体印证内容,查验单个证据与单个证据之间能否彼此印证的基础上,综合全案单个证据形成一定程度的内心确信后,再与认罪口供进行比照验证①,借由要素证明与系统证明相结合的证明思路提升司法机关对于认罪认罚之事实基础,以及认罪认罚的自愿性、真实性与合法性的审查质效。需要明确的是,作为认罪案件中口供印证的基本要求,实质印证确为口供印证的一般情形,但这并不意味着在认罪案件中全然排斥简化印证或曰形式印证的司法运用。对于控辩双方一致认可的证据事实,与以心态、目的、动机等为具体内容的主观性证据事实,基于一致认可事实本身所具有的控辩合意属性,犯罪构成要件事实之主观方面的证明难度,以及同犯罪嫌疑人、被告人的认罪供述与认罪认罚客观行为的明示或默示联结,此类案件事实于认罪案件之中当然可以适用形式印证的方法要求。此外,口供印证的实质性并不苛求口供印证的精确性,即认罪案件中的口供实质印证并不要求单个证据形成的事实轮廓同犯罪嫌疑人、被告人的认罪口供完全一致。对于那些事实轮廓中缺失,但认罪口供包含的部分细节事实,司法机关完全可以凭借其心证认知,借由情理推断等主观性证明方式、方法,自由判断该细节事实之加入是否会导致无法解释的合理"怀疑"。

――――――――――

　　① 纵博:《论认罪案件的证明模式》,载《四川师范大学学报(社会科学版)》2013 年第 3 期。

三、司法层面：规范主观化证明方法的司法适用

主观化证明方法的运用对于审判人员的司法办案经验、逻辑思维能力的要求较高，事实审理者的自身生活经历、职业经验等均可能对此一方法下的证据评价与事实认定产生影响，用之不当很有可能会形成误断误判。是故，认罪案件的法庭审理之中，对于主观化证明方法的司法适用，刑事立法应当首先划定此一证明方法的适用前提，明确客观证明在事实认定中所具有的优先地位，即对于能够以客观证明方法证明的案件事实，不能随意以主观证明方法替代。作为印证证明方法的有益补充，主观化证明方法在本源上即具有较为明显的"断后""补足"特征。以刑事推定与经验法则为例。其一，相较于客观证明下的用证据证明，刑事推定中的证明过程被人为割裂开来。从整个证明过程来看，虽然基础事实与推定事实之间的证成关系在大多数情况下均建立在一定的经验事实与逻辑规则，甚至是极高的概率联系之上，但推定在本质上仍是一种不完整的间接证明，其在结果上表现出较高程度的"或然性"，或曰"不完全的确定性"。① 相应地，在事实认定的过程之中，相较于用证据证明的客观证明方法，刑事推定只能基于此一证明方法于规范创制时即应保有的谦抑性，于证明困难的情境之下，作为末位证明方法的选择之一而使用。其二，尽管在司法证明的过程项下，逻辑法则与经验法则共同构成法律推理的基础。然而，事实上，经验法则的适用并非如人们所想象得那般普遍，逻辑法则才是事实审理者评价证据与认定事实的首选。经验法则只有在逻辑法则无法发挥评断作用的个别场合，如印证证明无效、可疑或现有证据不具备印证条件之时，作为客观证明的补充方式而不得已地被派上用场。② 而这一点从《刑诉法解释》第140条③的规范条文中即可得到佐证。《刑诉法解释》第140条将"运用证据进行的推理符合逻辑和经验"列为间接证据定案的条件之一，而"符合"的表述意味着将经验法则作为证据推理的检验标准，而不是直接作为证据推理的"根据"。更为重要的是，在经验法则适用的特定情境之下，经验法则替代了证据推理中本应由证据证明的大前提，由于此一证明方法的或然性不可避免，假使不对其司法适用的顺位逻辑作出限制，极有可能因

---

① 琚明亮：《证明困难视阈下的事实认定与刑事推定》，载《政治与法律》2020年第2期。

② 参见张中：《论经验法则的认识误区与实践困境》，载《证据科学》2011年第2期。

③ 《刑诉法解释》第140条规定："没有直接证据，但间接证据同时符合下列条件的，可以认定被告人有罪：（一）证据已经查证属实；（二）证据之间相互印证，不存在无法排除的矛盾和无法解释的疑问；（三）全案证据形成完整的证据链；（四）根据证据认定案件事实足以排除合理怀疑，结论具有唯一性；（五）运用证据进行的推理符合逻辑和经验。"

事实审理者怠于用证据证明,径行适用经验法则而形成误断误判。①

在划定主观化证明所应然具有的"断后性"适用逻辑之后,我们便不得不思考这样的一个问题:既然主观化证明方法所带有的"主观性""或然性"不可避免,那么特定案件之中对于此种证明方法的择取与适用,其合理性或曰可接受性的检验标准又当如何? 长久以来,我国的客观化证明始终沿用"证据确实、充分"的检验标准,此一标准不仅适用于不认罪案件,而且适用于认罪案件,不仅适用于同一案件的不同诉讼阶段,而且适用于构成要件之主观方面与客观方面、排除犯罪事由、定罪与量刑等各类案件事实。笔者无意评判"证据确实、充分"标准于我国当下的正当可行与完善优化,只是认为刑事立法与刑事司法应当基于主观化证明的"内省性"特征,确立一种旨在针对"内心求证",或曰"心证"的可行性检验标准,用以实现主观化证明与自由心证之间的有效衡平。在此,笔者认为,可以考虑的径路是,将"排除合理怀疑"标准之下的"合理"标准适时引入,确立我国当下以"合理判断"为具体内容,适恰于主观化证明之可接受性的检验标准。需要明确的是,此处的"合理判断",尽管需要交由事实审理者独立、审慎地基于自由心证而作出,即事实审理者认为适用该方法比不适用该方法更加符合经验、逻辑、常识,或更加具有正当性即可,但"合理判断"不应也不能仅为事实审理者之"判断"本身,而是必须举出相应的证据对何以如此"判断"进行证明,或以本案中的其他证据对"判断"之下的经验、逻辑、常识,特别是经验、常识所具有的普遍性进行佐证,同时赋予控辩双方对于主观化证明方法择取、适用的异议权,强化事实审理者于异议情形下的回应职责,呼应主观化证明方法本身所具有的可反驳性或可推翻性特征。

第二节　认罪案件庭审证据调查方式的配套完善

作为诉讼制度的统一集合体,刑事诉讼本身具有严密的体系结构,体系内部的各项诉讼制度也并非孤立存在,它们相互联系,相互影响,共同作用于刑事诉讼程序的运作之中。因此,在具体分析某一项诉讼制度时,我们绝不能将其与刑事诉讼的整体场景割裂开来,而是应当将其置于刑事诉讼的整体性框架之中,并以系统论的观点与全局性的视角展开。② 为有效避免诉讼制度之间的"机制冲突",除了应当从观念、立法与司法三个层面对庭审证据调查方式本身作出优化外,亦应以整体性思维就认罪认罚从宽

---

① 参见罗维鹏:《刑事证明中经验法则确证的规则塑造》,载《法学家》2022 年第 4 期。
② 步洋洋:《我国刑事案卷移送制度的演变分析》,载《湖南社会科学》2016 年第 4 期。

制度之下与庭审证据调查本身相关联的诉讼制度作出配套性的建构或完善。具体而言可从以下五个层面进行完善：

一、建立认罪认罚从宽制度下的控辩协商制度

与传统的单方面施加刑罚的"加强型司法"不同，认罪协商制度，或曰认罪协商程序，强调的是当事人之间的平等对话①，代表了一种合意引导下的刑事程序，是刑事诉讼公正与效率价值、法律效果与社会效果的衡平。就概念而言，认罪协商制度一般是指检察机关在取得被告人自愿认罪的前提下，与被告人就某些案件处理问题在法律限度之内进行协商，经由法院审查后可以按照协商结果予以处理的一项诉讼制度。从两大法系国家刑事司法的实践现实来看，协商程序既突破了传统庭审模式的限制，又打破了不同法系间的观念壁垒，已然成为一种普遍适用的审判实践形式。除英美法系国家率先践行的辩诉交易制度外，在职权主义庭审模式的大陆法系国家，随着刑罚目的论及刑罚适用观念的转变，尤其是刑事犯罪比例的上升，形式丰富的协商机制亦被先后引入。② 不仅如此，在国际法层面，协商制度也受到推崇。③

从世界范围来看，关于控辩认罪协商制度的具体样式，当属英美法系国家实行的辩诉交易与大陆法系国家实行的量刑协商最为典型。受法律文化传统、社会价值观念等一系列主客观因素的影响，认罪协商制度的具体设计在两大法系国家存在着诸多方面的差异，特别体现在制度适用范围与协商的内容之上。其一，就制度适用范围来讲，英美法系国家基于传统的自由平等、契约精神，以及矫正当事人主义庭审模式下过分强调双方的对抗、竞技的立法意图，基本上未限制控辩协商的案件适用范围，此种协商可以在任何案件的答辩程序中进行。而除德国外④，大陆法系国家普遍会

① See Francoise Tulkens, "Negotiated Justice", in Mireille Delmas-Marty and J. R. Spencer eds., *European Criminal Procedures*, Cambridge University Press, 2002, p.642.

② 例如，法国在2004年便创设了庭前认罪这一程序；而德国则于2009年在《刑事诉讼法典》增加了一条，即第257c条的规定，正式在立法中确认了已存在三十多年的"供述协议"。参见魏晓娜：《完善认罪认罚从宽制度：中国语境下的关键词展开》，载《法学研究》2016年第4期。

③ 例如，早在1987年，欧洲理事会部长委员会便通过了第18号建议，本着简化刑事司法的宗旨，鼓励各成员国采用认罪答辩程序。《国际刑事法院罗马规约》以及《国际刑事法院罗马规约程序和证据规则》也对认罪协商程序作出了明确规定。

④ 尽管德国《刑事诉讼法》并未对控辩协商制度的适用范围作出明确限制，但这一制度在司法实践中主要适用于白领犯罪、偷税逃税犯罪、环境犯罪、罚金刑与非刑事处罚的轻微刑事案件，在暴力犯罪和其他严重罪犯中则并不经常适用。参见〔德〕约阿希姆·赫尔曼：《协商性司法——德国刑事程序中的辩诉交易?》，程雷译，载《中国刑事法杂志》2004年第2期。

限制控辩协商的适用范围，将其限定在轻罪案件之中①。大陆法系国家之所以将控辩协商制度的适用范围限定在轻罪案件中，一方面与其刑事立法普遍以特定案件可能适用的刑罚轻重程度作为划分普通程序与简易程序的适用标准有关；另一方面则是基于其长久以来形成的职权查明原则、实体真实原则，以及有罪必罚的诉讼观念，即通过采用协商程序减少司法机关在那些占刑事案件绝大多数的轻罪案件中的资源投入，以使法院能够将有限的时间和精力集中到少数复杂、疑难、重大的案件中去，突出发挥刑事审判在查明案件真相与准确适用刑罚上的积极作用。其二，从协商的内容看，英美法系国家的协商制度在协商内容上极为广泛，控辩双方不仅可以就量刑进行协商，还可以就指控的罪名和罪数进行协商。而在大陆法系国家，控辩双方之间的认罪协商一般仅得在量刑层面上进行。如顾永忠教授所言，在美国辩诉交易制度下，为控辩双方在罪名和罪数上提供协商法律空间和现实动机的因素有两个：一是美国刑罚所采用的"碎片化"的犯罪构成要件模式与数罪并罚情形下对所判刑罚的简单相加原则；二是在被告人不认罪的情况下，由陪审团审判所带来的不确定的充满变数的审判结果。② 其实，协商内容的不同，从本质上反映了两大法系国家的诉讼文化层面的差异。在汪建成教授看来，美国的实用主义哲学观、高度发达的契约观念，以及以当事人为主导的诉讼模式都为协商内容的广泛性奠定了基础。③ 而大陆法系国家一贯强调发现真实的诉讼目的，贯彻职权查明的诉讼传统，决定了无论是基于罪刑法定原则还是基于罪责刑相适应原则，都只有国家才是认定犯罪事实和定罪的唯一权力主体，因此控辩双方的认罪协商只能在量刑层面展开，并需经过法院的严格审查。应当说，英美法系国家控辩协商的适用范围及协商内容更为宽泛，因而在提高诉讼效率、实现程序分流方面发挥着更为明显的作用；而在大陆法系国家的制度设计下，协商程序受到的限制和审查更多，因而在确保犯罪事实的真实性、认罪的自愿性、检察官量刑建议的适当性，以及认罪程序运作的合法性等方面的保障力度更大。

任何一个国家的认罪协商制度在具体的制度构建方面都存在或多或

---

① 例如，法国的庭前认罪程序就只适用于主刑是罚金或者5年以下监禁刑的轻罪；意大利《刑事诉讼法》第444条第1款则将可适用协商制度的案件范围设定如下：根据具体情节并在减少通常刑期的1/3后，该监禁刑不超过单处或与财产刑并处的2年有期徒刑或拘役的案件。
② 顾永忠：《关于"完善认罪认罚从宽制度"的几个理论问题》，载《当代法学》2016年第6期。
③ 汪建成：《辩诉交易的理论基础》，载《政法论坛》2002年第6期。

少的差异。特定诉讼制度之建构,除了应当遵循普遍的适用内容和适用规范外,亦应当与本土的诉讼价值观念、法律文化传统以及制度发展的水平及需要相适应。立足于法治国家的有益经验以及我国刑事司法实践的现实状况,我国当下认罪协商制度的构建应该围绕着如下两方面的内容展开:

第一,认罪协商的案件适用范围及协商内容。在控辩认罪协商制度中,可协商的案件适用范围及协商内容其实关系重大,不仅直接影响到被告人认罪的积极主动性,而且关涉社会公众对于司法公正的朴素价值评判。据此,各国在控辩协商制度的具体设计时,无不根据本国的诉讼文化传统、制度发展需要以及当下制度移植的承受能力对其进行谨慎设定。就协商制度的案件适用范围来讲,由于认罪协商本身属于对被告人认罪行为所带来的节约司法投入、节省定罪后的改造成本的肯定和鼓励,因而理论上应当得到最大程度的适用。在笔者看来,基于现行立法下的简化审理程序皆以认罪为适用前提,因此原则上属于简化审理程序适用范围的刑事案件就可以适用控辩认罪协商制度。在制度确立的伊始,可以先从基层人民法院审理的有期徒刑及以下刑罚的案件起步,随着制度的完善和推广,逐步扩大其适用范围,打破法院级别和审级的限制。而对于我国认罪协商制度建构下的协商内容,笔者主张将其限定在量刑协商之上,禁止控辩双方进行罪名协商和罪数协商。一方面,尽管我国当下认罪认罚从宽制度在一定程度上吸收、借鉴了美国辩诉交易制度的合理因素,但我国的情况不同于美国,我国现行《刑法》中规定的具体犯罪,大多是集合行为,也就是一种犯罪常包含数个或数种具体行为,同时在刑罚的计算上采取限制加重的数罪并罚原则,即使在所判刑罚均是自由刑的情形下,数个所判刑罚也不得简单相加,最终执行的刑罚总量受严格限制,并不会出现如美国刑事诉讼一般,一名被告人被判决犯有多个,甚至数十个罪名,并被科以几十年甚至上百年自由刑的情况,因而不存在罪名和罪数协商的法律空间。[①] 另一方面,我国刑事诉讼素有追求客观真实与起诉法定主义的诉讼传统,无论是刑事立法还是法治观念都强调有罪必罚和违法必究,在司法独立性不高、司法机关尚不能有效排除外界不当干扰的现实背景下,罪名和罪数协商极有可能带来法外因素的不当渗入,引发公众对于司法公正的质疑。从这个意义上讲,允许控辩双方进行罪名协商和罪数协商亦缺乏现实的社会容忍基础。不仅如此,依据我国现行法律规定,检察机关具有双重的法律

---

① 顾永忠:《关于"完善认罪认罚从宽制度"的几个理论问题》,载《当代法学》2016年第6期。

属性,不仅仅是公诉机关,还是法律监督机关,而监督机关的性质和职权亦决定了检察机关不应与犯罪嫌疑人、被告人进行罪数和罪名上的交易和协商。相较而言,量刑协商则基本上不存在上述问题,其本身系在犯罪事实已经查明的情况下对于被告人认罪态度和认罪行为的特定"奖励"。"两高"《量刑指导意见(试行)》中也明确规定了对于自首、坦白、当庭认罪等情形可以分别给予不同的量刑奖励,为量刑协商的展开提供了基本的规范依据。

第二,认罪协商的时间安排及制度效力。我国目前尚未在庭前阶段建立独立的认罪程序,但《刑诉法解释》第 359 条规定,被告人的认罪表示主要是在送达起诉书副本时进行。据此,基于我国现行立法规定,认罪协商应当在审查起诉阶段以及庭前的准备阶段进行,而庭前进行的认罪协商则完全可以利用庭前会议这一机制平台,在充分的证据展示基础上达成协商合意,并在法庭之上接受审查。由于庭审中的认罪协商势必造成诉讼中断,影响法庭审理的集中性,背离了简化审理提高诉讼效率的制度初衷,因而应当受到严格限制。

由于控辩双方在认罪协商的过程中已经形成了基本一致的定罪和量刑意见,因此随着控辩认罪协商制度以及以"简易程序—速裁程序—处罚令程序"为体系内容,层次化明显、繁简差距合理的简化审理机制的建立,立法完全可以将审前的认罪协商制度与简化审理程序的适用衔接起来。概括而言,控辩双方在达成认罪协商合意后,仅需根据协商协议中的量刑范围作出适用何种简化审理程序进行处理的选择即可。如果控辩双方在审查起诉阶段达成认罪协商合意,则应当由检察机关向人民法院提出适用特定简化审理程序的申请,该申请应与起诉书、全部案卷材料以及控辩协议书一起提交给人民法院;倘若控辩双方在庭前会议中达成认罪协商协议,则双方均可以向人民法院申请适用相应的简化审理程序,并由人民法院围绕认罪的自愿性、有无事实基础、量刑建议的合理性等方面进行审查。从这个意义上讲,控辩认罪协商制度的效力主要体现在两个方面:一是控辩双方达成的协商协议或曰协商合意书具有启动简化审理程序的效力,控辩协商之合意除未通过法院审查外,应当被视为启动简化审理程序的当然事由;二是控辩双方的合意对法院具有相对约束力,法院经过审查,原则上应当在控辩双方的合意范围内作出判决,但经审查存在违反法定情形的除外,以在充分尊重控辩双方意思自治的同时,发挥法庭审理对于控辩认罪协商之效力、审判结果最终确定的决定作用。

二、确立中国式的审前证据开示制度

一般认为,广义的证据开示包含英美法系国家的证据开示制度和大陆法系国家的阅卷制度。① 实践中,我国倾向于将两者相结合,以大陆法系国家的阅卷制度为主,庭前证据展示制度为辅的方式交换控辩双方的证据材料和信息,这一政策也取得了良好的效果,但是在认罪认罚从宽制度施行的背景下这一效果难以保证,主要有以下两方面原因:其一,刑事案件中许多被追诉人会选择认罪认罚,这些被追诉人中有较高的比例没有聘请辩护人,均由值班律师提供法律帮助。但由于案件较多,值班律师采取轮流值班制,一天工作的时间有限,分到每一个案件上的时间较少,且一部分地区针对速裁案件尝试探索 48 小时结案②,预留给值班律师的时间就更有限。并且,无论案件量的多少,值班律师一天的补助金额是固定的,值班律师阅卷的积极性和精力明显不够,导致值班律师异化为见证人,被追诉人不能通过阅卷制度交流证据材料和信息。其二,现有的证据展示制度只存在于庭前会议阶段,“两高三部”《办理刑事案件庭前会议规程》中明确规定了庭前会议的适用范围为:证据材料较多,案情重大复杂的;控辩双方对事实的证据存在较大争议的;社会影响重大的;需要召开庭前会议的其他情形。大多数认罪认罚案件都不属于庭前会议的范围,也不会召开庭前会议展示证据,因此目前的庭前证据展示制度也无法保障被追诉人的知情权。为应对上述问题,基于保障被追诉人认罪认罚的自愿性、明知性与合法性,提高案件审理的质效,并为控辩双方提供平等协商之平台的目的,近几年理论界与实务界开始探索能解决当前困境的方案——认罪认罚从宽制度下的证据开示。认罪认罚从宽制度之下,证据开示的建构路径应顺应司法实践的需求,充分考虑我国国情,建立中国特色审前证据开示制度,对证据开示的具体范围、参与主体、启动方式、开示时间和救济机制等方面予以规范。

(一)证据开示的具体范围

证据开示的范围指的是案件范围与证据范围两方面。笔者认为,证据开示实际上适用于一审公诉案件中,由于已经经过了一审庭审,二审时被

---

① 鲍文强:《认罪认罚案件中的证据开示制度》,载《国家检察官学院学报》2020 年第 6 期。
② 《48 小时! 全流程审结醉驾案——北京海淀法院刑事案件速裁再提速》,载中国法院网 https://www.chinacourt.org/article/detail/2017/07/id/2908050.shtml,最后访问时间:2014 年 10 月 31 日。

追诉人及辩护律师对案件证据材料已经有了深度理解,缺乏证据开示的必要性,而在自诉案件中,一般由自诉人自行调查取证,并将证据转交给法院,此时控辩双方诉讼实力均衡,也缺乏适用证据开示制度的必要性。笔者认为从证据范围方面看,与关键证据开示模式相比,我国认罪认罚从宽制度下实行全面证据开示模式较为适宜。汪海燕教授曾言,从逻辑上看,控方向辩方开示的内容不应比辩方通过阅卷方式获取的证据信息少。① 当前诉讼过程中辩护人基本上能够阅览全部案卷材料,那么相应地,证据开示的证据范围也应达到这一标准。一些学者会考虑到全面开示证据的情况下需要开示的证据材料较多②,能否在规定时间完毕。笔者认为不用担心,适用认罪认罚从宽制度的案件一般并不复杂,能够按照要求及时完成开示工作。

(二)证据开示的参与主体

认罪认罚从宽制度下证据开示的参与主体主要包括检察官、被追诉人、辩护人和值班律师。首先,检察官负责对公诉案件提起公诉,掌握着案件的证据材料和信息,也应由其向被追诉人开示证据,因此检察官是证据开示的参与主体。

其次,长期以来,被追诉人不能享有阅卷权,是出于以下原因:在我国被追诉人被视为具有双重诉讼角色,被追诉人是案件当事人,其供述又是重要证据,有利于查明案件真相,一旦其翻供或作虚假陈述,需要投入大量资源再次调查案件事实以及办案过程中是否存在违法情况,延长诉讼周期,影响诉讼效率。除此之外,还存在被追诉人毁坏证据,威胁、恐吓他人,以及公开案卷材料,利用舆论影响审判的可能。但是随着法律规定的完善和科技的发展,上述问题迎刃而解,不再成为限制被追诉人阅卷权的理由。认罪认罚从宽制度的适用加重了被追诉人翻供的成本,因为被追诉人一旦在庭审中翻供将可能失去获得从宽处罚的机会。即便其在法庭上翻供,也有可能是在法庭上推翻了自己的不实供述,或者是更改了真实的陈述。如果是前者,这一翻供有利于实现正义,不需要担心会产生不利后果;如果是后者,则只要检察机关严格执行《刑事诉讼法》的有关规定,就能有效发现被追诉人在法庭上的虚假供述。

现如今司法机关通过不断探索,尝试将刑事诉讼与先进科学技术相结合。例如为推行无纸化办公,司法机关采取可开示电子卷宗的方式,电子

---

① 汪海燕:《重罪案件适用认罪认罚从宽程序问题研究》,载《中外法学》2020 年第 5 期。

② 熊文强:《认罪认罚案件中的证据开示制度》,载《国家检察官学院学报》2020 年第 6 期。

卷宗不仅成本较低,而且可以有效避免案卷丢失、毁损,并且杜绝了被追诉人变造、更改案卷的可能。

再次,除了辩护律师,非律师辩护人也可以成为证据开示的参与主体,然而相较于律师,其确实未经专业培训,在职业素养方面有所欠缺,无相应机构监督制约其行为,在实践中存在隐患,因此还需要制定规范对其加以约束。

最后,如前所述,刑事案件中许多被追诉人未委托辩护人,只能由值班律师补位来见证证据开示的全过程,提出专业意见,保护被追诉人权益,因此笔者认为值班律师应当被列为证据开示的参与主体。

(三)证据开示的启动方式

当前"两高三部"《认罪认罚指导意见》中规定检察机关根据案件情况探索证据开示制度,也就是说由检察机关决定是否开示证据,那么证据开示的案件范围就会具有局限性,证据开示只存在于少数认罪认罚案件中。但是之所以在认罪认罚从宽制度下建构证据开示制度,就是因为在我国目前的司法背景下,控辩双方的地位难以达到实质平等,想要通过证据开示制度消除这种不平等,将证据开示与否的决定权完全交于检察机关,只会加剧这种不平等状况,难以发挥证据开示的优势。因此,除了赋予检察机关依职权主动开示的权力外,还应赋予被追诉方申请开示的权利,若检察机关未依职权启动证据开示,被追诉方可向检察机关提出申请,若检察机关仍未开示,可向上一级检察机关提出请求,由上一级检察机关指令下一级检察机关证据开示。

(四)证据开示的时间

笔者认为与认罪认罚从宽制度不同,证据开示具有特殊性,并不能适用于所有的诉讼阶段,比如在侦查阶段就不适宜,因为侦查阶段只是刚确定有犯罪事实发生,需要追究刑事责任,一直到侦查终结都是在查明案件真相、收集证据。一旦因开示证据而导致泄露信息,犯罪嫌疑人可能设法隐匿罪行,增加侦查机关查清犯罪事实的难度,不能因为早开示证据对犯罪嫌疑人有利而忽视惩罚犯罪的重要性。侦查阶段即使犯罪嫌疑人认罪认罚,也只是表明了其认罪悔罪的态度和意向,公安机关会记录在案作为从宽处罚的依据,到审查起诉阶段才正式签署具结书,因此侦查阶段进行证据开示不具有正当性和必要性。经过前一阶段的侦查工作,审查起诉阶段控方已经掌握了充足的证据且形成了严密的证据链条,具备了开示证据的条件。在开示证据后控辩双方展开协商,达成合意后被追诉人签署具结书,证据开示是双方签署具结书的前提,因此控方可在规范中明确审查起诉阶段起开示证据,截至签署具结书。被追诉人并无上述顾虑,在侦查阶段即可主动向公安机关开示证据,在签署具结书之前结束开示。

(五)证据开示的救济机制

若要保证认罪认罚从宽制度下证据开示的实施效果,保证实现制度创设的本源意图,就需要采取严格的处罚手段来约束和监督。当检察机关未如期开示证据时,被追诉人及律师有权向承办案件的检察机关提出申诉或控告。收到申诉或控告后,检察机关应当及时对有关情况进行审查,若情况属实,通知检察官予以纠正并及时进行证据开示。若检察机关认为属于不应开示的证据材料,可向被追诉人及律师解释说明。当办案机关侵犯被追诉人的知情权、辩护权,对案件的审理有重大影响时,被告人的自愿性受到侵害,被告人应享有反悔权,庭审时可以向法庭提出申请,法庭审理后认为理由正当的,允许被告人撤回认罪认罚,同时案件应转为适用普通程序审理。

当证据开示的主体未按规定开示但在庭审中又出示该证据时,根据不开示禁止出示原则可作出排除该证据的决定。一旦作出排除决定,该证据将不能在庭审中使用,同时,这一处罚应谨慎适用,对于其中情节轻微又有合理理由的,可给予补正的机会。有些案件中控方违反证据开示规定的行为可能在庭审结束后或者判决作出后才被发现,此时已经收到判决的被告人可以权利受到侵犯为由提出上诉。第二审人民法院经过审理查明控方违反证据开示义务,该证据较为关键导致原审判决事实不清或证据不足,第二审人民法院可以在查清事实后改判,也可以裁定撤销原判,发回原审人民法院重新审判。

三、保障认罪案件中律师帮助的实质性

我国现行刑事立法将值班律师塑造成临时为被追诉人提供法律帮助的诉讼参与人。从现行刑事立法之既有规范内容来看,值班律师的权利、功能实以"应急性"为核心,其工作主要限于诉讼程序启动后的"最初一公里",所提供的法律帮助亦具有较为明显的即时性与临时性。而从司法实践的现实来看,所谓的值班律师通常仅为犯罪嫌疑人、被告人提供浅层的法律咨询、见证具结书的签署过程等服务,并未实质性地参与到控辩协商的过程中来,呈现出明显的"认罪认罚辅助者"或"见证人"化倾向,本源的

法律帮助人蜕变为诉讼权力行为合法性的"背书者",实乃"形盛而神衰"。作为认罪认罚从宽制度项下的核心环节,被追诉方与检察机关之量刑协商过程理应具有实质性。此一实质性之协商要求不仅是认罪认罚从宽制度得以运行、存续的正当性基础,同时搭建起认罪嫌疑人、被告人权利补足的框架要义,构成犯罪嫌疑人、被告人之认罪供述由"承诺自认"到"契约合意"性质转变的中心一环。作为实质协商进程中不可或缺的程序主体之一,值班律师的参与应当贯穿认罪认罚的始末,即协商伊始到合意达成的全过程,涵盖包括保障被追诉人认罪认罚之真实性、自愿性,以及基于认罪契约之程序选择等多元事项。

为避免认罪认罚契约沦为单纯的公权主导下的权力需求文本,割裂协商性司法范式下控辩主体间的双向互动关系,笔者认为,在值班律师之身份定位、职能配置、诉讼权利等基本问题的规范建构上,刑事立法当大刀阔斧地走出既有的"叠床架屋"范式,转为以控辩审三种职能界分为基础理论复归值班律师所应然具有的辩护人身份。可以考虑的一种思路是将现有的值班律师制度纳入法律援助全覆盖的改革当中来,用以将值班律师、法律援助律师以及辩护律师统一开来,在理顺三者内在逻辑关系的同时,消解当下因身份竞合所带来的"观点差异"与"维权冲突",调和值班律师之"作用重大"与"权利较少"甚至虚空所引发的"过场化"矛盾。同时,探寻建立讯问时的值班律师在场制度;围绕保障被追诉人认罪之自愿性、明知性细化法律帮助的具体内容;建立健全值班律师会见权与阅卷权的行使保障机制;充实值班律师的履职保障规范;完善与认罪认罚从宽制度相适应的证据开示制度等方面有所作为。[①] 适时推广北京市海淀区人民检察院探索推出的"值班律师的辩护人化制度",即对于值班律师介入的认罪认罚案件中符合嫌疑人申请法律援助辩护等条件的,赋予值班律师以辩护人的诉讼地位,在签署认罪认罚具结书时,由犯罪嫌疑人与值班律师按照法律援助流程签署委托书。检察机关在提起公诉时,将值班律师作为辩护人写入起诉书,法官开庭前据此通知辩护人(值班律师)出庭辩护[②],以最大限度地缓解"重责少益"的现实悖论,复归法律帮助的应然责任归属,保证律师帮助的该当效用。

四、完善认罪认罚具结书形成过程中的程序保障机制

认罪案件之中,视认罪认罚为被追诉者人身危险性降低之信号而相应

---

① 关于完善值班律师诉讼权利的详尽论述,可参见汪海燕:《三重悖离:认罪认罚从宽程序中值班律师制度的困境》,载《法学杂志》2019年第12期。

② 李刚:《打造"三方在场"具结书签署机制》,载《检察日报》2019年2月18日,第3版。

降低证明难度,并据此适用同案件难易、严重和对抗程度相适应的轻缓型诉讼措施与宽松型诉讼程序。诉讼程序与诉讼措施的宽松与轻缓并不意味着主体权利与程序保障的减损,相反,基于程序简化所带来的对以无罪推定为核心的权利体系之冲击,认罪认罚具结书的形成需要强化各种程序保障机制。笔者认为除学界公认的完善律师帮助、强化值班律师在认罪协商过程中的实质参与外,认罪认罚具结书形成过程中的程序保障机制尚需在见证人制度与协商过程的同步录音录像方面作以规范完善。

作为笔录类证据形成的配套规范之一,见证人制度为我国现行《刑事诉讼法》下多数笔录类证据的形成规范所明定。例如,现行《刑事诉讼法》第 133 条规定:"勘验、检查的情况应当写成笔录,由参加勘验、检查的人和见证人签名或者盖章。"第 140 条亦规定:"搜查的情况应当写成笔录,由侦查人员和被搜查人或者他的家属,邻居或者其他见证人签名或者盖章……"而为有效且客观地发挥出见证人于笔录类证据形成过程中的观察、监督与证明作用,《刑诉法解释》第 80 条①进一步对见证人的消极资格作出规定。尽管如此,在笔者看来,我国现行刑事立法下的见证人制度所具有的口号宣言作用似乎远胜于制度本源的权力制约与权利保障功能。见证人于我国当下不仅存在着法律地位不明、产生方式随机等表象问题,同时反映出权利保障缺失、程序后果阙如等深层问题。基于比较分析与问题消解的基本思路,笔者认为现行刑事立法当以在明确见证人所具有的其他诉讼参与人身份、建立刑事见证人遴选数据库的基础上,明晰见证人所享有的诉讼权利以及没有见证人或者见证人没有签字的程序后果。具体而言,刑事立法可以借鉴俄罗斯《刑事诉讼法典》的相关规定,赋予见证人对于刑事笔录的阅读、修正权、提出意见权和拒绝签字权,以及在前述权利受到不必要限制情形下的申诉权利。② 更为重要的是,鉴于见证活动失范的司法现实,刑事立法应当明定在没有见证人或见证人没有签字之时,该笔录类证据不得作为定案根据的程序性后果,以及辩方在笔录类证据存有异议之时,有权要求见证人出庭说明

---

① 《刑诉法解释》第 80 条规定:"下列人员不得担任见证人:(一)生理上、精神上有缺陷或者年幼,不具有相应辨别能力或者不能正确表达的人;(二)与案件有利害关系,可能影响案件公正处理的人;(三)行使勘验、检查、搜查、扣押、组织辨认等监察调查、刑事诉讼职权的监察、公安、司法机关的工作人员或者其聘用的人员。对见证人是否属于前款规定的人员,人民法院可以通过相关笔录载明的见证人的姓名、身份证件种类及号码、联系方式以及常住人口信息登记表等材料进行审查。由于客观原因无法由符合条件的人员担任见证人的,应当在笔录材料中注明情况,并对相关活动进行全程录音录像。"

② 《俄罗斯联邦刑事诉讼法典》,黄道秀译,中国政法大学出版社 2003 年版,第 57 页。

情况的见证人出庭制度,借由见证人出庭接受法官和控辩双方询问,补强笔录证据之证明力,强化法官的自由心证。当然,鉴于见证人制度在司法贯彻层面所需之较为可观的人力、财力等资源投入,从衡平秘密侦查原则、实体真实目标与权利保障功用的角度出发,刑事立法与刑事司法应在长期层面确立一项能够发挥基本相同功能的替代性制度,可以考虑的一个选项即为协商过程的同步录音录像制度,借由同步录音录像直观、有效、低成本地呈现认罪认罚具结书的形成过程,提高认罪认罚控辩协商的透明程度,助力事实审理者对被告人认罪认罚的自愿性、真实性与合法性形成更为清晰、完整的心证认知。

五、强化认罪案件审判程序下刑事法官的庭前阅卷职责

我国的刑事司法自清末修律伊始便带有浓厚的职权主义色彩,强调权力运行的顺畅性与配合性,注重发挥司法官,特别是法官对于证据调查之主导作用。在我国,作为职权主义诉讼构造的有机组成部分,案卷材料的全案移送制度保证了法官对于案情和证据材料的全面把控,使得法官能够充分地进行庭前准备工作,进而有效地设计、引导、指挥庭审进程,实现国家追诉犯罪的刑罚任务。[①] 诚然,法官庭前阅卷之司法传统因容易导致司法"预断"、庭审虚化等诸多积弊,有违裁判者客观中立之立场而备受诟病。然而,基于认罪案件法庭审理不同于不认罪案件法庭审理的程序特性,笔者认为,在认罪案件的审判程序之下,不仅不应弱化法官庭前阅卷,反而应当强化其庭前阅卷职责。

一方面,认罪案件法庭审理所适用的确认式庭审样态之下,法庭调查和法庭辩论基本被简化或者省略,且要求法官尽可能当庭宣判。从保证认罪案件的庭审质量,避免被告人在自愿性、合法性、真实性等方面存有问题的角度出发,法官须对案件事实和证据材料进行细致审读,确保案件符合速裁程序、简易程序之程序性要求,以及犯罪事实清楚、证据确实充分之实质性要求。依据现行《刑事诉讼法》的规定,速裁程序或简易程序的庭审之中,假使出现案件事实不清、证据不足等不符合程序适用条件的情形,确认式庭审不再适用,不仅背离了认罪案件法庭审理的程序要义和程序动因,更会对被告人的认罪认罚意思表示带来隐性消解。另一方面,在不认罪案件的审理程序中,法官可以通过召开庭前会议方式就各类庭审事项了解情况、听取意见,从而形成审理焦点。而在多数认罪案件实然适用简易

---

① 步洋洋:《我国刑事案卷移送制度的演变分析》,载《湖南社会科学》2016 年第 4 期。

程序与速裁程序的现实语境下,借由庭前会议制度了解案情焦点的方式、方法显然已无可行性空间。为避免认罪审查判断演变为一场单纯的对于笔录类证据的"一问一答式"确认过程,认罪案件审判程序下对于案件事实和证据材料进行审查判断的时间节点必然要向前移,这就凸显了法官庭前阅卷于认罪案件庭审证据调查方面的价值功用。质言之,法官只有在开庭审理前已对认罪认罚的相关案卷材料进行了审查,才能勾勒出案件事实的大体轮廓,才能识别出证据之间的细微差异与矛盾,才能在庭审中提出更具针对性的问题,通过证据印证方法与矛盾分析方法,以审查与确认相互结合的方式实现对于认罪认罚之自愿性、真实性、合法性的综合判断。

参考文献

一、中文文献

（一）中文著作

1. 步洋洋:《刑事庭审实质化路径研究》,法律出版社 2018 年版。

2. 陈光中等:《中国司法制度的基础理论问题研究》,经济科学出版社 2010 年版。

3. 陈瑞华:《量刑程序中的理论问题》,北京大学出版社 2011 年版。

4. 陈瑞华:《刑事审判原理论》(第 3 版),法律出版社 2020 年版。

5. 陈瑞华:《刑事诉讼的前沿问题》(第 5 版 上下册),中国人民大学出版社 2016 年版。

6. 陈瑞华:《刑事诉讼的中国模式》(第 2 版),法律出版社 2010 年版。

7. 陈瑞华:《刑事诉讼的中国模式》(第 2 版),法律出版社 2010 年版。

8. 陈瑞华:《刑事证据法的理论问题》,法律出版社 2015 年版。

9. 邓晓芒、赵林:《西方哲学史》(修订版),高等教育出版社 2014 年版。

10. 段厚省:《诉审商谈主义:基于商谈理性的民事诉讼构造观》,北京大学出版社 2013 年版。

11. 樊崇义主编:《刑事诉讼法实施问题与对策研究》,中国人民公安大学出版社 2001 年版。

12. 樊崇义主编:《证据法学》(第 6 版),法律出版社 2017 年版。

13. 高家伟:《证据法基本范畴研究》,中国人民公安大学出版社 2018 年版。

14. 胡军:《知识论》,北京大学出版社 2006 年版。

15. 胡云腾主编:《认罪认罚从宽制度的理解与适用》,人民法院出版社 2018 年版。

16. 金炳华主编:《马克思主义哲学大词典》,上海辞书出版社 2003 年版。

17. 雷万来编著:《民事诉讼法》,台湾空中大学 2005 年版。

18. 李心鉴:《刑事诉讼构造论》,中国政法大学出版社 1992 年版。

19. 林钰雄:《严格证明与刑事证据》,法律出版社 2008 年版。

20. 刘计划:《中国控辩式庭审方式研究》,中国方正出版社 2005 年版。

21. 龙宗智、郭彦编:《刑事庭审证据调查规则实证研究》,法律出版社 2021 年版。

22. 龙宗智:《诉讼证据论》,法律出版社 2021 年版。

23. 龙宗智:《相对合理主义》,中国政法大学出版社 1999 年版。

24. 龙宗智:《刑事庭审制度研究》,中国政法大学出版社 2001 年版。

25. 龙宗智:《证据法的理念、制度与方法》,法律出版社 2008 年版。

26. 罗海敏:《刑事诉讼严格证明探究》,北京大学出版社 2010 年版。

27. 潘金贵主编:《证据法学》,法律出版社 2022 年版。

28. 桑本谦:《理论法学的迷雾——以轰动案例为素材》,法律出版社 2008 年版。

29. 宋维彬:《刑事笔录证据研究》,中国法制出版社 2020 年版。

30. 孙瑜:《认罪案件审判程序研究》,对外经济贸易大学出版社 2012 年版。

31. 童建明、万春主编:《〈人民检察院刑事诉讼规则〉理解与适用》,中国检察出版社 2020 年版。

32. 汪海燕:《刑事诉讼模式的演进》,中国人民公安大学出版社 2004 年版。

33. 王兆鹏:《美国刑事诉讼法》(第 2 版),北京大学出版社 2014 年版。

34. 王兆鹏:《刑事诉讼讲义》,元照出版有限公司 2006 年版。

35. 魏虹主编:《证据法学》(第 2 版),中国政法大学出版社 2019 年版。

36. 吴宏耀、魏晓娜:《诉讼证明原理》,法律出版社 2002 年版。

37. 阎朝秀:《司法认知研究》,中国检察出版社 2008 年版。

38. 於兴中:《法治东西》,法律出版社 2015 年版。

39. 张保生主编:《证据法学》(第 4 版),中国政法大学出版社 2023 年版。

40. 最高人民法院刑事审判第一、二、三、四、五庭编:《刑事审判参考》(总第 127 辑),人民法院出版社 2021 年版。

41. 左卫民:《实证研究:中国法学的范式转型》,法律出版社 2019 年版。

（二）译著

1.《意大利刑事诉讼法典》,黄风译,中国政法大学出版社 1994 年版。

2.《俄罗斯联邦刑事诉讼法典》,黄道秀译,中国政法大学出版社 2003 年版。

3.〔英〕保罗·维诺格拉多夫:《历史法学导论》,徐震宇译,中国政法大学出版社 2012 年版。

4.〔罗马〕查士丁尼:《法学总论——法学阶梯》,张企泰译,商务印书馆 1989 年版。

5.〔英〕戴维·米勒:《社会正义原则》,应奇译,江苏人民出版社 2001 年版。

6.〔美〕道格拉斯·沃尔顿:《法律论证与证据》,梁庆寅等译,中国政法大学出版社 2010 年版。

7.〔法〕E. 迪尔凯姆:《社会学方法的准则》,狄玉明译,商务印书馆 1995 年版。

8.〔美〕E·博登海默:《法理学:法律哲学与法律方法》,邓正来译,中国政法大学出版社 1999 年版。

9.〔新加坡〕何福来:《证据法哲学——在探究真相的过程中实现正义》,樊传明等译,中国人民大学出版社 2021 年版。

10.〔德〕罗伯特·阿列克西:《法律论证理论》,舒国滢译,中国法制出版社 2002 年版。

11.〔美〕迈克尔·D. 贝勒斯:《法律的原则——一个规范的分析》,张文显等译,中国大百科全书出版社 1996 年版。

12.〔美〕米尔伊安·R. 达玛什卡:《司法和国家权力的多种面孔——比较视野中的法律程序》,郑戈译,中国政法大学出版社 2004 年版。

13.〔意〕莫诺·卡佩莱蒂等:《当事人基本程序保障权与未来的民事诉讼》,徐昕译,法律出版社 2000 年版。

14.〔美〕米尔伊安·R. 达玛斯卡:《比较法视野中的证据制度》,吴宏耀等译,中国人民公安大学出版社 2006 年版。

15.〔日〕棚濑孝雄:《纠纷的解决与审判制度》,王亚新译,中国政法大学出版社 1994 年版。

16.〔意〕皮罗·克拉玛德雷:《程序与民主》,翟小波、刘刚译,高等教育出版社 2005 年版。

17.〔美〕乔治·费希尔:《辩诉交易的胜利——美国辩诉交易史》,郭志媛译,中国政法大学出版社 2012 年版。

18.〔日〕田口守一:《刑事诉讼法(第七版)》,张凌、于秀峰译,法律出版社 2019 年版。

19.〔德〕维尔纳·薄逸克、萨比娜·斯沃博达:《德国刑事诉讼法教科书(第 15 版)》,程捷译,北京大学出版社 2024 年版。

20.〔英〕威廉·韦德:《行政法》,徐炳等译,中国大百科全书出版社 1997 年版。

21.〔美〕伟恩·R. 拉费弗、杰罗德·H. 伊斯雷尔、南西·J. 金:《刑事诉讼法》(下册),卞建林等译,中国政法大学出版社 2003 年版。

22.〔德〕哈贝马斯:《在事实与规范之间:关于法律和民主法治国的商谈理论》(修订译本),童世骏译,生活·读书·新知三联书店 2014 年版。

23.〔德〕哈贝马斯:《交往行动理论(第一卷)——行动的合理性和社会合理化》,洪佩郁、蔺青译,重庆出版社 1994 年版。

24.〔美〕虞平、郭志媛编译:《争鸣与思辨:刑事诉讼模式经典论文选译》,北京大学出版社 2013 年版。

25.〔美〕约书亚·德雷斯勒、艾伦·C. 迈克尔斯:《美国刑事诉讼法精解(第四版)(第二卷·刑事审判)》,魏晓娜译,北京大学出版社 2009 年版。

26.〔美〕亚历克斯·斯坦:《证据法的根基》,樊传明等译,中国人民大学出版社 2018 年版。

27.〔美〕麦考密克:《麦考密克论证据(第五版)》,汤维建等译,中国政法大学出版社 2004 年版。

(三)中文论文

1. 鲍文强:《认罪认罚案件中的证据开示制度》,载《国家检察官学院学报》2020 年第 6 期。

2. 北京市海淀区人民法院课题组:《关于北京海淀全流程刑事案件速裁程序试点的调研—以认罪认罚为基础的资源配置模式》,载《法律适用》2016 年第 4 期。

3. 毕玉谦:《经验法则及其实务应用》,载《法学》2008 年第 2 期。

4. 卞建林等:《确定刑:认罪认罚从宽制度下量刑建议精准化之方向》,载《检察日报》2019 年 7 月 29 日,第 3 版。

5. 卞建林、张可:《构建中国式认罪协商制度:认罪认罚从宽制度的反思与重构》,载《政法论坛》2024 年第 4 期。

6. 步洋洋：《简化审理程序的意蕴与重构：基于认罪认罚从宽的应然向度》，载《暨南学报(哲学社会科学版)》2018 年第 6 期。

7. 步洋洋：《论"根据在案证据裁判规则"》，载《法商研究》2022 年第 4 期。

8. 步洋洋：《论认罪案件法庭审理中的自由证明》，载《中国刑警学院学报》2024 年第 2 期。

9. 步洋洋：《认罪案件中口供适用的逻辑与限度》，载《社会科学》2021 年第 7 期。

10. 步洋洋：《认罪认罚从宽制度下上诉权与抗诉权的关系论》，载《法学杂志》2021 年第 4 期。

11. 步洋洋：《审判中心下刑事庭审证据调查方式的优化》，载《社会科学》2019 年第 10 期。

12. 步洋洋：《审判中心语境下的庭外调查核实权新探》，载《湖北社会科学》2018 年第 6 期。

13. 步洋洋：《我国刑事案卷移送制度的演变分析》，载《湖南社会科学》2016 年第 4 期。

14. 步洋洋：《因应与转型：时代语义下的量刑建议精准化》，载《学习与实践》2020 年第 2 期。

15. 步洋洋、赵晏民：《回归原点：诉讼模式语义下的认罪认罚从宽》，载《中国刑警学院学报》2021 年第 2 期。

16. 蔡元培：《论笔录类证据的法定化与言词化》，载《北京社会科学》2016 年第 7 期。

17. 车浩：《自我决定权与刑法家长主义》，载《中国法学》2012 年第 1 期。

18. 陈光中、马康：《认罪认罚从宽制度若干重要问题探讨》，载《法学》2016 年第 8 期。

19. 陈光中、唐彬彬：《深化司法改革与刑事诉讼法修改的若干重点问题探讨》，载《比较法研究》2016 年第 6 期。

20. 陈光中、魏伊慧：《论我国法律援助辩护之完善》，载《浙江工商大学学报》2020 年第 1 期。

21. 陈虎：《制度角色与制度能力：论刑事证明标准的降格适用》，载《中国法学》2018 年第 4 期。

22. 陈鹏飞：《论我国认罪认罚从宽制度若干问题》，载《中国刑警学院学报》2017 年第 5 期。

23. 陈瑞华:《案卷笔录中心主义——对中国刑事审判方式的重新考察》,载《法学研究》2006 年第 4 期。

24. 陈瑞华:《法官责任制度的三种模式》,载《法学研究》2015 年第 4 期。

25. 陈瑞华:《论量刑协商的性质和效力》,载《中外法学》2020 年第 5 期。

26. 陈瑞华:《论协商性的程序正义》,载《比较法研究》2021 年第 1 期。

27. 陈瑞华:《论刑事法中的推定》,载《法学》2015 年第 5 期。

28. 陈瑞华:《论侦查中心主义》,载《政法论坛》2017 年第 2 期。

29. 陈瑞华:《认罪认罚从宽制度的若干争议问题》,载《中国法学》2017 年第 1 期。

30. 陈瑞华:《刑事诉讼的公力合作模式——量刑协商制度在中国的兴起》,载《法学论坛》2019 年第 4 期。

31. 陈瑞华:《刑事诉讼的公力合作模式——量刑协商制度在中国的兴起》,载《法学论坛》2019 年第 4 期。

32. 陈卫东:《认罪认罚从宽制度研究》,载《中国法学》2016 年第 2 期。

33. 褚福民:《案卷笔录与庭审实质化改革》,载《法学论坛》2020 年第 4 期。

34. 〔德〕贝恩德·许乃曼:《德国刑事认罪协商制度的新进发展及评析》,黄河译,载《法治社会》2023 年第 1 期。

35. 〔德〕约阿希姆·赫尔曼:《协商性司法——德国刑事程序中的辩诉交易》,程雷译,载《中国刑事法杂志》2004 年第 2 期。

36. 董坤:《认罪认罚从宽案件中留所上诉问题研究》,载《内蒙古社会科学(汉文版)》2019 年第 3 期。

37. 董濛、葛伟科、董娟娟:《刑事判决书中的量刑说理实证考察及建议》,载《行政与法》2015 年第 8 期。

38. 杜磊:《认罪认罚从宽制度适用中的职权性逻辑和协商性逻辑》,载《中国法学》2020 年第 4 期。

39. 杜邈:《认罪案件的证明模式研究》,载《证据科学》2019 年第 2 期。

40. 段厚省:《论诉审商谈主义的民事诉讼构造观——兼及对民事诉讼法修订与完善的建议》,载《中国人民大学学报》2012 年第 4 期。

41. 樊崇义、李思远:《认罪认罚从宽制度的理论反思与改革前瞻》,载《华东政法大学学报》2017 年第 4 期。

42. 樊崇义:《认罪认罚从宽协商程序的独立地位与保障机制》,载《国家检察官学院学报》2018 年第 1 期。

43. 樊崇义：《刑事诉讼模式的转型——评〈关于适用认罪认罚从宽制度的指导意见〉》，载《中国法律评论》2019 年第 6 期。

44. 樊学勇、胡鸿福：《被告人认罪认罚后反悔的几个问题——基于北京地区检察院、法院司法实践的分析》，载《贵州民族大学学报（哲学社会科学版）》2020 年第 5 期。

45. 丰怡凯：《认罪认罚具结书研究》，载《研究生法学》2019 年第 4 期。

46. 冯果：《大数据时代的法学教育及其变革》，载《法学教育研究》2018 年第 2 期。

47. 冯科臻：《认罪认罚案件的证据审查模式》，载《证据科学》2020 年第 6 期。

48. 顾永忠：《关于"完善认罪认罚从宽制度"的几个理论问题》，载《当代法学》2016 年第 6 期。

49. 顾永忠：《一场未完成的讨论：关于"以审判为中心"的几个问题》，载《法治研究》2020 年第 1 期。

50. 郭烁：《二审上诉问题重述：以认罪认罚案件为例》，载《中国法学》2020 年第 3 期。

51. 郭松：《认罪认罚从宽制度中的认罪答辩撤回：从法理到实证的考察》，载《政法论坛》2020 年第 1 期。

52. 韩旭、李松杰：《认罪认罚具结书的效力及其完善——从余金平交通肇事案二审加刑谈起》，载《南都学坛》2020 年第 4 期。

53. 郝万爽：《论被告人撤回有罪供述的证据能力构建——美国 410 规则对我国的启迪》，载《证据科学》2021 年第 2 期。

54. 洪浩、方姚：《论我国刑事公诉案件中被追诉人的反悔权——以认罪认罚从宽制度自愿性保障机制为中心》，载《政法论丛》2018 年第 4 期。

55. 侯学勇：《融贯性论证的整体性面向》，载《政法论丛》2009 年第 2 期。

56. 胡云腾：《论裁判文书的说理》，载《法律适用》2009 年第 3 期。

57. 胡云腾：《正确把握认罪认罚从宽 保证严格公正高效司法》，载《人民法院报》2019 年 10 月 24 日，第 5 版。

58. 霍存福：《中国传统法文化的文化性状与文化追寻——情理法的发生、发展及其命运》，载《法制与社会发展》2001 年第 3 期。

59. 冀祥德、张文秀：《从对抗转向合作：中国控辩关系新发展》，载《中国司法》2011 年第 12 期。

60. 贾宇:《认罪认罚从宽制度与检察官在刑事诉讼中的主导地位》,载《法学评论》2020 年第 3 期。

61. 姜树政:《合议制审判权行使的异化与回归——以审判权集体行使为视角》,载《人民司法》2014 年第 7 期。

62. 琚明亮:《论经验法则司法适用的可能及限度》,载《贵州师范大学学报(社会科学版)》2021 年第 4 期。

63. 琚明亮:《认罪认罚从宽的内涵、功能与原则》,载《中国刑警学院学报》2018 年第 5 期。

64. 琚明亮:《证明困难视阈下的事实认定与刑事推定》,载《政治与法律》2020 年第 2 期。

65. 康怀宇、康玉:《刑事程序法事实的证明方法——自由证明及其具体运用的比较法研究》,载《社会科学研究》2009 年第 3 期。

66. 孔令勇:《被告人认罪认罚自愿性的界定及保障——基于"被告人同意理论"的分析》,载《法商研究》2019 年第 3 期。

67. 孔令勇:《刑事印证规范解读:从证明方法到证明规则》,载《环球法律评论》2020 年第 6 期。

68. 孔明安、黄秋萍:《基于商谈的正义与基于承认的正义——哈贝马斯与霍耐特两种正义观的比较分析》,载《学术界》2018 年第 6 期。

69. 李本森:《我国刑事案件速裁程序研究——与美、德刑事案件快速审理程序之比较》,载《环球法律评论》2015 年第 2 期。

70. 李滨:《情理推断及其在我国刑事诉讼中的运用检讨》,载《中国刑事法杂志》2015 年第 1 期。

71. 李昌盛:《证据确实充分等于排除合理怀疑吗?》,载《国家检察官学院学报》2020 年第 2 期。

72. 李奋飞:《量刑协商的检察主导评析》,载《苏州大学学报(哲学社会科学版)》2020 年第 3 期。

73. 李奋飞:《论"确认式庭审"——以认罪认罚从宽制度的入法为契机》,载《国家检察官学院学报》2020 年第 3 期。

74. 李刚:《打造"三方在场"具结书签署机制》,载《检察日报》2019 年 2 月 18 日,第 3 版。

75. 李赫男、刘博闻:《运用大数据提升认罪认罚案件量刑建议的精准度》,载《人民检察》2018 年第 9 期。

76. 李松杰:《论认罪认罚具结书的证据属性及其司法适用》,载《证据科学》2022 年第 3 期。

77. 李伟、许晟博：《我国刑事法庭布局的历史嬗变与革新路径》，载《辽宁师范大学学报（社会科学版）》2015 年第 5 期。

78. 栗峥：《印证的证明原理与理论塑造》，载《中国法学》2019 年第 1 期。

79. 林艺芳：《论法定证明与自由证明——兼论新刑事诉讼法的证据制度改革》，载《广西大学学报（哲学社会科学版）》2013 年第 5 期。

80. 刘卉：《创新机制确保确定刑量刑建议高适用率和采纳率》，载《检察日报》2019 年 7 月 29 日，第 3 版。

81. 刘计划：《检察机关刑事审判监督职能解构》，载《中国法学》2012 年第 5 期。

82. 刘静坤：《刑事审判程序繁简分流与公正审判》，载《法律适用》2016 年第 6 期。

83. 刘少军：《性质、内容及效力：完善认罪认罚从宽具结书的三个维度》，载《政法论坛》2020 年第 5 期。

84. 刘译矾：《论对公诉方案卷笔录的法律限制——审判中心主义改革视野下的考察》，载《政法论坛》2017 年第 6 期。

85. 刘原：《认罪认罚具结书的内涵、效力及控辩应对》，载《法律科学》2019 年第 4 期。

86. 龙宗智：《比较法视野中的印证证明》，载《比较法研究》2020 年第 6 期。

87. 龙宗智：《"大证据学"的建构及其学理》，载《法学研究》2006 年第 5 期。

88. 龙宗智：《聂树斌案法理研判》，载《法学》2013 年第 8 期。

89. 龙宗智：《我国刑事庭审中人证调查的几个问题——以"交叉询问"问题为中心》，载《政法论坛》2008 年第 5 期。

90. 龙宗智：《刑事庭审中的人证调查（上）——刑事诉讼当事人调查》，载《中国律师》2018 年第 6 期。

91. 龙宗智：《刑事印证证明新探》，载《法学研究》2017 年第 2 期。

92. 龙宗智：《刑事证明中经验法则运用的若干问题》，载《中国刑事法杂志》2021 年第 5 期。

93. 龙宗智：《"印证"的治理》，载《法学家》2022 年第 2 期。

94. 龙宗智：《印证与自由心证——我国刑事诉讼证明模式》，载《法学研究》2004 年第 2 期。

95. 龙宗智：《中国法语境中的"排除合理怀疑"》，载《中外法学》2012

年第 6 期。

96.卢建平:《轻罪时代的犯罪治理方略》,载《政治与法律》2022 年第 1 期。

97.罗维鹏:《刑事证明中经验法则确证的规则塑造》,载《法学家》2022 年第 4 期。

98.马长山:《哈贝马斯的交往理性法律观及其启示》,载《江苏社会科学》2002 年第 4 期。

99.马长山:《新一轮司法改革的可能与限度》,载《政法论坛》2015 年第 5 期。

100.马贵翔:《论证据裁判主义与自由心证的衡平》,载《北方法学》2017 年第 6 期。

101.马靖云:《智慧时代商谈式刑事辩护的情境构建与司法功效》,载《安徽大学学报(哲学社会科学版)》2019 年第 4 期。

102.马静华、李科:《新刑事诉讼法背景下认罪认罚从宽的程序模式》,载《四川大学学报(哲学社会科学版)》2019 年第 2 期。

103.马静华:《庭审实质化:一种证据调查方式的逻辑转变——以成都地区改革试点为样本的经验总结》,载《中国刑事法杂志》2017 年第 5 期。

104.马明亮:《笔尖上的真相——解读刑事诉讼法新增笔录类证据》,载《政法论坛》2014 年第 2 期。

105.马明亮:《诉讼对抗与笔录类证据的运用》,载《证据科学》2013 年第 1 期。

106.马明亮、张宏宇:《认罪认罚从宽制度中被追诉人反悔问题研究》,载《中国人民公安大学学报(社会科学版)》2018 年第 4 期。

107.苗生明:《认罪认罚量刑建议精准化的理解与把握》,载《检察日报》2019 年 7 月 29 日,第 3 版。

108.闵春雷:《回归权利:认罪认罚从宽制度的适用困境及理论反思》,载《法学杂志》2019 年第 12 期。

109.闵春雷:《认罪认罚从宽制度中的程序简化》,载《苏州大学学报(哲学社会科学版)》2017 年第 2 期。

110.闵春雷:《严格证明与自由证明新探》,载《中外法学》2010 年第 5 期。

111.牟军:《口供中心主义之辩》,载《河北法学》2005 年第 12 期。

112.牟绿叶:《认罪认罚案件的二审程序——从上诉许可制展开的分析》,载《中国刑事法杂志》2019 年第 3 期。

113. 宁佳、卢乐云:《重罪认罪认罚中被害人权利的有限扩张》,载《西南民族大学学报(人文社会科学版)》2021 年第 8 期。

114. 欧卫安:《论刑事速裁程序不适用严格证明—以哈贝马斯的交往共识论为分析的视角》,载《政法论坛》2018 年第 2 期。

115. 齐树洁:《论民事上诉权的保护与限制》,载《厦门大学法律评论》2004 年第 1 期。

116. 秦宗文、叶巍:《认罪认罚案件口供补强问题研究》,载《江苏行政学院学报》2019 年第 2 期。

117. 上官莉娜:《权力—权利"共生性"缕析》,载《武汉大学学报(哲学社会科学版)》2009 年第 3 期。

118. 施鹏鹏:《警察刑事交易制度研究——法国模式及其中国化改造》,载《法学杂志》2017 年第 2 期。

119. 施鹏鹏:《刑事裁判中的自由心证——论中国刑事证明体系的变革》,载《政法论坛》2018 年第 4 期。

120. 石经海:《"量刑规范化"解读》,载《现代法学》2009 年第 3 期。

121. 舒国滢:《从司法的广场化到司法的剧场化——一个符号学的视角》,载《政法论坛》1999 年第 3 期。

122. 侣化强:《事实认定"难题"与法官独立审判责任落实》,载《中国法学》2015 年第 6 期。

123. 孙长永:《认罪认罚从宽制度的基本内涵》,载《中国法学》2019 年第 3 期。

124. 谭世贵、陆怡坤:《论经验法则在证据证明力评价中的运用——以刑事司法为视角》,载《华南师范大学学报(社会科学版)》2021 年第 5 期。

125. 田力男、杨振媛:《认罪认罚反悔后有罪供述适用问题探究——以"司法契约"理论下有罪供述撤回为切入点》,载《公安学研究》2019 年第 4 期。

126. 万毅:《论庭审证据调查安排》,载《中国刑事法杂志》2020 年第 3 期。

127. 万毅:《认罪认罚从宽程序解释和适用中的若干问题》,载《中国刑事法杂志》2019 年第 3 期。

128. 汪海燕:《被追诉人认罪认罚的撤回》,载《法学研究》2020 年第 5 期。

129. 汪海燕、付奇艺:《刑事速裁程序的两种模式—兼论我国刑事速裁程序的构建》,载《安徽大学学报(哲学社会科学版)》2016 年第 5 期。

130. 汪海燕:《"立法式"解释:我国刑事诉讼法解释的困局》,载《政法论坛》2013 年第 6 期。

131. 汪海燕:《论刑事庭审实质化》,载《中国社会科学》2015 年第 2 期。

132. 汪海燕:《认罪认罚从宽案件证明标准研究》,载《比较法研究》2018 年第 5 期。

133. 汪海燕:《认罪认罚从宽制度视野下的"以审判为中心"》,载《中国法学》2023 年第 6 期。

134. 汪海燕:《三重悖离:认罪认罚从宽程序中值班律师制度的困境》,载《法学杂志》2019 年第 12 期。

135. 汪海燕:《刑事审判制度改革实证研究》,载《中国刑事法杂志》2018 年第 6 期。

136. 汪海燕:《印证:经验法则、证据规则与证明模式》,载《当代法学》2018 年第 4 期。

137. 汪海燕:《重罪案件适用认罪认罚从宽程序问题研究》,载《中外法学》2020 年第 5 期。

138. 汪建成:《辩诉交易的理论基础》,载《政法论坛》2002 年第 6 期。

139. 汪建成:《以效率为价值导向的刑事速裁程序论纲》,载《政法论坛》2016 年第 1 期。

140. 王超:《中国刑事证据法学研究的回顾与转型升级》,载《法学评论》2019 年第 3 期。

141. 王恩海:《认罪认罚从宽制度之反思——兼论〈刑事诉讼法修正案(草案)〉相关条款》,载《东方法学》2018 年第 5 期。

142. 王刚:《认罪认罚案件量刑建议规范化研究》,载《环球法律评论》2021 年第 2 期。

143. 王景龙:《论笔录证据的功能》,载《法学家》2018 年第 2 期。

144. 王敏远:《认罪认罚从宽制度疑难问题研究》,载《中国法学》2017 年第 1 期。

145. 王敏远:《认罪认罚从宽制度疑难问题研究》,载《中国法学》2017 年第 1 期。

146. 王瑞剑:《实质真实主义的妥协——德国刑事协商制度的理论考察》,载《苏州大学学报(哲学社会科学版)》2020 年第 3 期。

147. 王尚新:《刑事诉讼法修改的若干问题》,载《法学研究》1994 年第 5 期。

148. 王文华：《规律·规则·规制：论"以审判为中心"的制度建设》，载《东方法学》2016年第1期。

149. 王星译：《情理推断在刑事证明中的规范运作 以事实证成理论为分析框架》，载《中外法学》2022年第1期。

150. 王宇坤：《口供印证的类型化研究——基于我国刑事审判实践的思考》，载《浙江工商大学学报》2020年第1期。

151. 王贞会：《审判阶段补充侦查制度反思与改革》，载《浙江工商大学学报》2022年第1期。

152. 魏晓娜：《结构视角下的认罪认罚从宽制度》，载《法学家》2019年第2期。

153. 魏晓娜：《完善认罪认罚从宽制度：中国语境下的关键词展开》，载《法学研究》2016年第4期。

154. 毋郁东、刘方权：《认罪认罚从宽案件中的"具结"问题研究》，载《海峡法学》2017年第3期。

155. 吴洪淇：《印证的功能扩张与理论解析》，载《当代法学》2018年第3期。

156. 吴洪淇：《证据法体系化的法理阐释》，载《法学研究》2019年第5期。

157. 吴思远：《我国重罪协商的障碍、困境及重构——以"权力—权利交互说"为理论线索》，载《法学》2019年第11期。

158. 夏菲：《辩诉交易强迫认罪问题对认罪认罚从宽制度的警示》，载《东方法学》2021年第4期。

159. 夏伟、刘艳红：《程序正义视野下监察证据规则的审查》，载《南京师大学报（社会科学版）》2019年第1期。

160. 向燕：《我国认罪认罚从宽制度的两难困境及其破解》，载《法制与社会发展》2018年第4期。

161. 向燕：《性侵未成年人案件证明疑难问题研究——兼论我国刑事证明模式从印证到多元"求真"的制度转型》，载《法学家》2019年第4期。

162. 肖沛权：《论被追诉人认罪认罚的反悔权》，载《法商研究》2021年第4期。

163. 谢澍：《反思印证："亚整体主义"证明模式之理论研判》，载《华东政法大学学报》2019年第3期。

164. 谢澍：《迈向"整体主义"——我国刑事司法证明模式之转型逻辑》，载《法制与社会发展》2018年第3期。

165. 熊秋红：《比较法视野下的认罪认罚从宽制度——兼论刑事诉讼"第四范式"》，载《比较法研究》2019 年第 5 期。

166. 熊秋红：《"两种刑事诉讼程序"中的有效辩护》，载《法律适用》2018 年第 3 期。

167. 熊秋红：《认罪认罚从宽的理论审视与制度完善》，载《法学》2016 年第 10 期。

168. 熊秋红：《刑事庭审实质化与审判方式改革》，载《比较法研究》2016 年第 5 期。

169. 薛爱昌：《为作为证明方法的"印证"辩护》，载《法学研究》2018 年第 6 期。

170. 闫召华：《口供何以中心——"罪从供定"传统及其文化解读》，载《法制与社会发展》2011 年第 5 期。

171. 闫召华：《论认罪认罚自愿性及其保障》，载《人大法律评论》2018 年第 1 期。

172. 闫召华：《听取意见式司法的理性建构——以认罪认罚从宽制度为中心》，载《法制与社会发展》2019 年第 4 期。

173. 杨波：《法律事实建构论论纲—以刑事诉讼为中心的分析》，载《吉林大学社会科学学报》2010 年第 2 期。

174. 杨波：《审判中心下印证证明模式之反思》，载《法律科学》2017 年第 3 期。

175. 杨波：《我国刑事证明标准印证化之批判》，载《法学》2017 年第 8 期。

176. 杨先德：《认罪认罚从宽量刑建议精准化的域外启示》，载《检察日报》2019 年 7 月 16 日，第 3 版。

177. 姚莉、詹建红：《刑事程序选择权论要—从犯罪嫌疑人、被告人的角度》，载《法学家》2007 年第 1 期。

178. 易军：《诉讼仪式的文化解释——物、空间与意义生产》，载《法律和社会科学》2019 年第 2 期。

179.〔意〕米歇尔·塔鲁否：《关于经验法则的思考》，孙维萍译，载《证据科学》2009 年第 2 期。

180. 于书生：《笔录证据运用的过量与适量》，载《上海政法学院学报》2011 年第 2 期。

181. 俞荣根：《礼法传统与良法善治》，载《暨南学报（哲学社会科学版）》2016 年第 4 期。

182. 臧德胜、杨妮：《论认罪认罚从宽制度中被告人上诉权的设置——以诉讼效益原则为依据》，载《人民司法（应用）》2018 年第 34 期。

183. 张保生：《推定是证明过程的中断》，载《法学研究》2009 年第 5 期。

184. 张中：《论经验法则的认识误区与实践困境》，载《证据科学》2011 年第 2 期。

185. 张自超：《以审判为中心改革下职务犯罪侦查之因应》，载《暨南学报（哲学社会科学版）》2017 年第 1 期。

186. 郑瑞平：《比较法视野下我国刑事速裁程序之完善—以处罚令制度为视角》，载《中国刑事法杂志》2016 年第 6 期。

187. 周成泓、廖荣兴：《论自由证明规则的构建》，载《湖南警察学院学报》2013 年第 2 期。

188. 周成泓：《刑事证据调查与诉讼模式——一个回到原点的研究》，载《甘肃政法学院学报》2012 年第 1 期。

189. 周国均、史立梅：《翻供之辨析与翻供者人权保障》，载《中国刑事法杂志》2005 年第 5 期。

190. 周洪波：《刑事庭审实质化视野中的印证证明》，载《当代法学》2018 年第 4 期。

191. 周新：《论认罪认罚案件救济程序的改造模式》，载《法学评论》2019 年第 6 期。

192. 朱孝清：《检察机关在认罪认罚从宽制度中的地位和作用》，载《检察日报》2019 年 5 月 13 日，第 3 版。

193. 朱孝清：《论量刑建议》，载《中国法学》2010 年第 3 期。

194. 朱孝清：《侦查阶段是否可以适用认罪认罚从宽制度》，载《中国刑事法杂志》2018 年第 1 期。

195. 纵博、郝爱军：《刑事诉讼严格证明的若干问题》，载《西南政法大学学报》2010 年第 1 期。

196. 纵博：《论认罪案件的证明模式》，载《四川师范大学学报（社会科学版）》2013 年第 3 期。

197. 纵博：《印证方法的不足及其弥补：以多元证据分析方法体系为方向》，载《法学家》2020 年第 6 期。

198. 左卫民：《反思过度客观化的重罪案件证据裁判》，载《法律科学》2019 年第 1 期。

199. 左卫民：《认罪认罚何以从宽：误区与正解——反思效率优先的改

革主张》,载《法学研究》2017 年第 3 期。

200. 左卫民:《刑事诉讼的经济分析》,载《法学研究》2005 年第 4 期。

201. 左卫民:《中国刑事案卷制度研究——以证据案卷为重心》,载《法学研究》2007 年第 6 期。

202. 左卫民:《中国刑事诉讼模式的本土构建》,载《法学研究》2009 年第 2 期。

二、英文文献

(一)英文著作

1. Bryan A. Garner, *Black's Law Dictionary*, 12th edition, Thomson Reuters Press, 2024.

2. Mireille Delmas-Marty and J. R. Spencer eds., *European Criminal Procedures*, Cambridge University Press, 2002.

3. Graham C. Lilly, *An Introduction to the Law of Evidence*, West Publishing Compancy, 1978.

(二)英文论文

1. Charles Nesson, "The Evidence or the Event? On Judicial Proof and the Acceptability of Verdicts", 98 *Harvard Law Review* 1357, 1985.

2. Joachim Herrmann, "Bargaining Justice—A Bargain for German Criminal Justice", 53 *University of Pittsburgh Law Review* 755, 1993.

后　记

　　身边的人偶有调侃，没有国家社科基金项目的青年教师就好比后宫中没有子嗣的嫔妃，青年教师对于国家社科基金项目的申报焦虑可见一斑。2017 年 6 月，我从中国政法大学博士毕业，进入西北政法大学刑事法学院工作。入职的第一年，新教师入职培训、教师资格证考试，以及"青椒"授课课件制作等"任务"几乎占据了我的全部时间。相应地，2018 年我以划水的姿态申请了国家社科基金项目，2019 年以"项目如此难中，我肯定同样中不了"的心态申报了教育部项目，其结果当然可想而知。2019 年 12 月，我顺利获评副教授职称。副教授评定中专家评委对于国家社科基金项目的高度重视和认可深深刺激了我，而那时国家社科基金项目亦为西北政法大学评定教授的必备条件之一。为替五年之后的晋级"踩点"，2020 年的寒假，我将认真、审慎且必须拿到国家社科基金项目作为当时的成长目标。

　　确定国家社科基金项目申报的具体选题是一件困难且重要的事情。结合当年发布的选题指南，综合个人的研究志趣和前期基础，我将自己长期以来研究的刑事审判程序和庭审证据调查问题结合起来，并将当时"最热"的认罪认罚从宽制度作为具体的选题切入点，确立了以"认罪案件中庭审证据调查的特殊性研究"为具体内容的最终申报选题，元气满满地开启了构思、撰写、修改、打磨的申报之路。幸运的是，2020 年 9 月 9 日，第 36 个教师节的前一天晚上，我的名字出现在国家社科基金西部项目的立项名单中。那一刻，我有一种如释重负的"释压"感。此一项目不仅是我入职高校第四个教师节最好的礼物，而且成了我成长进阶路上的又一个方向标。

　　为了能够保质保量地如期完成此一项目，强迫症的我制订了极为详尽的"三年计划"。2021 年至 2023 年的三年期间，我将全部的学术精力投入围绕课题结项所制定的中期成果撰写中。三年间，围绕"认罪案件中庭审证据调查的特殊性研究"，我发表学术论文 10 余篇，近 17 万字。而这些论文都已被纳入本书之中，成为本书核心内容的大部分。

　　学术专著的出版终归是一件让人开心的事情。它既是一段学术过往的总结和积淀,亦是一段崭新的学术征程的序幕和开篇。希望这流水账一般的图书后记能够给予读者对于本书何以付梓出版的画面感,并给予我自己"拾起生活的柴米油盐,守护内心的星辰大海"的坚定初心。最后,衷心地向本书出版过程中提供过各种帮助的师友表示感谢。愿每一位因缘际会读到本书的读者都能有所收获,哪怕是一点点儿。

2024 年 9 月 13 日星期五
西北政法大学长安校区青年教师工作室